JN015440

Whole Innovation Catalogue

イノベーション全書

KONNO Noboru

紺野登

東洋経済新報社

「草の根」の力

　イノベーションは現代の経営の本質的な性格ではないでしょうか。わざわざイノベーションと叫ばなくてもよいとさえいえます。それは大量生産・大量消費の論理とは異なる経営、つまり、モノではなくサービスや経験を通じて、新たな価値を創造し、（モノも含めて）人間や社会に提供し続ける生産活動です。

　その背後には、大きな環境変化があります。複雑化するグローバリゼーション、劇的な影響をもたらす新たなテクノロジーの台頭。地球環境、社会環境、都市環境の変化が起きています。

　社会が企業に求めるものは大きく変化しています。20世紀とは全く異なる環境の下で、異なるあり方が求められています。しかし、最も大きな環境変化は、私たちの人間としての尊厳や共感が社会から失われているという、倫理的な根底さえ揺さぶるような根源的な変化ではないでしょうか。

　そうやって失われてきた人間としての尊厳や共感を取り戻すために、21世紀になった今、社会的な活力を生むこと（たとえば、幸福や健康をめざして活動する）や、社会課題を解決することを目的とした企業が生まれています。しかも、そうした企業が利益を生んでいる。

私たちはこういった時代を生きているのです。

　2006年にノーベル経済学賞を受賞したエドマンド・フェルプスは、「イノベーションは草の根レベルでのインスピレーションや探求や実験に大きく由来する」と考察しています。[01] 個の意志や願望が社会的につながってイノベーションが起きる、と。

　しかし、フェルプスは他方では、私たちの時代はかつての活力を失ってきている、とも述べています。それは、経済的な利益偏重で、社会の中での個の力や絆が搾取されてきた結果ともいえるのではないでしょうか。

　また、2018年にノーベル経済学賞を受賞したポール・ローマーの内生的経済成長理論（長期的経済成長の理論）は、企業の個人や組織が生んだアイディアや革新的技術が社会的資本として共有され、それが他の企業にも伝搬するという、「知識イノベーション」のモデルといえます。

　この理論が登場した1980年代の中盤、ピーター・ドラッカーは、その著書『イノベーションと企業家精神』で、誰もがアントレプレナー（企業家）となる知識社会の到来を予言していました。[02]

　したがってイノベーションは、もはやビジネスの領域に限られないものなのです。社会がイノベーションを生み出すのです。ですから、本書もちょっと毛色の違うイノベーションの本です。いわゆるビジネス書ではないのです。

自律的で内発的な組織

　よく、イノベーションは難しい、うまくいかない、大企業では無理、やっぱりスタートアップでなきゃ、といった声を聞きますが、これまでのパラダイムを引きずっていては、うまくいかないのは当たり前です。

ポイントは、規模の大きさではなく、いかに規模の利点を活用するかです。ユニコーンと呼ばれる短期間に急成長するスタートアップも、あっという間にスケール化して、大企業になってしまいます。グーグルでさえ、本業の検索サービスを乗り越えるためにアルファベットという持株会社を設立してイノベーションを加速する仕組みを整えています。

　今までと同じような発想やツールで、同じような資源を使い、同じように活動しても、それだけでは社会と経済をつなぐイノベーションは現実化しないでしょう。

　従来の論理分析的な経営学、あるいは、既存の「企業」「産業」「市場」「業界」「競争」を土台や単位にした経営には、現実との不整合が見え始めています。いまだにわが社だけの利益、わが社の技術を起点に考える組織は、かえって「リスクの高い組織」だといえるかもしれません。

　大規模組織のイノベーションがうまくいかないのは、それらが「物事がうまくいくように」つくられた組織だからです。そこでうまくいくために犠牲にしてきたのは、個々の社員の自律性でした。

　一方、従来の科学的な経営とは異なり、イノベーションには「主観性」や哲学、倫理が求められています。ドラッカーも長年指摘していたように、ナレッジワーカーは生産手段を自ら有する人々であり、その自己選択と自律性によって働くのです。イノベーションとは、いわば新しい世界や世界観を提示することでもあります。主観性が新たな価値やプロセスを生み出すことにつながります。

　それはつまり、草の根の一部としての人間である自分が、「自由意志」を持って行動を起こすことです。それが現状打破にもつながります。そこでユニークな観点を発見することが、イノベーションの起点となるのです。

　理想主義に聞こえるでしょうか？　しかし、これこそ今、世界の大企業がこぞってチャレンジしていることなのです。イノベーションを

抑制する力の根底にあるのは、官僚的なシステムや官僚主義です。これに真っ向から取り組むことが、世界の経営者の挑戦課題なのです。

人間のための人間によるイノベーション

　モノの市場や業界をベースにした経営や経済は、従業員を資源（ヒューマンリソース）と捉え、顧客を消費者や生活者として、ビジネスのシステムに取り込もうと考えます。これに対して人間や社会をベースにした経営や経済が望まれています。

　海外出張などの折に、日本企業への批判を時々耳にします。もちろん表立って日本人には言いません。まず、かつてのようなプレゼンスはなくなっています。まあ、単に表面上のプレゼンスを演出しようと思えば、多少日本の魅力をアピールするなどの努力でなんとかなるかもしれません。

　しかし、難しいなと思うのは、彼ら（欧米）から見ると、いまだに大量生産、現場主義など工業社会の文化から抜け出せていない、し

古代ギリシャの三賢人のプラトン、アリストテレス、ソクラテス（大英博物館にて）。古代ギリシャは西欧文明の祖とされるが、実は古代アジアはギリシャまでを含むという説もある

たがって働く従業員も、自律的でなく、幸福でないように見える（実際、日本の幸福度は高くありません。「世界幸福度ランキング2018」では、調査対象の世界156カ国中、日本は54位、G7では最下位、OECD35カ国中では28位）という悪印象の定着です。これは次世代の「働き方」にもかかわるものです。[03]

　これは日本だけの問題ではもちろんありませんが、人間性（ヒューマニティ）を回復するためにあらゆる努力をしていくことが求められているのです。

　人間が人間のために人間らしく行うイノベーションとは、つまり、

- 人間の本質、幸福や生き方のために（for human＝実存的人間）
- 人間の生きる社会を基盤に考える（on human＝市場や業界や製品を基盤にするのではない）
- それを行うのも人間（by human＝社会的、組織社会の人間）

が求められているといえます。

　デザイン思考が人間中心イノベーションとして重視されるようになり、さまざまなところで活用されていますが、活用の仕方をよく見てみると、ユーザーのヒトとしての行動を観察することを人間中心と称しているのにすぎないという批判もあります。

　かつて人間工学では、人間を身体機械のように測定していました。しかし、人間は動く骨格だけではありませんし、ヒトや「消費者」というだけでもありません。人間は、実存的な生きる存在としてのヒトです。デザイン思考に限らず、人間中心イノベーションのための手法というのであれば、身体機械ではない、実存的人間をどのように全人的に捉えるのかを考えなければ、従来からの手法と変わりがないでしょう。

イノベーションのフィールドガイド

　では、その実践はどうあるべきでしょうか。

　つまるところ、ボトルネックになるのは、私たち自身がいかに新たな視点でモノを見られるか、ということです。実はこれが一番難しいのではないでしょうか。

　そこで、本書でも脳科学や古典哲学に学び、いかに自分自身の障壁（カベ）を打ち破るかについてページを割いています。

　本書におけるイノベーションの見方を、以下に整理して示しておきます。

　第1に、イノベーションが稀なプロジェクトなどではなく、常態であり、それが経営のあり方として求められるようになってきた、という認識に基づくものです。「イノベーションに基づく経営」（innovation management）を実践する必要が生まれているのです。

　そこで、巷にあふれる多くのイノベーションのコンセプトやツールをいわばカタログ的に俯瞰して、自身の経営やビジネスにとってふさわしいものとして取り入れていく必要があります。イノベーションの本質は、多くの要素を関係づける「デザイン」の仕事だということなのです（もちろん、それはモノのデザインのことではありません）。

　第2に、イノベーションが研究所や秘密のプロジェクトチームで起きることではなくなったということです。つまり、社会や顧客に目を向け、そこでの洞察や価値の発見、そして、試行錯誤的に開発し続ける、という、開かれたプロセスが求められているのです。

　そこで、「目的、共感、場所」という3要素が際立ってくるのです。本書では以上のような考えに基づいて、「ホール（包括的な）・イノベーション」として、さまざまなアイディアを活用し、実践的にデザインしていくというイノベーションのあり方をイメージしています。本書はそのための「フィールドガイド」（活動手引き）をコンセプト

としました。

　それは人間の脳の可能性と限界を思量しつつ、新たな視点に基づいて、3つの要素（目的、共感、場所）を杖に世界を生み出す、読者自身による物語りの行為だともいえます。

　結局、「私」（読者）が、ある意志を持って行動するから、「世界」が変わるのです。その主観や共感の行動が、どれくらいのインパクトで、どんな意味があるのかがカギです。周囲の人々はそれを見て、自らの思考や行動を変えていきます。

　つまり、「生きる」ように日々のイノベーション活動を行うこと、その生き方のヒントを本書では提示していきたいと思います。

　アップルを創業したスティーブ・ジョブズに大きな影響を与えたカタログ誌『ホールアース・カタログ』を1968年に生み出したスチュアート・ブランドは、「ディドロの『百科全書』のアイディアとアウトドアブランドのL・L・ビーンのカタログをイメージしていた」と語っています。

　『百科全書』とは、ディドロとダランベールを編集責任者として264人の執筆者の協力によって編纂されたフランス18世紀の大百科事典です。本文17巻、図版11巻から成っていました。最初から全部が揃っていたわけではありません。徐々に読者の拡大とともに成立していきました。

　その目的とは、それまでの神中心のヨーロッパ文化の枠組みを破壊し、まったく新

『百科全書』は、1751年から約20年間かけて全28巻が編纂された近代的知識の集大成的出版物。フランス革命の発生に影響を及ぼしたとされている

しい「人間」という出発点を導入することにありました。[04] つまり、人間起点の知のイノベーションが、そのねらいでした。まさに新たな時代の知のフィールドガイドを担っていたのです。ちなみに筆者も、日本版オンライン百科事典である「Japan Knowledge」のプロジェクトにかかわっていました。

本書の読み方について

　本書では、イノベーション実践のための行動習慣や場をいかにデザインするかという視点から、なかなかイノベーション組織に転換できない苛立ちを持つ読者に実践のためのヒントを提示するものです。その流れの中で、デザイン思考やビジネスモデル・キャンバスなどのツールの紹介もしていきたいと思います。

　イノベーションを課題として主張しながらも実践への手応えが得られていない経営者、リーダー、（ときとして「イノベーション難民」とさえ呼ばれるような）担当者やイノベーション・プロジェクトメンバーを対象と考えています。

　これまでの分析的思考や戦略思考がなんとなく役立っていない、これらを単に頭に詰め込んでも、どこか上滑りしているな、と感じている人にも、また、デザイン思考は大事そうだけど、結局、何なの？という読者にも、ぜひ一読していただきたいと願います。

　最近のイノベーションの意味合いの変化、その背景について、また、人間の存在とイノベーションの関係などについて、まず私たちと一緒に理解してください。そのうえで、自分にとってのイノベーションの意味合い、重要性などについて考えてみましょう。

章

分析ばかりしている間に、ロバは死んでしまうのか？

Emir Simsek@123RF.COM

01 ビュリダンのロバの寓話

　ここにお腹を空かせた1匹のロバがいます。ロバは左右ふた手に分かれたY字路の手前に立っていて、左右どちらの道にも、まったく同じ距離の場所に、まったく同じ量の干し草が置かれています。どちらの道を選んでも、同じ早さで同じ量の干し草にありつくことができ、空腹を満たすことができます。

　ロバは考えます、左右どちらの道に進むべきか、どちらの干し草を食べようか、と。しかし、なかなか決断できません。

　このロバはとても頭が良くて何事も理性的に判断し、合理的な選択をしなければならないと常日頃考えています。今回もひたすら考えます。どちらが得か？　どちらが損か？

　しかし合理的には、どちらも得でもなく損でもありません。Y字路の手前にたたずんだまま、時が過ぎていきます。空腹はさらに増していきます。

　さて、ここで問いです。
　ロバはどちらの干し草を選ぶでしょうか？

　これは、14世紀のフランスのスコラ派の哲学者ジャン・ビュリダンの論に基づく思考実験といわれています。彼は理性と意志の関係について、「理性」が判断のためにさまざまな検討や分析を行っている間、「意志」は発動されずに待機し続けると主張しました。

　ところが、理性が意志よりも先に判断し決定を下すのだとしたら、

　同じ量と質の2つの干し草の塊の中間に置かれたロバは、双方に対して等しい欲求を持ち、どれだけ検討しても合理的にどちらかを選ぶことは永久にできません。つまり、答えは「どちらも選べずに餓死する」ということです。

　とはいえ、実際にはそんなことは起きないだろう、と思いますよね。ロバは、自由に動けるのだから、そして空腹なのだから、どちらかの干し草を食べるはずだ、と。

確かに私たちのごく自然な感覚からすれば、ビュリダンが唱えた理性による決定論は机上の空論だ、となります。実際、ビュリダンの理論には反対を唱える人が多く、彼の理論を皮肉る意図から、いつまでも判断できず結局餓死してしまう、というかわいそうなロバの寓話をつくりあげたのだといわれています。

　ロバはやっぱり死ぬ、と言ったのは17世紀のオランダの哲学者、決定論者のバールーフ・デ・スピノザです。

　もし人間が「ビュリダンのロバのように平衡状態にある場合、どんなことがいったい起こるのであろうか、彼は餓えと渇きのために死んでしまうのであろうか」と自問し、「そのような平衡状態に置かれた人間が（すなわち、餓え、渇き、そして自分から等距離に置かれたそのような飲食物の他には何ものも知覚しない人間）、餓えと渇きのため死ぬであろうということを確かに認める」[01] と答えています。論理優先、餓死容認の立場です。

　一方、ロバは餓死しないという論者もいます。どんな「選択肢」にも何らかの差異が必ずあると主張する者もいるようです。だからロバは餓死しないだろう、と。

　スピノザと同時期のドイツの哲学者ゴットフリート・ライプニッツは、何らかの原因のみが結果を導くとは限らない。何か無意識的なことも作用して、ロバがどちらかの方向に行くこともある、といったことを書簡に残しています。

　さて、いずれにせよ、もしこのロバが干し草を食べられたのだとすれば、決定には理性や合理性以外の何らかの要素が働いたことになります。では、ロバを干し草に向かわせる何らかの働きとは？

02 自由意志か、思考停止か？

　そこで浮上するのが私たちの自由意志（free will）の存在です。自由

意志とは、「他から強制・拘束・妨害などを受けないで、行動や選択を自発的に決定しうる意志」[02]のこと、つまり、論理や必然性を超える意志です。

ロバが生き延びたとすれば、自由意志によってどちらかあるいは両方の干し草を食べる（食べた）だろう、といえます。また、偶然の力の働きで行動が促された、ということもあるでしょう。

ところが、スピノザのように、人間の意志や行為はすべて（偶然ではない）必然的因果から生じるとして、自由意志そのものの存在を認めない決定論者もいて、実はビュリダンのロバ氏は、長い哲学的論争の「有名人」なのです。

でも、僕らは人間だよ、自由意志があるんだ。だから、餓死することはない。良かった、良かった。

ところで、今、日本にはこのロバ氏のように、どちらの道に進むべきかと、分かれ道の前でたたずんでいる企業はたくさんあるはずです。でも、大丈夫、自由意志を発動すれば、イノベーション力で必ずに企業が窮地を迎える、なんてことはありえない、ですよね？

いや、しかし、そんな単純な話でもなさそうです。現実に私たちが生きている社会に目を向けてみましょう。まるで「ビュリダンのロバ」のような状況がそこかしこで起きていると思いませんか。

日本に限らず世界中の政府や企業は、分析し、論理的に議論しているだけで、いつまでも判断できず行動も起こせないでいるなら、ビュリダンのロバと同じです。ときとして、まるで自由意志がないかのごとく思考停止し、悩み迷っている間に「餓死」してしまうような行動をしばしばとっているように見えます。

たとえば、「日本はモノづくりに強い」といって、一時代の成功体験をもとにそこから抜け出せていない状況もその1つです。ライフネット生命保険の創業者で、現在は立命館アジア太平洋大学学長の出口治明氏は、「日本は戦後の工業化社会のモデルが成功しすぎた。このため、勤勉で真面目であることが強みだといった、ある種の『神

話』が生まれた。だが、これは思い込みにすぎない。（同じ考え方を今後も続けることは）思考停止以外の何ものでもない」と語っています。[03]

　ビュリダンのロバ（企業）が餓死することはありえない、と簡単に言い切ってしまうことはできないのです。現実の世界には、ビュリダンのロバは結構たくさんいるのです。分かれ道での思考停止、「選択しないことを選択しない」ことが、餓死への道を選択していることに気がつくべきでしょう。

　ここに、「理性・分析・論理」という20世紀を支配してきた意思決定論や論理的思考の落とし穴があるのです。ビュリダンのロバの悲劇は、無限に決定できない選択肢の多い問題について、限られた時間の中での判断と行動を迫られているという、呪縛（ループ状態）なのです。

　ある会社から、「わが社ではイノベーションについて研究（分析）してきましたが、研究すればするほど難しくなってきました」という相談を受けたことがあります。世の中には多くのノウハウや手法、そして、似たようなメッセージがあふれています。これらを1つ1つ追っていると、それで時は過ぎていきます。これもビュリダン的な症状のように見えます。

　本書でのテーマであるイノベーションが経済や社会にとって重要なのは明らかなのですが、それが概念や観念に止まっている限り、イノベーションを起こすことはできません。

　なぜなら、イノベーションとは、つまるところ、試行錯誤するという仕事なのです。試行錯誤、トライアル・アンド・エラーを繰り返しながら少しずつ改良を重ねて成功に近づこうとする営み、それは未知の領域を旅することと同じ意味といえるでしょう。

　私たちは日々、意識的にせよ無意識的にせよ、さまざまな選択をしながら生きています。ビュリダンのロバにはならずに、「よし！」と力強く地面を蹴って干し草にたどり着き、空腹を満たして活力を得て

次に進んでいくのです。

　私たちにとってなすべきこととは、最も合理的な選択肢を求めて延々と分析し、計算し、検討し尽くし、論理を組み立ててから決定し、そして行動する（そのときには体力がなくなっている……）ことではなく、理性の網の目をかいくぐって、まばたきのように現れる自由意志を信じて決断し、行動していくことです。

　イノベーションは私たちがなすべきことをなす、その実践のプロセスにおいて起きるのです。

　人間に自由意志は可能か、つまり人間が自分の判断に対して自由にコントロールを行うことができるか否か、という問題は、哲学の中心課題の1つであり続けてきました。

　現代では脳科学、物理学、生物学などの領域でも先端的課題として解明が進められ、さまざまな立場からの論争があります。「決定論」対「非決定論（自由論）」あるいは、それらが共存できるかどうかという「両立論」対「非両立論」といった具合で議論が尽きません。

　自分では自由意志でイノベーションを起こしていると信じていても、実は世の中の流行（イノベーションブーム）に流されて、イノベーションらしきことをやっていると叫んでいるだけなら、これは自由意志とはいえないでしょう。

　20世紀は、人間を機械のように扱った時代でもありました。あらかじめプログラムされた工程を効率的にこなすことが求められ、人の一生さえもその延長として、人生のステージごとに機械的なモデルが描かれていたといえます。その人生モデルに則って人生を送っていけばよいのだと、多くの人がいわば決定論的な世界で一生を過ごしたのです。

　しかし、自由意志の有無によらず、今そこから抜け出すことが求められているのです。

03 未来は誰のものか？

　決定論は、突き詰めれば、宇宙そのものが決定論的であり、人間の運命もすでに決まっているのだから、人間の自由意志などない、と考えるわけです。人間はしょせんそんなものではないか、という割り切った考えもあるでしょう。むしろ近代の欧米は、かつての理想主義的な「自由」には懐疑的になっているともいえます。そんな自由は幻想にしかすぎない、と。

　しかし、本当に考えなければならないことは、自由意志があるか否かといった二元論的な話とは異なる次元にあるように思います。

　科学的な発見や知見によって自由意志が幻想だといくら言われても、おそらく意識的に日々生きているすべての人は、自分が与えられた運命を機械的になぞっているのではなく、自らの手で未来を切り開いているという「自覚」を持っているのではないでしょうか。

　だとすれば、それはなぜなのか、人間はなぜそういった自由を感じ

自分で目的を考えよ

るのかということです。その自覚は、幻想、妄想といってしまうには、あまりに生々しく根強い感覚です。私たちは実体験として、自分は自由だと信じているのだと思います。

　その点から考えると、自由意志は、単に無知ゆえに幻想を抱いているにすぎないというのではなく、何らかの生まれついての能力に端を発していると考えるのが妥当でしょう。自由意志が本当に存在するのかはわからないけれども、その存在を信じるのが人間であると、なぜなら未来は私たちに属しているから。本書では、このように考えていきたいと思います。

　たとえば、技術・科学はそれ自体として目的を持ちません。その活用や利用のあり方を決定するのは人間や社会の欲求です。したがって、それらを自分たちの幸福や豊かな生活のために役立てよう、使いこなそうとするのであれば、人間は本来的に意志や判断力を持たなくてはなりません。技術・科学が「決定論的に」、いわば私たちから見れば「勝手に」社会に普及するのではないし、また、そうであってはいけないでしょう。

　ビュリダンのロバの寓意に寄り添えば、意志の発動がないかぎり、技術・科学を人間が活用することはできないのです。Y字路の手前で立ち止まっている限り、未来はありません。誰も望まない状況が訪れるのです。

　未来は予測不可能です。予測しようとデータ至上主義に走っても、予測不可能であることに変わりありません。

　そこで、まずは「未来は誰のものか？」を問うべきなのです。

04 ロバは0.2秒の間に地面を蹴って歩み出す

　実は「自由意志が人間にあるのか」については、結論がないのです。古代宗教では人間は神の意に支配され、ユダヤ＝キリスト教的な

世界では自由意志の存在を個人的な宗教観（価値）の問題と結びつけます（神の声に従って、良いことのために選ぶ）。ところが、現代社会のように情報量が多く混沌が深まれば、人間はしだいに「あるもののうちのどちらかを選ぶ」という決定（離散的な決定）が不能になります。

　さらに現代の科学的知識が、自由意志の可能性を打ち砕こうとしているようです。その状況を、『サピエンス全史』や『ホモ・デウス』などの著書で有名なイスラエルの歴史学者ユヴァル・ノア・ハラリは、次のように述べます。

　　「二〇世紀に科学者がサピエンスのブラックボックスを開けると、魂も自由意志も『自己』も見つからず、遺伝子とホルモンとニューロンがあるばかりで、それらはその他の現実の現象を支配するのと同じ物理と科学の法則に従っていた。（中略）
　　私たちの科学的理解が及ぶ限りでは、決定論とランダム性がケーキを山分けしてしまい、『自由』の取り分は一かけらすら残っていないようだ。実は、『自由』という神聖な単語は、まさに『魂』と同じく、具体的な意味など全く含まない空虚な言葉だったのだ。自由意志は私たち人間が創作したさまざまな想像上の物語の中にだけ存在している」[04]

　そこで現代の人間が拠りどころとしようとしているのが情報であり、データを崇拝する「データ至上主義」だというのです。
　人工知能に頼ろうとする人々の志向性を、ハラリは次のように説明します。

　　「これまでは、データは長い一連の知的活動のほんの第1段階と見なされていた。人間はデータを洗練して情報にし、情報を洗練して知識に変え、知識を洗練して知恵に昇華させるべきだと考

えられていた。ところがデータ至上主義者は、次のように見ている。もはや人間は厖大なデータの流れに対処できず、そのためデータを洗練して情報にすることができない。ましてや知識や知恵にすることなど望むべくもない。したがってデータ処理という作業は電子工学的アルゴリズムに任せるべきだ。このアルゴリズムの処理能力は、人間の脳の処理能力よりもはるかに優れているのだから」[05]

　人間は人工知能を前にして、人工知能が人間の知能の核心部分（人間の知とは何か、とか）を実体として映し出すものとして、いや、きっと映し出し見せてくれるに違いないと期待に胸を膨らませ、まるで鏡で自分を見るように、その技術（計算機）にとらわれているようです。
　しかし、それは「本質主義」（自分自身の普遍的な本質を追求しようという哲学）的な思考の決定論的なとらわれでもあります。一方、「実存主義」の思考はこれとは異なり、今ここにある、変化する自分を見ようとする。そうすると自分の可能性は無限に広がるのです。
　自由意志は本来実存主義的です。ロバは自分の足元を蹴って歩み出さなければなりません。身体的な感覚、その躍動から生まれるランダムウォークが次のステップを生み出すのです。
　ですから、これは人工知能の時代の私たちの生き方の話なのです。

0.2秒の自由意志の隙間

　このような生命の躍動ともいうべき人間の自由意志が、幻想ではなく、ほんのわずかの時間に限り存在するという研究結果が、最近になって発表されました。ドイツのベルリン大学附属シャリテ病院による脳科学の最新研究によるものです。そのことを報じた『WIRED』の記事[06]が話題になりました。

そもそも自由意志にまつわる論争の発端となったのは、1980年代に米国の生理学者ベンジャミン・リベットが行った「運動準備電位」についての研究です。リベットは、人間が腕を動かそうと意識し、腕が動くまでの過程を、電気的に測定しました。その結果わかったことは、次のようなものでした。

　　「平均的に、われわれが『動作』を始める約0.2秒前には、『意識的な決定』を表すシグナルが現れる。しかし、われわれの脳内では、『意識的な決定』を示す電気信号の約0.35秒前には、それを促す無意識的な『準備電位』が現れているのだ。つまり、われわれが『こうしよう』と意識的な決定をする約0.35秒前には、すでに脳により決断が下されていることになる」

動作を開始するまでの一連の流れを示すと、次のようになります。

```
X ：無意識的な準備電位（脳→筋肉）（約0.35秒前）
      ↓
Y ：意識的な決定のシグナル（約0.2秒前）
      ↓
Z ：動作の開始
```

　そして、この実験結果が、自由意志は存在しないという決定論的な見解の科学的根拠とされたわけです。確かに、Yの意識的な決定の0.35秒も前に、無意識的にすでに意思決定がなされているというのですから、自由意志の出る幕はないとなります。
　しかしリベットは、YとZの間の約0.2秒という時間差にも注目していました。このわずかな間に、意識が、腕を動かすという脳からの指令を拒否する権利を持つのではないか、と。
　この記事で紹介されている最近のドイツでの実験では、リベットに

よって示された、このYとZの間のわずか0.2秒における自由意志の発動の実在が確かめられているようです。すなわち、脳が決断した後にも、私たちの自由意志が発揮され脳の決断を拒否する隙間があるということです。

　ここに、私たちが「機械」であることから抜け出す瞬間があるのです。そして、そのカギを握るのは何かと考えたとき、それは「場所」、すなわち、場所的知性ではないかと思うのです。身体的な環境とかかわること（直観や共感）で、自由意志が発動されるのではないでしょうか。そこで、脳が過去の記憶や経験により形成された配線を通して決断したことに対し、現在の自己が、これまでの範囲を超えた意味（センス）を直観できるか、が問われます。

　人工知能の可能性をあれこれ問うて恐れる前に、人間すなわち自分の脳（知性、感情、身体）の可能性を引き出してその可能性に賭けてみること。つまり、試行錯誤という実践こそが、イノベーションの、生きるレベルでの意義なのです。

　つまり、私たちは自分の生きている場所、環境から得た感覚的データをもとに未来への直感を働かせているのです。

場所的知性

ハーバード大学のハワード・ガードナー教授が提唱した多重知能論によれば、人間には8つの知能があるといいます。これ以外にも、身体的能力などを含む社会的スキルや非認知的能力が話題になっています。

このように、私たちの知性は頭脳だけによるものではありません。人工知能の世界はどちらかといえば、大脳新皮質の知能の働きを対象にしている（たとえば、囲碁や将棋での応用）ことが多いようです。しかし、私たちの創造性や発見的知性には、身体、それを支える場所が大きな役割を果たすようです。

暗黙知の概念を発見した科学哲学者のマイケル・ポラニーは、こんなことを言っています。

「科学的探求の意図するねらいは、ある問題を解決することですが、この努力に際して、私たちの直観は（知性に先回りして）新たな統一、新しい価値をもたらす解決をもたらすかもしれないのです。解決を肯定する過程で、私たちは暗黙にこれらの新しい価値に従い、暗黙にそれらを想像した私たち自身を超える権限を認めるのです」[07]

つまり、私たちは自分の生きている場所、環境から得た感覚的データをもとに未来への直感を働かせているのです。

第 1 章

Innovation in this World

コペンハーゲンにある循環経済型の都市に転換していくための活動拠点として登場した
新たな複合施設「BLOX」

"

"

創造的破壊から創造的進化へ

　突然ですが、あなたは恐竜が滅んだ理由を知っていますか？

　恐竜は地質時代でいう中生代（約2億5217万年前から約6600万年前に相当）の三畳紀、ジュラ紀、白亜紀にかけて大繁栄した大型の爬虫類です。その繁栄ぶりから、恐竜は地球史においてかなり成功した種の1つであると考えられます。

　しかし、彼らは約6550万年前に突如絶滅してしまいました。絶滅した原因は諸説ありますが、気温などの急激な環境変化に対応できな

恐竜（大企業）もイノベーションの時代に

くなったからだといわれています。繁栄を謳歌した恐竜は、環境変化に対応すべく、自ら変化することができなかったのです。

　恐竜の姿に、時代の大転換期に自ら変化しようとしない、あるいはできない大企業の姿がダブります。

　しかし、今や大企業もイノベーションを行う時代です。地球的な課題を抱えた私たちの社会を変えるような規模のイノベーションのために、大企業ならではの資産（新市場創造をめざすスタートアップ企業から見れば不公平な既得権）を活かさなければならないのです。

　大企業ばかりではありません。既存事業のモデルが陳腐化、「賞味期限切れ」を起こし、かつ20世紀とは異なる大きな環境社会の変化へのチャレンジに直面し、イノベーションがもはや避けて通れないイシューになっているにもかかわらず、変われない。そういう企業が消滅するのをよく目にするようになりました。実は規模の大小を問わず、業種の区別もなく、変化できない企業は今、絶滅の危機に瀕しているといえるのかもしれません。

　もちろん、そうした企業がそのまま消滅してしまうことはないでしょう。20世紀の企業の根本には製品や市場、業界内の競争、計画主義（戦略計画）、大量生産、大量消費など、近代を彩る閃々たる原理がありました。しかし今、多くの企業が、これらとは異なる根本原理を追求しようとしています。そのための意識的努力が求められているのです。

　20世紀の偉大な経済学者であるヨーゼフ・シュンペーターにより創案された、創造的破壊というイノベーションの根本原理はきわめて強力でした。しかし、21世紀の今、私たちが志向するのは、そうした経済発展をリニアに志向する経済理論より、むしろ「創造的進化」といった、生命論的な躍動なのではないでしょうか。組織的にこうしたダイナミクスを持たない企業は存在できなくなるでしょう。

　創造的進化とは、20世紀前半に一世を風靡したフランスの哲学者アンリ・ベルクソンが打ち出した概念です。21世紀のイノベーショ

ンを促す力のあり方を大変うまく説明していると思います。ベルクソンは次のように述べています。

　「計画とは事前に当てがわれた目標である。それは未来を形に
描きながら未来を閉じる。これに反し、生命進化の前方には未来
の扉が開けっぱなしになっている。それは運動し始めたときに力
で果てしなく続けられる創造なのである。この運動が、有機的世
界の統一を作る。それは実り多い無限に豊かな統一であり、どん
な知性の夢見るものにもまさっている。知性はこの運動の１つの
相面ないし１つの産物にすぎないからである」[01]

　創造的進化の力とは躍動感、生命のリズムのような動きです。生物
的な組織と企業のような人が働く社会的組織には異なる点はあります
が、どちらも内発的な推進力が創出されてこそ飛躍でき、環境の変化
で折れて枯れて死んでしまうことなく、その変化に乗っていくことが
できるという点においては、同じであるはずです。
　恐竜には小型なものもいました。空を飛ぶ翼竜、水中爬虫類の首長
竜、また、海トカゲ、アンモナイトなど、恐竜と同時期に絶滅した種
は他にもありました。この時期、すべての生物種の70%が絶滅した
と考えられています。近代に大繁栄した「企業」という種にも大量絶
滅の危機が迫っているのでしょうか。あるいは、新たな根本原理に基
づく新種への進化は可能なのでしょうか。

02 恐怖訴求のパラドックスから抜け出せ

　たいていのイノベーション本の最初は、恐怖訴求から始まります。
これには２つのメッセージが込められています。すなわち、次の２つ
のロジックから恐怖の物語は組み立てられています。

第1のメッセージは、現状を成り立たせているシステムが、激烈な環境変化の下で「崩壊」する危機に直面している、というメッセージです。

　第2は、社会や経済はイノベーションによって常に今のシステムが「進歩」していくべきだという考え（進歩史観）の下で、進歩できなければ自ら死を迎える（Innovate or Die）というメッセージです。

　進歩史観（progressive view of history）とは、「歴史を人間社会のある最終形態へ向けての発展の過程と見なす歴史観。たとえばホイッグ史観では、現体制を理想の最終形態とし、過去の歴史をこの現在の体制に至るまでの漸進的発展と見なすことで現体制を正当化する」というものです。[02]

　多くの情報が満ちあふれ、それらに取り巻かれるようになると、企業にも個人にも「迷い」が生じます。これらのメッセージは、その迷いを直撃し、不安を駆り立てます。

　しかし、こうした恐怖訴求のメッセージは、21世紀の今、そろそろその役割を終えようとしているのではないかと思います。恐怖訴求から出発してイノベーションへの行動を誘起しようというロジックそのものに、もはや有効性はなく、時代遅れであるからです。

　「何を言っているんだ、自分だって今、大量絶滅の話で読者を脅かしたではないか」とイラっとされたかもしれません。でも、違います。外的な力や進歩主義による変化でなく、自らの内なる力に気づくべきだというのが本書での主張です。一方、恐怖訴求は有効ではないという理由を以下で述べます。

　恐怖訴求には2つのロジックがあると言いました。1つ目の崩壊のメッセージについては、繰り返される恐怖の物語に、人々はいささかうんざりしているのではないでしょうか。そうして次第に感覚は鈍化し、さらには麻痺してしまっているのです。

　「変化しなければ死ぬ」と言われれば「このままだとまずい、何かしなければ」と、最初は敏感に反応するかもしれません。崩壊する前

に何とかしなければ、と。しかし、崩壊の日はいつまで経っても訪れません。昨日も崩壊しませんでした、今日もまだ生き永らえています。だから、きっと明日も今日と同じような日がやって来るだろう、すぐにはそういった崩壊など起きないのだ、と思うようになります。

そして、そのうち忘れてしまうのです。

恐怖のメッセージは、次第に単なるノイズとして「不快感」を残すだけとなり、不快感を退けようと見て見ぬふりをしているうちに鈍感になっていく。慣れてしまうのです。あげくには「イノベーションには飽きた」とか「イノベーション疲れ」などという言葉が口にされるようになる。これが今の状況ではないでしょうか。

確かに崩壊も絶滅も一気には起きません。だから、新しいことより日々の改善や、現業の再構築の方が重要だ、となるのです。しかし、世の中の常として、変化は徐々に進んでいき、あるとき決壊を起こすのです。

ここで思い起こされるのが、古くから伝わるソリテス・パラドックス（sorites paradox）です。別名「ハゲ頭のパラドックス」と呼ばれます。髪の毛が何本抜けたらハゲ頭になるのか、という問題です。

パラドックスから抜け出せ

髪の毛は1本抜けてもハゲ頭になることはありません。2本抜けて
も問題ありません。3本抜けたってもちろん大丈夫、ハゲ頭ではあり
ません。こうして4本、5本、6本……とどんどん抜けていったとき、
どこまでがハゲ頭ではなくどこからがハゲ頭か、それをきっちりと分
けることはできません。変化に鈍感になってしまうのです。

　こうした時間とともにある変化への意識を喚起するには、ただ分析
したり恐怖心を煽っても意味はありません。問われるべきは、世の中
の動きに応じて自在に行動していけるマインドや組織のあり方だから
です。

進歩(プログレス)という呪縛

　恐怖訴求の2つ目のロジック、進歩のメッセージは、崩壊のメッ
セージに比べてもう少し厄介です。一種の無自覚的な思い込みとして
の進歩への信仰は、無目的な発展や成長に私たちを駆り立てます。

　いわゆる19世紀以来の進歩主義は、すでに過去のものとなったと
されていますが、その残像は根強く残っています。進歩しなければな
らない、進歩すべきだといったスローガンは、21世紀を迎えた今も
健在です。

　しかし、科学技術が国家の優位性を生むものとして光り輝いていた
過去の時代とは違い、ただ新しいものを追い求めてもそこには何もあ
りません。過去には進歩することそれ自体が国家の目的で、そのため
に科学や技術は大きな使命を担っていました。

　一方、何をもって進歩というのか自明ではなくなった今、科学や技
術はあくまでも手段であり、目的を定めずにイノベーションを起こす
ことはできません。目的なき進歩思想のままであれば、情報は迷いの
もとでしかありません。多くの情報を得れば得るほど、迷いも大きく
なっていきます。「時代はどんどん進歩する。私たちもどんどん成長

すべきだ。でも、何のため？」というわけです。

　迷いが複雑になれば処理不能となり、判断できなくなり、いずれ思考停止に至ります。恐怖訴求の背後にある「進歩こそ目的」というメッセージは、今の時代にはむしろイノベーションを阻害する迷いを生む逆効果のメッセージといえるのです。

　21世紀に求められるのは、進歩のためのイノベーションではありません。これから私たちがめざすべきは、混乱している状況の中で、人間が人間性を回復するためのイノベーションなのです。

　進歩という響きは、21世紀の今もまだ十分に魅惑的で、私たちの気持ちを掻き立て、焚きつけます。理性を絶対的に信頼し、理性によって発案されたものが伝統に対して優越であることができると考える進歩主義です。人間の精神が時代とともに成長し、また歴史も時代を追ってより完成に向かうという楽天的な信念。近代という時代は、この進歩という観念に支配されてきたともいえます。

　たとえば17世紀フランスの哲学者ブレーズ・パスカルは、自然研究の分野における無限な進歩を思い描きました。そして、科学的な知識や技術の進歩を、人類の道徳的な進歩や幸福の増大と結びつけるという作業をしたのは、18世紀欧州の啓蒙思想家たちでした。

　それが19世紀になっても、ドイツの哲学者コントの「人間の知識の三段階発展説」、ヘーゲル、そして、マルクスの進歩主義的な歴史観などに、姿を変えながら生き続けているのです。[03]

　確かに、「社会が発展する」ことは良いことなのですが、それは必ずしも、AIがどんどん浸透することとか、直線的な経済成長だけではないことを考える時代ではないでしょうか。

04　迷ってはいけない

　しかし、20世紀になって、近代合理主義の限界が意識され始めた

頃から、ようやくこの進歩という観念は幻影ではなかったのか、という疑惑ないし反省が生じてきました。21世紀の私たちはまず、この進歩の挑発から抜け出さなければなりません。

そのために変えなければならないのは、手法や方法論ではなく、モノの見方、観点、意識のあり方です。進歩にからめ取られ、扇動されてきた考え方からいったん、きっちりと脱出しなければなりません。

あまりにも複雑になってしまった世の中を分析して、どうしたら進歩するかを論理立ててその戦略を練っていくというやり方は、もはや限界にきています。そうではなく、世の中の流れを受けながらも、人間としてなすべきことを自由意志をもって選択し実践していくことが大事です。そこをベースに、自分が今生きているこの世界におけるイノベーションとは何かを、もう1回見直してみる必要があるのです。

「あらゆる社会が歴史の中にあり発展してゆくものだということを証明するために論拠を積み上げたところで、面白くもないしまた何の役にも立たない。それは自明のことである。ところが、こういう余計な証明に一生懸命になっていると、この共通の条件に対する人類社会の対応の仕方が非常に多様であることを見落としてしまう危険性がある」[04]

フランスの人類学者クロード・レヴィ＝ストロース（1908-2009）は、著書『野生の思考』の中でこのように述べています。

進歩しようと思うから迷うのです。進歩のためのイノベーションを、と思うから、何をしてよいのかがわからなくなるのです。

迷う必要はありません。今は迷ってはいけないのです。

レヴィ＝ストロースは、アメリカ先住民の神話研究を中心に研究を行い、1962年に発表された『野生の思考』は、構造主義ブームの発火点となった。野生の思考とは未開野蛮の思考ではない。すべての人間の精神のうちに見られる、悪条件に屈せぬたくましさを意味する。親日家としても知られている

なぜイノベーションが必要なのか？

「イノベーション」は流行語になっているとさえいえます。「イノベーションとは何か」「イノベーションで何をすべきか」、そんな題名や惹句が巻かれた書籍がたくさん世に出回っています（アマゾンの和書カテゴリーの「ビジネス・経済」では、1200件以上が挙がります）。

政府やメディアもイノベーションを叫んでいます。企業もイノベーションを唱えて、そのための組織をつくり、ツールを求めています。しかし、迷っている限り、どんな情報も新たな迷いのタネになるばかりです。

迷って、「どうしたらいい？　こうしたらいい？」とか「ああでもない、こうでもない」と時間を浪費している余裕などないはずです。

なぜイノベーションが必要なのでしょうか？　その問いに一度、虚心坦懐に向き合ってみてください。迷いを払いのけて、考えつく理由をいくつでもよいですから書き出してみてください。

本書では、その問いに対してまず提起したいことは、今、私たちの生きている21世紀という時代の中心的な仕事がイノベーションとして課せられているということです。

VUCA
——変化がコントロールできない世界を生きる

21世紀という時代の中心的な仕事とは何か？　それは、その前の20世紀とどう違うのか？　について考えてみましょう。

私たちはいま、どんな時代を生きているでしょうか。VUCA、環境革命、意識革命の3つの側面から見てみます。

最近は日本でもよく「VUCA」という言葉が使われるようになりました。これは「Volatility（不安定）」「Uncertainty（不確実）」「Complexity

（複雑）」「Ambiguity（曖昧）」の頭文字を取った言葉で、予測不能で混沌とした世界を表します。これは冷戦後の米軍が使い始めた言葉で、それが徐々にビジネスの世界に広がっていきました。構造が不安定で相手が見えない、そんな現場です。

　現代はまさにこのVUCAの時代にあり、かろうじてバランスを保っている状況や事象も些細なことがきっかけで、あっという間に危機的事態に陥る世界といえるのです。

　VUCAと聞いてすぐに思い浮かぶのは、20世紀の世界で存在感を高めた日本企業が21世紀の今、VUCAの環境に直面して苦悩している姿です。20世紀後半、日本企業はモノづくりの強さで世界経済を牽引しました。日本企業のモノづくりの強さは、おそらく時代が変わっても揺るがないでしょう。

　しかし、モノづくりに優れていれば世界で競争に勝てるという時代は過去のものです。今や勝つためのポイントは以前とは大きく変わり、競争の主戦場も以前とは別の場所へと移行しています。

　海外企業に買収されたある日本のメーカーのトップは「1つの得意分野に集中していたため、あまりに速すぎる変化に対応できなかった」と、戦略の失敗を語りました。自社の強みであるコア事業に安住すれば脆弱になり、さらにモノ以外のところのビジネスが見えにくくなってしまいます。気がつけば、経営環境は不安定で、不確実で、複雑で、曖昧な、予測不能の混沌世界に変じていたということです。

　VUCA世界は、従来では常識だったことが無効化する世界です。

　そこでは、たとえば製品ライフサイクルも、従来のような「導入期ー成長期ー成熟期ー衰退期」といった成長カーブに沿っていく製品や事業ライフサイクルは存在しません。成熟期に投資を回収して利益を得る、という製造業に共通する投資回収的なロジックは成立しなくなるのです。なぜなら、導入期と成長期しかなくなってしまうからです。

　iPhoneのアプリの平均寿命は30日といわれます。ファストファッ

VUCAが示すのは、表層的変化でなく社会やビジネスの根本的変化である

ションの製品開発サイクルは数週間です。短い間に成功確率を高め、収益を得るロジックが必要なのです。

　戦略やビジネスモデルが瞬く間に陳腐化する世界。戦略、ビジネスモデルの陳腐化のスピードは加速し、企業にとって本業の消滅は、今や珍しい出来事ではありません。業界そのものが消滅する事態も起きています。経営学のセオリーどおりに環境分析をしっかりやれば、一

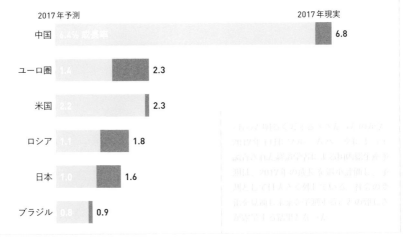

	2017年予測		2017年現実
中国	6.4% 成長率		6.8
ユーロ圏	1.4		2.3
米国	2.2		2.3
ロシア	1.1		1.8
日本	1.0		1.6
ブラジル	0.8		0.9

出所：*New York Times*（2017年12月30日）をもとに作成。

応はビジネスの先を読むことができたのは、もう過去の話なのです。

2017年12月30日の『ニューヨーク・タイムズ』の寄稿記事では、2017年を振り返り、この1年に起きたことが当初の予測からいかに外れたものだったかが分析されています。[05] 予測はなぜ間違ったのか、それは過去の延長でモノを考えたからである、と。

そういう予測は、この先いつも間違えることになるのでしょう。過去のデータを大量に積み上げ、それらを精緻に高度な手法で分析すれば、そこから導かれた結果が正しい未来を描くと期待するのは、21世紀を生きる姿勢としては、理性においても感性においても分別を欠いているといわざるをえません。

ドラッカーの予言どおり、「変化はコントロールできない。できることは、その先頭に立つことだけ」なのです。その先頭に立ち想像力を働かせて、過去、現在、未来を見ることが求められているのです。

　21世紀は大きな環境革命の世紀ともいわれています。イノベーションの背後にある最も大きな力は、地球規模の環境変化だという事実は、あまりよく知られていません。それに伴って、大きな生産システムの転換が起きています。

　ドイツ発の「第4の産業革命」と呼ばれる「インダストリー4.0」などの構想が話題になっています。当初はさほどのことはないという日本企業の反応でしたが、最近改めてその重要性が認識されているようです。

　これらは情報通信技術と工業の融合によって、20世紀とは全く異なる製造業を生み出そうという試みです。数百億個以上ともいわれるスケールでモノとモノがつながり、センサーによるモノや現実世界のネットワークと、仮想的な空間を融合・連動させて、新たな生産方法やサービスを生み出そう、というのがねらいです。

　代表的なのは自動車産業です。単なる製造コストの大幅削減といったレベルを超える、「考える」工場やネットワーク化された生産システムなどが、新たな産業の背骨となるというビジョンに基づいたものです。ドイツの場合、特に中小企業群、政府・大学などの研究機関・企業との連携によって「進化」していかなければ、国家やヨーロッパ地域の衰退や崩壊が起きるという強い信念に裏づけられていると思われます。

　IoT（Internet of Things）はモノとモノが「対話」するだけでなく、ヒトとモノもつながる。私たちの生活空間や環境などがつながる、いわば「第2世代のインターネット」（第1世代は単方向だったが、IoTでは双方向が可能となる）と呼べるものです。

　これは、製造業だけの動きにとどまりません。そこでは生産性や効率性だけでない、社会や都市、地球環境にまで広がるインパクトが生

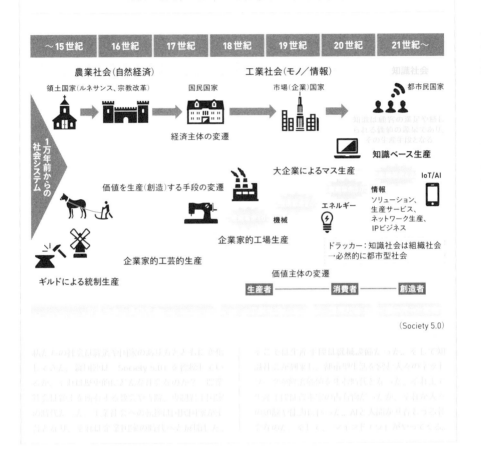

| ～15世紀 | 16世紀 | 17世紀 | 18世紀 | 19世紀 | 20世紀 | 21世紀～ |

農業社会(自然経済)　　　　　　　　　工業社会(モノ/情報)　　　知識社会

領土国家(ルネサンス、宗教改革)　　　国民国家　　　市場(企業)国家　　　都市民国家

知識は顧客の満足や得られる価値の源泉であり、その生産手段となる

1万年前からの社会システム

経済主体の変遷

知識ベース生産

大企業によるマス生産

IoT/AI

価値を生産(創造)する手段の変遷

情報
ソリューション、
生産サービス、
ネットワーク生産、
IPビジネス

機械

エネルギー

企業家的工場生産

ドラッカー：知識社会は組織社会
→必然的に都市型社会

企業家的工芸的生産

ギルドによる統制生産

価値主体の変遷

| 生産者 | 消費者 | 創造者 |

(Society 5.0)

まれるでしょう。

　産業そのものの概念も変わっています。もはやモノで業界やクラスターを考えるのでなく、データやブロックチェーンなどの新たな経済の流れ、多様なプレイヤーの目的を調整するエコシステムが産業だといえるのです。

　これまで地球・人類はいくつもの「革命」を経験してきました。今

また大きな変容の時代にあります。膨張する地球人口、地球温暖化など、このままでは滅亡へのシナリオを突き進むことになると警鐘が鳴らされています。これは従来の発想では乗り越えられない問題群です。おそらく人類は、新たな認知革命を生み出すでしょう。

　　「われわれの直面する重要な問題は、その問題を作ったときと
　　同じ考えのレベルで解決することはできない」

このアルベルト・アインシュタインの言葉が、そのまま当てはまります。

1960年代のヒッピー運動のような精神的な革命は、パーソナルコンピューティングやワールドワイドウェブのような概念を生み出しました。その究極はグーグルかもしれません。ではその後は？

スウェーデンにあるルンド大学教授のレイフ・エドビンソンは、今「知識の時代（ナレッジエラ）」を超えて、「マインドエラ」、つまり、心や意識の時代が到来しつつあると述べています。高度なコンピューティングパワーは、ナレッジエラの生み出した珠玉の技術かもしれないけれど、私たちが次にどう生きるかがさらに重要だと説いています。

一方で、これはきわめて客観的なデータと、目的などの主観的な要素が共存する時代であるともいえます。人間がいかに賢く生きられるか、そういった試みの先駆けが現在だとすれば、2050年、早ければ2040年代がエポックとなるでしょう。

1960年代の意識革命はアポロ宇宙計画にありました。それは地球外から地球を見るという大事件で、地球を1つの巨大生命体として見なす「ガイア理論」などは、こういった契機によって生まれました。

今、いくつかの契機が考えられます。NASAの有人火星探索は2030年代。シンギュラリティ（人工知能が人知を超える特異点）は起こらないともいわれていますが、2040年代に起こるとも予想されています。人間の意識革命は確実に進んでいきそうです。

アラン・ワッツ（1960年代の米国の若者に影響を与えた英国の哲学者）の言葉

　私たちはおよそ先の見えない、鬱蒼としたジャングルで生きている
ようです。ジャングルをさまよう現代人。しかし、恐れることなどあ
りません。ジャングルがもともとの状態と思えばよいのです。

　迷うこともありません。なぜなら、このジャングルを抜けた先にあ
るのは、また別のジャングルだからです。そこではデータを分析し、
論理を組み立てて判断する知能よりも、人間が本来備えている直観や
想像力を自在に働かせる意識が重要となるでしょう。

08　環境革命の波

　日本を代表する科学史家の伊東俊太郎氏は、世界各地の歴史の比較
分析によって、文明の発展過程には共通の画期があることを見出しま
した。そして、ユヴァル・ノア・ハラリの『サピエンス全史』が刊
行されるずいぶん前（1990年代）に人類文明の「発展段階説」を提唱

し、海外にも知られています。

21世紀の今、私たちは「環境革命」の時代にいます。これは「生態学革命」といってもよいものです。それは、単に環境問題に配慮するというレベルよりも、さらに深い、根源的な転換期という認識です。これまで地球・人類は、いくつもの革命を経験してきました。

- 人類革命（Anthropic Revolution）……人類史の第1の転換期。人類の成立。600万年〜700万年前の猿人から原人、旧人、20万年前の新人へと拡散。分子遺伝学的には全人種が同一のアフリカ産タイプに帰属する。つまり、本質的な「人種」の消滅が証明されている

- 農業革命（Agricultural Revolution）……食料の能動的生産と確保。狩猟採取生活から食料を生産して定住化へ。1万2000年前

- 都市革命（Urban Revolution）……大規模農耕の発達と生産力の増大。「都市国家」の誕生。紀元前3500年。王、僧、書記、戦士、商人、職人の発生

- 精神革命（Spiritual Revolution）……都市文明の発展、世界宗教と哲学の誕生。人間の心の中の変革。タレスらのミレトス学派、ピタゴラス、ソクラテス、プラトン、アリストテレスに至るギリシャ哲学の誕生。インドのウパニシャッド哲学、仏教。中国の孔子、諸子百家、「道」の探求。イスラエルの旧約預言者、イエス・キリスト。紀元前6世紀〜1世紀

- 科学革命（Scientific Revolution）……現代につながる革命。ガリレオやニュートンによる近代科学。17世紀のヨーロッパ。デカルトの機械論的自然観、フランシス・ベーコンの「自然支配」。産業革命と情報革命の段階が続く

- 環境革命（Environmental Revolution）／生態学革命（Ecological Revolution）……環境問題の克服を軸とする人類史の転換期。私たちが今日抱えている多くの問題の根源。その課題は、①科学技

術の質的な進路変更、②科学、現在の科学技術を支える世界観、つまり、哲学の根本的変化、③現代文明のあり方の根本的変化、を挙げている

　つまり、環境問題に正面から向き合うことで科学技術と哲学の転換がもたらされるのが、これからの時代だというのです。[06]

「グーグル後」の時代をイメージせよ

　「大規模データセンターやAI決定論におけるグーグル・パラダイムは、次の時代には凌駕されていると、私は確信している」

　米国の経済学者ジョージ・ギルダーは、著書『グーグルの消える日（*Life after Google*）』の中でこう言い切ります。[07] ギルダーは只者ではありません。レーガン大統領のスピーチライターを務め、『テレビの消える日（*Life after Television*）』（1990年）を著した、最も影響力のある作家の1人でもあります。

　彼は、次のパラダイムを支えるのはGAFA（グーグル、アマゾン、フェイスブック、アップル）による「クラウド×AI」ではなく、「ブロックチェーン×AI」に移行すると主張しています。クラウドコンピューティングにAIが搭載され、アマゾンやグーグルが今までと桁違いの大企業になるというシナリオではなく、全く新しいコンピュータアーキテクチャが出現し、クラウドコンピューティングを過去の時代の遺物にしてしまうというのです。

　ギルダーは、グーグルの時代の終わりを予言します。グーグルの時代とはビッグデータと機械の知能に

基づいて構築されて、そこではすべてが広告の下に集約されて新たな
アイディアの機会が抑制されている。また、セキュリティ問題を引き
起こし、ネットの世界は神経衰弱に陥っている。この危機は現在のコ
ンピュータとネットワークのアーキテクチャの中で解決することはで
きないとギルダーは指摘します。そして将来は、「暗号化」、ブロック
チェーンによるアーキテクチャが台頭し、それが現在のようなグーグ
ルによる「すべてが広告の時代」を終わらせるだろう。

　今、全産業を支配するだろうと恐れられているグーグルやアマゾン
などのクラウドコンピューティングは、弱点であるセキュリティの問
題（最近では、フェイスブックが大量の個人情報をリークさせたこと
が米国では大きな社会問題になっている）を克服できないまま、自己
崩壊のリスクを抱える、時代遅れの恐竜になるというわけです。

　グーグルという「時代の仕組み」が崩壊する、とする理由としてギ
ルダーは、以下のように述べています。

私たちの社会は、これからどんなアーキテクチャを生み出すのか

グーグルの強さの源泉である「できるだけ多くのデータを集めて AIで解析するという仕組み」は、データセンターの一極集中型より ブロックチェーンのような分散型のほうがセキュリティが優れている、という点で時代遅れとなっていくと考えられます。さらにデータセンターの巨大化も、いずれ投資対効果への期待はしぼんでいき、物理的にも限界が来る、と推測されるのです。

　また、「サービスを無料で提供し広告収入を得るという仕組み」については、iPhoneの広告ブロッカーを挙げて、それが時代遅れとなる

　フリー経済、情報の無料化の安易な礼賛に対しては、「VRの父」とも呼ばれるコンピュータ科学者ジャロン・ラニアーも警鐘を発しています。『人間はガジェットではない──IT革命の変質とヒトの尊厳に関する提言』に続く *Who Owns the Future*（未来は誰のものか？）でも、技術的楽観主義に対する厳しい見方をあらわにしています。[08] 見せかけのフリー経済により富の大部分を丸ごと奪っていく存在としてGAFAをはじめとする巨大IT企業に辛辣な批判を浴びせています。

　　「私たちは、システムを目的なく膨張させてきたインターネットや情報の世界に、すっかり取り込まれてしまったようです。インターネットの世界は、人間と情報の境目をなくして、情報の中に人間が組み入れられていく」

　これまでのイノベーションは、シュンペーターはじめ進歩をひたすらめざすものであったことは先に述べたとおりです。それは、経済的には間違ってはいないのですが、問題はその中身です。

　20世紀に人々が邁進したイノベーションは、人間性を失っていく方向に行き着くところまで行ってしまったようです。21世紀は、その人間性を回復するイノベーションが求められるのです。

根拠としています。行動履歴や購買履歴を始めとするプライバシーにかかわるようなデータを事業者が収集するという今のあり方に対しても、消費者が反発するようになる。

　ギルダーのこれらのメッセージは、一言でいえば人間の精神や思考の復権ということになるでしょう。それがイノベーションの起点となるともいえるのです。

10 思い込みを問い直せ

　次のイノベーションについてのチェックリストの中で、「当てはまる」と思うものに「○」をつけてください。

① イノベーションとは何か新しいことをすることだ	☐
② イノベーションとは特別な出来事で、自分たちの日常業務とは無関係だ	☐
③ イノベーションはとんがった個人が起こすものだ	☐
④ プラットフォームは日本企業からは生まれない	☐
⑤ 大企業はイノベーションを起こせない	☐
⑥ イノベーションはベンチャー企業の専売特許だ	☐
⑦ イノベーションはたまに起きる技術革新だ	☐
⑧ 日本企業の組織行動様式は、新しいものを生み出すプロセスにはなじまない	☐
⑨ 日本企業の強みはカイゼン型の漸進的イノベーションだ	☐
⑩ もう市場は飽和してしまって差別化しかない	☐

　あなたはいくつ「○」をつけましたか？　3つくらいですか、半分の5つでしょうか、10個すべて当てはまるのでは？

　もちろん、正解などありませんが、願わくば、「どれも間違い」、す

なわち、「当てはまるものはゼロ」と答えてほしいというのが筆者の
スタンスです。なぜなら、これらの言説こそ私たちの「思い込み」と
なり、思考や行動の呪縛となっていくからです。

「大企業はイノベーションを起こせない」、だから、「できない」。「イ
ノベーションとは特別な出来事で、自分たちの日常業務とは無関係
だ」、だから、「やらなくていい」。「イノベーションはとんがった個人
が起こすものだ」、だから、「自分の仕事ではない」。……

イノベーションが大事にもかかわらず、なかなかイノベーションが
起きないのは、これらの思い込みが足枷になっているからです。思い
込みが人も企業も思考停止にさせてしまうのです。

しかも、進歩のためのイノベーションということになれば、なおさ
ら思ったようにできない。今のビジネスへの執着、これまでの経験や
過去の業績への愛着、それらの引力はものすごく大きなものです。そ
の引力に引っ張られて、思い込みはさらに強くなっていきます。

10問の中で、「④プラットフォームは日本企業からは生まれない」
に○をつけた方、本当にそうでしょうか。

日本企業はGAFAM（GAFA＋マイクロソフト）などのようなプラッ
トフォームを構築できなかった、とよくいわれますが、システムをよ
く見れば、日本企業の技術が使われ普及した例が多いことに気がつき
ます。

グーグルの創業者の1人セルゲイ・ブリンが最初に発明した病院用
検索システムは、実は日立アメリカが特許出願しています。グーグル
創業の前年のことです。当時の状況を、スタンフォード大学名誉学長
のジョン・ヘネシーは、次のように思い出話として披露しています。

　　「日立はスタンフォードの教員と学生をさまざまな方法で支援
　しました。……記憶にある最も初期の頃の交流の1つは、医学
　部と日立の研究開発部門による1980年代初期の協力関係です。
　1990年代には日立はスタンフォード大学デジタルライブラリー

プロジェクトのパートナーでした。このプロジェクトは高度な
Web検索エンジン技術の開発としてよく知られ、グーグル検索エ
ンジンの先駆けとなりました。余談になりますが、このプロジェ
クトに取り組んでいた学生の1人がセルゲイ・ブリンで、夏季の
インターンシップをシリコンバレーにある日立のラボで過ごしま
した。そして彼はその後、同じプロジェクトに参加していたもう
1人の学生、ラリー・ペイジと出会い、ともにグーグルを創業す
ることになります」[09]

　こうした事実から、「技術があるのになぜ勝てないか」などと問う
こと自体に、「技術があれば勝てる（勝てた）はずなのに」という思い
込みが働いていることがわかります。技術起点発想の問いそのものが
間違っているのです。実は、これはプラットフォームとエコシステム
の混同が原因だと思われます。
　また、「日本には創造力が欠けている」という間違った思い込み
（「日本にはカイゼンが向いている」みたいな言説）が、社会を萎縮さ
せてきました。日本人の特に若者世代の創造性は今、世界からも認め
られています。しかし、いかんせん、高齢化社会ゆえにボリュームが
小さくて存在感を示せていないのが現状です。
　思い込みの引力で社会全体が内向きに閉塞しています。そこから一
歩外に抜け出して、大きく息を吸い世界を眺めてみることが大事で
す。閉塞した世界で息も詰まりそうになりながら、さあイノベーショ
ンだと言われても、すぐに行動を変えることなどできません。まずは
自分の「意識」に「変化を起こすこと」が重要です。
　思い込みから脱するのです。そうすれば、難しそうなイノベーショ
ンも、突き詰めれば人間が活動する日々の「場」で起きることなので
すから、イノベーションのタネは日常の中に転がっていることに気づ
くはずです。

2006年のノーベル経済学賞を受賞した米国の経済学者エドマンド・フェルプスは、19世紀初頭からの世界の生産性の上昇と近年の衰退までを、長期的に原因分析しています。

　そして、次のような点を挙げてイノベーションの重要性を指摘しています。[10]

①革新的な活動が広く深く普及すれば国家は豊かになるが、それを支えるのはハード面のみならず、意欲、才能、新しいものへの受容性などからなるソフト面のダイナミズムが重要となる。
②こうしたダイナミズムが広い範囲で普及するには、正しい価値観が原動力として機能しなければならない。
③ビジネスの世界で経験や思考を積み重ねる、小さな進歩からイノベーションは起こる。

　これらの指摘は、私たちの時代がイノベーションを失ったことへの警鐘です。最近のイノベーションへの関心は、かつてはあふれるほど持っていたのにいつの間にか失ってしまった意欲や才気や情熱、新しいものへの感受性や受容性など、きわめて人間的な要素へと向かっているのです。

　かつてはわざわざ「イノベーション」と呼ばなくてもよかった活動を、今の時代に再び行うこと、それが21世紀のイノベーションだという示唆です。そのカギは、草の根の構想力にあります。

　イノベーションとは、単に何か新しいことを思いついたり、することではないのです。その先の世界を想像し構想することです。構想力は「存在しないものを存在させる力」です。[11] それはアイディアやビジョンではなく、想像力・主観力・実践力を駆使して新たな現実を生

み出す物語り的な知なのです。

　また、新技術がイノベーションを起こすと思われていますが、人間の営みは長期的かつ歴史的に積み重ねられていくものです。その変曲点がイノベーションとして発現するのです。

　これらを考え合わせると、実は近年、イノベーションなど起きていないのではないかと思えてきます。

　皆さんの手元のスマートフォンを見てください。iPhoneが登場してから10年以上経ちますが、いまだにそれを超えるものは出てきていません。iPhoneはいわば、その100年前のフォードT型車の登場に並ぶものとさえいえます。

　実は、そのルーツは、1990年設立のジェネラル・マジック社にありました。そして、携帯電話の基本的な仕組みは1993年のモトローラ製の端末と何ら変わっていないのです。

　ジェネラル・マジックは情報携帯端末を開発するために、アップルの子会社としてビル・アトキンソン、アンディ・ハーツフェルド、

iPhoneは1990年のビッグバンからの試行錯誤の歴史だ

ジェネラル・マジックは、アップルの子会社で、携帯情報端末を開発する企業としてビル・アトキンソンらにより設立された。アトキンソンは「リサ」の開発者で「マッキントッシュ」のコンセプトを産んだジェフ・ラスキンの弟子。「パーソナルコンピュータの次にやってくるもの」を追求し、同社が存在しなければiPhoneは生まれていなかった。当時のプロトタイプには、ワイヤレス電話機、本棚、天気予報、メッセージ、ゲーム、地図、買い物、アドレスなどのツールが搭載されていた

マーク・ホラットらにより、1990年に設立されています。アトキンソンは「マッキントッシュ」開発のプロジェクトリーダーで、多くの若い才能がその下に集まりました。アップル以外にAT&T、松下電器産業（現パナソニック）、モトローラ、NTT、フィリップス、ソニーが出資、提携しましたが、惜しくも2002年12月に破産してしまいます。

しかし、彼らの功績は大きく、同社がなければ、グーグルも、今のiPhoneから始まってApple Watchさえも存在しなかっただろうといわれています。

そうです。これからの時代を考えたとき、未来のジェネラル・マジックのような、今見えているイノベーションの先にある、次の世界を構想できるチームの可能性が大きく残されているといってもよいでしょう。

アフリカ、ケニアの砂漠を旅するラクダ冷蔵庫。ラクダはソーラーパネルと冷蔵庫（医療用）を背負い、砂漠の中を往診に向かいます。冷蔵庫の中は伝染病予防のワクチン。病院や医師の不足で十分な医療が提供されず、人々が疫病などに苦しんでいる奥地の村々へと、ラクダが医療を運びます。

悪路続きでジープでの移動もままならないそれらの地域を、ラクダとソーラーパネルと冷蔵庫と注射を打てるラクダ引きを組み合わせた、ラクダ移動クリニックが巡回し、遊牧民たちにワクチンを接種するのです。

ケニアでのラクダを使ったサービスは、このほかにも教育の届かない地域へとラクダが本を運ぶ「ラクダ移動図書館」などもあり、世界中の注目を集めてきました。

ラクダ冷蔵車やラクダ図書館などが話題になったが、
そもそもその根底にあるのは
「ラクダの鞍」という紀元前1200年頃のイノベーションである

　確かに、これこそイノベーションだ、素晴らしい、という所見に異論はありません。

　しかし、もう一歩踏み込んで深く考え、もう一歩か二歩引いて、大きな歴史の流れに目を向ける必要があるように思うのです。

　ラクダを砂漠での移動に使うようになったのは、紀元前2000年頃初頭といわれています。この時期に鞍というものが発明されました。

　ラクダは1日に100kmも移動でき、エサの量は馬の半分ですむので経済的です。また、ラクダは足裏にクッションがあり、歩き方もソフトなので乗り物として快適な動物と早くから認識されていました。特にヒトコブラクダはフタコブラクダに比べて体重が軽く、時速60kmで走ることができます。毛も少なく、高温で乾燥した気候に適応しています。

しかし、問題は背中のコブで、ヒトコブの周りにどのように荷物を積むかに人々は頭を悩ませました。そして考案されたのが「鞍」でした。

　エジプト第一王朝（紀元前3050年〜2890年）の遺跡から、背中に荷物を載せたラクダの置物が出土していることから、紀元前2000年紀にアラビアの香料交易が盛んになり、ラクダも交易に使われるようになったといわれています。

　鞍の発明が、ラクダの潜在能力を引き出し、乗り物としての操作性や乗り心地を向上させ、砂漠の民族の文化を発展させ、一大文明圏を形成する基礎を築いたのです。

　その観点から21世紀のラクダ冷蔵庫を改めて見ると、それは、現代のイノベーションというより、3000年以上前に起きたラクダの鞍イノベーションがもたらした成果のごく最新事例の1つにすぎないといえるのではないでしょうか。

風の風の力こそ変化の源泉

　もう1つ、21世紀の低炭素社会の実現に向けて、クリーンエネルギーとして近年注目されている風力発電。現在、各地に発電用大型風車の建設が進んでいます。風車のブレード（翼）には、軽くて丈夫な新素材が使用され、風車の超大型化を可能にしています。これもイノベーションといえるでしょう。

　しかし、風力をエネルギーに変換するという発明に関しては、古いものでは紀元前3600年頃にはエジプトにおいて揚水や灌漑に風車が使用されていたという記録が残っているそうです。

　10世紀には、文明の中心であるイスラム圏で風車は盛んに建造され、蒙古の西遠征と十字軍によって、それぞれ欧州と中国に伝えられたとされています。

人間のイノベーションの
歴史が教えてくれることは
何でしょうか。それは、イ
ノベーションとは、技術に
よる破壊的創造といったも
のでは全くなく、いかに社
会のために役立つ価値をつ

ナッシュティファンの風車（イラン）
現在、私たちが目にする巨大な風力発
電機は、オランダなどに見られた風車
が原型で、スペインから伝わった。さ
らに西暦500年頃にペルシャ人によっ
て発明された縦軸形式の風車が源流
で、それが草の根的に世界に広がって
適応していった。このイラン北東部の
小さな村の風車は、「現在も使われて
いる1000年前の風車」である。

くり出すかという、人間の草の根の力なのだということです。

人間のイノベーションを、企業が新製品を作っ
て売って利益を得るというサイクルの中に回収し
ようとするのは近視眼的です。企業や組織の枠組
みをいったん取り払って、社会を見たときに、こ
れからの社会の変化やあり方はどうなるだろう、
どうあるべきかと想像することで生まれ出るイメージをつかむこと
が、実はイノベーションの利益の源泉になるはずなのです。

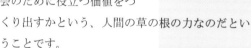

14 人間は死に向かう存在である

スティーブ・ジョブズ（1955-2011）は、有名なスタンフォード大学
の卒業式で「もし今日が自分の人生最後の日だとしたら、今日やろう
としていることを本当にやりたいだろうか？」と問え、と語りました。

ドイツの実存主義哲学者のマルティン・ハイデッガー（1889-1976）
は、昨日と同じような行動を続けながら漠然と未来に期待する人間
を、本来的でないと考えて「非実存的人間」と呼びました。

しばしば私たちは、従来の仕組みや日常に埋没し、忙殺され、現在
を目前の事柄としてしか認識できず、過去のことを忘れ、未来もぼん

スティーブ・ジョブズは、アップルの
共同創立者、起業家で、苦境にあっ
た同社を再生し、iPhoneを導入した。
スマートフォンの時代を創った20世
期末を代表する事業家でもある。人を
ひきつけて説得する「魔法」を持って
いたと評される

やりしたものとしか捉えず、なんとなく明日に期
待しながら生きている、という状態に陥ります。

　しかし本来、私たちのあるべき「現存在」は、
未来に先駆けようとするものなのです。そのこと
で過去の経験が再編集され、現在を未来に向かう
瞬間として生きることができる。

　そこでハイデッガーは現存在のことを死を意
識する（死に向かう）存在とも説きました。上の
ジョブズの言葉とも共通しますね。

　これまでとは異なる意識や生き方が、未来創造
としてのイノベーションには求められるのです。
もちろん、全部は一度には変わりません。……1
つ1つは小さな出来事かもしれませんが、全体で
は人間社会にとっての進化の過程ではないでしょうか。

　今日のイノベーションが明日の世界をつくり、歴史を変えるような
試みにつながっていく可能性があるのではないでしょうか。持続的な
変革の場を生み出すこと、その中で、共に進化しながら変わっていく
ことが求められているのです。

　ファシリテーターがリードする「イノベーション・ワークショッ
プ」などの光景を多く目にするようになってきました。しかし、数時
間あるいは丸1日でもワークショップをやって、そこから本当にイノ
ベーションが起きると思っていますか？

　誤解なきように。ワークショップが不要と言っているのではありま
せん。しかし現実は、こうしたセッションで社会に変革が起こること
はほぼありません。ワークショップはあくまで手段、構想を得て進む

ための出発点で、「準備」のためのイベントであることを忘れないことです。

そこで重要なのは、多様な視点から自らの存在意義を考え直す（リフレーミングする）姿勢です。

20世紀のイノベーションは、たまに起きる技術革新といった捉え方をされていましたが、21世紀の今、イノベーションは経営の中心的な活動なのです。それは、顧客や社会の意識やニーズを共感・洞察して、これまで競争や消費のなかったところに新たな価値の提供を行っていく、組織的知識創造経営の実践です。これまでのモノを対象とする製品開発という考え方ではなく、ネットワークや新たなエコシステム（市場生態系）の創造という視点でのイノベーションが求められているのです。

たとえば製造業では、既存の枠組みを超えた新たな製造業のモデル（脱工業化の時代を超えた製造業の新たな位置づけ）の模索が始まっています。世界的に特に先進国では脱工業化（サービス化）する傾向（対GDP比）にあり、製造業人口は大きく減少しています。20世紀的な製造業という意味では、現在は中国がトップで、日本は従来型「モノづくり」モデルの中で停滞しているといえます。

一方、先進国では製造業が強い地位を占めている米国とドイツは、

ワークショップはイノベーションの起点でしかない

オランダのフューチャーセンターLEFにて

環境革命に向けたイノベーションとして、「インダストリー4.0」のような次世代インターネットと融合した新たな産業への進化を目論んでいます。

　時代の大きな波に乗れるかが課題といえますが、このような変曲点を超える挑戦はあらゆる産業で見られます。そこに、すべてが結びついた時代のビジネス、経営への転換の扉が開かれるのです。

　では、「製造業」とは何だろうか？　何のために存在しているのだろうか？　単に未来ビジョンを語るのでなく、どんな歴史的な意味や意義が私たちにあるだろうか？

　そういった問いの姿勢こそ、今のワークショップなどには求められていると思えます。

　ドラッカーは著書『イノベーションと起業家精神』の最終章で、「起業家社会」がやってくると論じています。誰もが起業家（アントレプレナー）のような事業マインドを持ち、たとえ会社に勤めていなくても、学校の先生などでも、創意工夫をしながらよりよい社会をつくっていく世界を、ドラッカーはイメージしていました。

　これはイノベーションが必ずしも企業（経済人）だけのものではないことを意味しています。考えてみれば、一企業に勤める才能の数（社員数）には限界があるし、社会の側からのイノベーションが価値の創造につながるのはいうまでもありません。今や兼業や副業の時代でもあります。企業は閉じられた集団ではないのです。

　それは昨今のオープン・サイエンスやシチズン・サイエンス（市民科学）などの関心の高まりにも対応しています。このように人間として組織、社会に参画するという状況は、既存の経営学の想像力や範疇を超えるものだといえます。

モノづくり、技術革新、イノベーション「普及」の発想：サプライサイド・ロジック

製品供給論理

- 自社の生存（組織を食わせていく）が出発点
- 競争戦略、効率追求

- コモディティ化
- 付加価値（見えている価値）

企業　　　　　　　　　　**顧客（社会）**

- エコシステム・共創
- 持続的イノベーション

- 社会・環境の持続性
- 人間的な価値の探究（見えない価値の深い探究）

需要創造論理

ソーシャル・イノベーション、リバース・イノベーション、グラスルーツ・イノベーション、破壊的イノベーション、オープン・イノベーション……すべてディマンドサイド・ロジック（顧客起点の需要創造論理）のイノベーション

　昨今イノベーションに関しては、多くのコンセプトが提示されています。ソーシャル・イノベーション（社会課題の解決）、リバース・イノベーション、グラスルーツ・イノベーション、破壊的イノベーション、オープン・イノベーションなどがそれにあたります。いずれも20世紀のイノベーションの考え方とは異なっています。

　20世紀は技術革新に裏づけられ、自社の研究開発や製品開発としてイノベーションを川上から川下へと「普及」させる、端的にいえば、サプライサイド（供給側）のロジックが主流でした。したがって、そこには「死の谷」（キャズム）が存在しました。

　しかし、21世紀のイノベーションのモデルは社会・環境の持続性、人間的な価値の探究（見えない価値の深い探究）など、顧客や社会を起点とする（20世紀とは逆向きの）ディマンドサイド（需要側）のロジック（顧客起点の需要創造論理）への転換が求められています。これがデザイン思考などの方法論的関心に結びついているのはいうまでもありません。

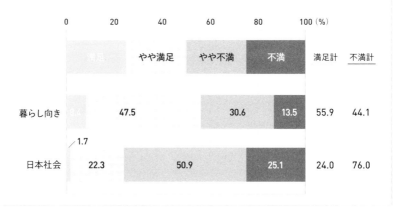

	満足	やや満足	やや不満	不満	満足計	不満計
暮らし向き	8.4	47.5	30.6	13.5	55.9	44.1
日本社会	1.7	22.3	50.9	25.1	24.0	76.0

注：N = 2472
出所：一般社団法人FCAJ調査、2014年11月4日〜5日。

　実際に、モノづくりによる欲求充足やモノの意味的価値による付加価値提供が限界を迎え（典型的にはリーマンショック以降）、社会的課題解決や創造的なQoL（生活の質）の追求がイノベーションに結びつくようになっています。

　ちなみに、一般社団法人FCAJが2014年に行った調査によれば、日本人は現状の（日々の）生活には過半数が満足しているものの、社会に不満だという人は4分の3ほど存在しています。つまり、今の日本社会の歪みや問題が認識されているということです。ここに、「社会的イノベーション」への要請とその潜在的可能性があり、このようなギャップがその起点となることはいうまでもありません。

　かつては社会的イノベーションというと、市場では認識されていないけれども特定の社会集団に影響を与えている社会的要請や問題に対応するための「社会課題イノベーション」活動を意味していました。また、それはソーシャル・アントレプレナー（社会起業家）が媒介するものという認識がありました。

2つの異なる「社会のイノベーション」	
ソーシャル・イノベーション Social Innovation	**ソサイエタル・イノベーション** Societal Innovation
市場で認識されないが特定の社会集団に影響を与える社会的要請に対応するための草の根的イノベーション、ソーシャル・アントレプレナーが媒介する	社会と経済の境界が不明瞭な、かつ社会全体に影響を与える社会的挑戦に対する広範で構造的なイノベーション、地域社会などの全体、マクロな対象、ソーシャル・エンタープライズが媒介する
● 小〜中規模 ● 特定の社会集団 ● 社会問題への注視 ● ボトムアップ>トップダウン	● 大規模 ● 社会や地域全体 ● 社会システムへの注視 ● トップダウン>ボトムアップ

出所：Lehtola and Ståhle（2014）.

　つまり、そうした活動は大企業の経済活動の対極にあり、また金銭的価値に結びつかないものと考えられていました。そのため、「企業は利益を無視しても」こういったことに取り組むべきだといった贖罪意識に訴える極論がまかり通っていました。

　しかし、2015年の国連サミットで採択されたSDGs（持続可能な開発目標）にも示されるように、世界規模での問題は、社会や経済の境界を超えて全体に影響を与えるようなイノベーションとして考えなくてはいけなくなっています。

　贖罪意識で無償の社会貢献をするといった発想は過去のものとなり、むしろ社会的課題こそ新たな収益につながって、イノベーションの源泉となる時代が訪れているのです。その中で大企業の役割が改めてクローズアップされようとしています。「大規模イノベーション」としての社会のイノベーションを担う存在として、人材をはじめ多くの資産を擁する大企業の存在が改めて重視されているのです。

　そこで、ソサイエタル・イノベーション（社会のイノベーション）のような考え方が生まれてきました。それは社会全体に影響を与え

る、つまり社会構造に対する広範なイノベーション的挑戦であり、社会と経済の境界を融合する地域社会などの全体、マクロな対象を持つものです。そして、その主体をソーシャル・エンタープライズ（社会企業体）と呼ぶのです。

つまり、「社会的ニーズを満たすという目標に動機付けられ、主に社会的な目的を持つ組織を通じて展開される革新的な活動とサービス」という意味です。

⑦ リーダーシップモデルの終焉？

多くのビジネススクール（MBA）ではリーダーシップ教育が行われています。リーダーシップ教育には2つの前提があります。まず、人格者たるリーダーが組織や社会を先導（リード）できる、ということ。次に、MBAなどの教育機関でリーダーシップ教育が可能であるということです。

前者は、リーダーがパワーや権威を正しく施行できることです。リーダーの下で変化が起きると、よく「組織を変革した」と言われますが、それはAからBへの違いでしかないのではないでしょうか（つまり、変わらない）。

「なぜわれわれは、いつもフォーマルな権威に固執して、（リーダーがトップにいる）同じような組織図（ツリー図）を描くのだろう」と問いかけるのは、マギル大学のヘンリー・ミンツバーグ教授です。[12]

人格者たるリーダーをフォロワーが信じて行動するというモデルを、私たちはなぜいつまでも持ち続けるのでしょうか。「リーダーシップよりコミュニティシップではないか？」と同教授は問いかけます。むしろ、自律的で変化への意識や目的を共有した個々人がコミュニティとして動くことのほうが大事ではないか、と。

これは、成長・拡大や利益の追求だけを目的とせず、多様性を重視

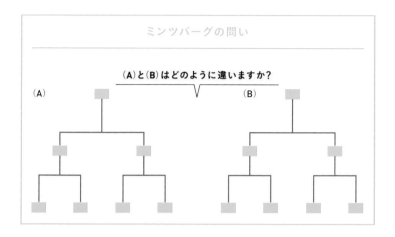

ミンツバーグの問い

（A）と（B）はどのように違いますか？

（A）

（B）

し、働く社員を尊重して承認プロセスではなく対話により物事を決めていこうという「ティール組織」などのコンセプトも同じでしょう。

ティール組織とは、自らを生命体として捉え、目的や共感を共有することで自主的自律的に動く、進化型組織とされます。[13] しかし、これはいうまでもなく、過去に『ビジョナリーカンパニー』などでも何度か示されてきた自律的な組織のモデルです。しかし最近、再びこういったアイディアが取り上げられ、実践する企業が広がりつつあるのです。

コミュニティシップ（あるいはリーダーシップの限界）について、ミンツバーグは以前『MBAが会社を滅ぼす』という本で物議を醸しました。[14] MBAは企業の中でCEOになるための教育は行っても、企業の成長や持続性には貢献していないのではないか、と言うわけです。

辛口の批評で知られるスタンフォード大学のジェフリー・フェファー教授は『悪いヤツほど出世する』で、私たちが持っているリーダー観や倫理観がいかに役に立たないか、リーダーシップ教育プログラムがいかに惨憺たる結果を招いてきたかを批判しています。[15] 聞こえの良い倫理的リーダー教育と、現実の社会、政治や企業のリーダー

の嘘で塗り固められた姿に多くのギャップがあると。

　これは、15世紀ルネサンス期のイタリアの政治思想家ニッコロ・マキャヴェッリ以来の現実主義的リーダー論を裏打ちするものでしょう。しかし、それでもマキャヴェッリは政体の維持という大目的のために現実的であることを君主に説いたので、私欲のために行動する者はリーダーとはいえないでしょう。ある調査機関によると、政治・経済の領域の双方で世界的にリーダーへの信頼度が下がっているようです（そして、最も低いのが日本）。[16]

　むしろリーダーを育て、企業や国家を運営するというモデルが、はたして正しいのだろうか？　この問いを、21世紀の今、いかなる組織も真摯に問い直すべきなのです。少なくとも「リーダーとフォロワー」というモデルではなく、公平な立場にあるプロフェッショナリズムを持ったマネジャーやイノベーターたちが、大目的の下で協業する、というあり方が求められているのではないでしょうか。

　端的に言えば、リーダーの指示に従って動く組織にイノベーションは起こせるのだろうか？　という問いです。もっと自律的に動けないのでしょうか。

　要は、リーダーシップとはリーダーの問題ではなく、あなた自身の内側の意識や態度の問題だということが本質ではないでしょうか？

18　三層構造でイノベーションを捉えよう

　イノベーションは企業や組織の問題だけでなく、チーム、いや、その根っこでは個人の問題でもあるようです。これらは相互に関連し合っているのです。

　本章の見取り図として、以下にイノベーションの三層構造を示します。各層にどのような要素が入ってくるか、皆さんもご自身なりの活動や仕事の中身を棚卸しして考えてみてください。

イノベーションという行為は何なのだろうか？

〔本書の見方〕

新たな状態を生み出す経営・社会的／組織的能力の発現

表層 ／ 組織

- 新たな考え方、経済知識によって社会をよりよい方向にもたらす綜合的な活動
- 「イノベーションは創造的個人の仕事」という時代から「マネージされた混沌のプロセス」と考える時代へ移行
- 「矛盾」の経営、場の経営
- これまで競争や消費のなかったところに新たな価値の提供を行っていく
- 個・組織の知識創造経営の実践
- 包括的なイノベーション経営を志向する

試行錯誤するという仕事／知識創造

中層 ／ 協働体

- 個の集まり、ネットワークの仕事
- 失敗（実験・試行錯誤）をうまく行う「旅」
- 目的に基づいて試行錯誤する仕事
- 論理分析的プロセスからの離脱
- 顧客や社会の意識やニーズを共感・洞察
- 目先の見えている問題のソリューション（問題解決）の呪縛からの脱却
- 経験や思考を積み重ね、小さな進歩を日々行う
- 新しい視点や仕組み、アイディアなどの新奇性への感受性と受容性

人間存在にとって──なすべきことをなせる行為と力の発現

深層 ／ 個

- 私たちにとってなすべきことをなす
- 未来に向けて生きる
- 豊かな世界を制作することへの意志
- 人間の草の根の力の発揮

第 2 章

Let's Restore the Wild Perspective

私たちが何かを認識する前の本質直観で世界を見る

"

"

01 「視点（パースペクティブ）」を革新せよ

　イノベーションが重要だとわかっているのになぜ起こせないのか、企業あるいは個人がはまり込んだ袋小路について、第1章で見てきました。この章では、思考停止の袋小路から脱出するためのさまざまな試みと、その可能性について考えてみたいと思います。

　最初に、袋小路からなかなか抜け出せないのはなぜか。その最大の理由は、見るべきものが見えていないからだと思われます。たとえば、「ビジョンを持て」などと言われても、見えていなければ、ただの妄想や空想です。

　「見えていない」世界に一歩を踏み出せと言われても、それは不可能か、危険な賭けか、下手をすれば自殺行為です。「見る」という行為、「見える」という力はそれほどに重要で、それを司る「目」という器官は、生物において決定的な役割を担っています。

　今から5億4200万年〜5億3000万年前の比較的短い期間に、突如として途方もない数の複雑な生命体が生まれ、現在見られる多様な生物のほとんどすべての種が出揃う「カンブリア爆発」と呼ばれる現象が発生しました。

　なぜそのような進化が起きたのかは諸説あるようですが、古生物学者のアンドリュー・パーカーは「生物が目を持つようになったから」という興味深い説を提唱しています。[01]

　目を持たなかった生物は「体に何かがぶつかったから逃げる」「ぶつけられたから食べる」といった行動しかできなかったけれども、目を持つことで捕食の成功率は飛躍的に向上し、捕食のための手足その

他に運動器官も発達して生存率も上昇し、動物たちの爆発的な進化が起きたのだろうというのです。食べ物を捕るにせよ、敵を追いかけたり捕まえたりするにせよ、また、繁殖のための相手を探すにせよ、生物はその多くを視覚に頼っているのです。

人類も例外ではありません。見ること、見えること、つまりPOV（Point of View）を司る目の働きと、人類が起こしてきた数々のイノベーションとは深い関係があるといえます。

「海しか見えないとき、『陸地がない』と考えるのは、 良い探検家とはいえない」

「知は力なり」という言葉で有名な哲学者のフランシス・ベーコン（1561-1626）は、新しい観点、知の発見の重要性を説きました。

その後ベーコンは近代科学の技術思想の象徴ともされ、さまざまに批判されてもいますが、その実践的態度が科学革命に大きな影響をもたらしたことは事実です。そして今、その科学技術自体が大きな変革期を迎えています。

1620年刊のフランシス・ベーコン著『ノヴム・オルガヌム』。後に批判されるが、新たな学問探究の世界を切り開いた

科学技術における「機械論的」な世界観に対しての「生命論的」な、ガイア理論のように地球を「巨大な生命体」と見なす観点の登場です。そして、さらにそれは、より大きな観点で世界を見る生態学的（エコロジカルな）観点に大きく移行しているのが現代だといえます。

地球史のはるかなる時空から、現実の課題へと目を転じましょう。見えないからイノベーションが起きないと述べましたが、人間にとって「見えない」とはどういうことか。その意味を考えてみると、案外目の前にあるものでも、目に入らない、見えないことはよくあることに気がつきます。そもそも見えるべきものが

月から見る地球──新たな観点（POV）の出現

見えないのはなぜでしょうか。

　まず、目の構造や機能によって、見ることができない領域や盲点が存在します。見るという営みそのものには、見える可能性と引き換えに、見えないものがどうしても生じてしまうのです。

　機能的に不都合な状態に近視眼があります。近視眼とは、近くは良く見えるけれども遠くのものはボヤけてはっきりと見ることができない状態です。このことから、目先のことだけにとらわれて、大局の見通しがつけられないことを「近視眼的」と称します。イノベーションがなぜ起きないのか、起こせないのかと考えたとき、この近視眼的な「見えない」症状は決定的な障害となります。

自分の強みを知ることは大事ですが、自分の強みだけに意識を集中していると、自分を取り巻く環境の変化が見えなくなります。ゲームのルールが変化していることに気づけず、気づいたときには、強みと思って磨いていた技術が、逆にチャレンジへの足枷となるといったジレンマに陥ってしまうのです。これが「イノベーション近視眼」と呼ぶものです。

　過去の成功体験への過剰な適応も、近視眼的発想といえるでしょう。第2次世界大戦前、空母より戦艦に投資した日本軍の失敗を思い返すまでもなく、新領域より既存の主力事業への投資に執着する大企業の姿勢は、イノベーションの阻害要因となります。これも明らかにイノベーション近視眼の症状です。

　なぜ近視になってしまうのかを眼科的に説明すると、その原因の1つは「近くの見すぎ」（パソコンの画面など）ということがあります。目は近くを見るときに水晶体を膨らませる（緊張させる）ことによってピントを合わせます。しかし、近くばかり見ていると、この緊張状態がほぐれなくなってきて、近くしか見えなくなってしまうのです。

　企業においても、同様のことがいえそうです。切迫した状況が続くほど、緊張状態がほぐれなくなり、視野が狭くなって目先のことしか見えなくなってしまう。あなたの会社ではどうでしょうか。内側から見た自分の事業、自分の会社、自分たちの業界、自分たちの産業……、そういう中でしか世界を見られなくなっていないでしょうか。

　自分の世界に浸りながら、潜望鏡を覗くようにして世界を見ている。見えるのは、潜望鏡に映る切り取られた世界だけ。そこで見えた世界をひたすら分析する。自分の居場所はしっかりある。分析的思考とは、そもそもそういうものです。論理分析思考が犯す過ちの多くは、この近視眼とセットになっている場合に起こります。

新規

本業

このようなモノの見方では、
新たな領域を発見するのは難しいのではないか

　本業意識に浸かったままで何か新しいものとしてイノベーションに
期待しても、多くを望むことはできません。イノベーションは、目先
の見えている問題のソリューション（問題解決）ではありません。そ
れは問題の発見や解法の模索から始まるものだといえます。そのため
には、外の世界から自分を見直さなければならないのです。

03 ネクサス（関係性、結びつき）で世界を見よ

　環境革命の時代にはこれまで境界で仕切られていた産業や業界の垣
根が崩壊せざるをえなくなります。
　さまざまな部分が不可分に結びつき、1つの全体が形成されている
状態をネクサス（nexus）と呼びます。細胞と細胞がつながっている状
態を説明する生物学用語で、日本語では「連結」「連鎖」「つながり」
などと訳されます。生物の体は何十兆個という細胞で成り立っていま
すが、単独で機能してはいません。個々の臓器は、それぞれが独自の
働きを担っていますが、他の臓器と相互に影響し合っています。です
から、体の一部が不調になると、どこか別の部分にも支障が生じたり

するわけです。

　このように、「部分は全体であり、全体は部分である」という状態がネクサス、つまり、網目状の関係、互いに原因とも結果ともなるような関係です。たとえば「食料・水・エネルギー」のネクサスとは、食料であるトウモロコシはエネルギー原材料にもなり、同時にその栽培には水が必要になる。エネルギーを得ようとすれば水と食料が不足する。こういった相互関係です。

　このような関係は21世紀において、ますます進展します。世界はネクサスです。一企業も一組織も、全体の一部分となり、単独では成り立たなくなります。そこでは、従来の産業・業界内の競争戦略は発想として陳腐化します。同時に、単に社会のために、といった単純な発想は価値を失います。

　つまり、自社を中心とする（「わが社」を主語とする）経営・戦略・組織の考え方から、あらゆる他者とのネクサスを意識する経営への転換が求められているのです。そこでは社会性、利他主義、オープンな関係が求められます。近視眼に陥っていては、その全体を見ることができません。

「離見の見」──能に学ぶ

　内側の世界から目先のことだけを見る（イノベーション近視眼）ことから脱するために、外から自分を見る方法、日本古来の「離見の見」があります。

　離見とは自分から離れて見る見方をいいます。「離見の見」は、能の創設者の1人、世阿弥（1363?-1443?）が能楽論書『花鏡』で述べた言葉です。その意味するところは、能の演者は、自らの身体を離れた客観的な目線を持ち、あらゆる方向から自身の演技を見る意識をも持たなければならないという心得です。少し長くなりますが、とても大事なポイントですので、以下に『花鏡』からの現代語訳と、続けて解説を加えます。

　　舞には「目前心後」という心得がある。「目は前につけ、心は後に置け」という意味だ。これは、前述の五智の中の、舞智の舞い方をする際の心がけである。観客側から見る演者の舞い姿は、演者自身の目を離れたよそからの見方である。それに対し、演者自身の目で見る自己の姿は、主観的な我見であって、客観的な離見による見方ではない。離見という客観的な見方で見るということは、すなわち観客と同じ心で見ることであり、そうすれば自分の舞い姿を見極めることができる。自己の姿を見極めうれば、自分の舞い姿の左右前後をすっかり見ることになるわけだ。しかし、厳密に言えば、見所同心の見で見るだけでは、前方や左右までは見られるが、自己の後ろ姿だけはまだ見極めえないことになろうか。後ろ姿を見極められなければ、舞い姿に俗なところがあっても自覚できないことになる。

　したがって、主観を離れた客観的な離見の見方によって、観客と同じ眼で自己の姿を見、さらに肉眼では見ることのできないと

ころまで心眼で見極めて、五体のすべてが調和した優美な舞い姿を保たねばならぬ。これがすなわち、「心を後ろに置く」ということなのだ。くれぐれも、「離見の見」ということをよくよく理解し体得し、自己の眼は眼自体を見ることができない道理を悟って、舞い姿の前後左右を明確に心眼で把握せよ。そうすれば花や玉に比すべき美しい舞い姿になりうることは疑いなく、目前にその証拠を見ることができよう。[02]

「他者のまなざしを、わがものとする」

　目前心後というのは、「目は前方を向いているが、心は自分の後ろに置いておく」ということです。観客席から見られている自分の姿は、自分から離れて人から見られている自分の姿、つまり離見です。

　これに対して、自分の目で見ようとする意識は我見です。それは離見で見ているのではない。離見で見ているということは、観客と同じ意識で見るということで、観客の視点で自分を見て初めて自分の本当の姿がわかるのです。

　その意識に達すれば、目は正面に向けていながら、目を動かすことなく意識を左右前後に向けることができる、つまり、自由自在に自分を見ることができるようになります。

　しかし、多くの舞い手は目を前に据えて、左右を見ることはできても、自分の後ろ姿まで見ることができる段階には達していない。自分の後ろ姿を知らなければ、その見えない後ろ姿に卑しさが現れていることを自覚することはできません。

　自分の見る目が観客の見る目と一致することが重要であり、「離見の見」は単に自分を離れることではなく、「他者のまなざしを、わがものとする」ということです。観客の目を自分のものとして、そこに映った自分を同じ目で眺め、自らの肉眼の及ばぬ身体の隅々まで見届けて、身体全体の調和した優雅な舞い姿を完成しなければならないと

いうことです。

　つまり、社会や顧客の目で自社を見ることから「見る」ことが始まるのです。自分が思い込んでいるビジョンや夢は、往々にして我見となりがちです。離見の見は、時代の大転換期にあって、真にイノベーションを起こしていこうとするとき、きわめて重要なことといえそうです。近視眼から脱して、距離的にもまた時間的にも自分から離れた所から、広角的な視点を持って世界を見なければならないのです。

　世阿弥の能楽論には汲めども尽きぬ知の原泉があります。およそ700年もの長きにわたって続く能を編み出した世阿弥の言葉は、日本のイノベーターにとっても、多くの教訓を残してくれています。ここでは、離見の見につながる話をもう1つしておきます。

　能においては、観客は、ワキ（異界をつなぐ人）に導かれて、実は死者である「シテ」とともに、いったん「あの世」に身を置き、あの世の側から「この世」を見るという立場に連れて行かれます。そして死者が供養され鎮魂されることによって、最終的には「この世」に戻るという構成になっています（もちろん、それ以外もありますが）。

　この構成の目的は、観客に「他界からこの世この生を覗き見る視座」を装填すること、そしてその視座から、「この世この生に在ることの幸せ」（＝存在の神秘）を味わうことであると、哲学者の古東哲明氏は指摘します。

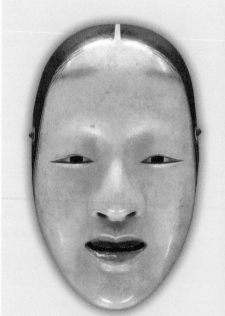

能のシテ（通常の演劇の主役にあたる）は、しばしば異界の存在である

　　「世阿弥の意図は……、《人間の運命やこの世のありさまを、日常や社会的レヴェルを越える場所との関連から、

感じ考えみなおすこと》にあるように思われる。……つまりシテ（死者）の眼を見所（生者）に移植すること。これが、夢幻能形式のドラマトゥルギーだと考えられるのである」[03]

　離見の見は、生と死の境界も超えて自分を離れ、また自分に戻るという循環する「まなざし」でもあるのです。

05 『野生の思考』の眼を回復せよ

　前出のフランスの文化人類学者レヴィ＝ストロースは、世阿弥の「離見の見」に魅せられて、『はるかなる視線』という本を書いています。人類学の方法論と離見の見は通じ合うものがあると直観したのです。

　人類がこの世界の中で、自分たちがいかなる存在であるかを知るためには、人類は自らの背後にも目を持つ必要があり、離れたところから自らを見る目を持たなければならない、その目とはまさに「離見の見」である、と。

　「私たちの社会とは大きくかけ離れた社会を直接知ることによって、それらの社会が自らに与えている存在理由を、一方的にこちら側の理論で批判し弾劾するのではなく、多少とも評価できるようになった。自分が属する文明の価値だけを認めるように教育されがちな観察者は、全く異なる文明が固有の価値を開発していると、その文明には価値が存在しないと思ってしまう。彼にとっては、自分のところでだけ何かが起き、自分の文明だけに特権として、事件が次々に起きて累積される歴史があり、その歴史だけに意味（sens）――意味すると、目標に向かうの2つの意味にとる――がある。そして、他にはどのような場合にも、歴史は存

在しない、あるいは、そこまで言い切れなくても、歴史は停滞している、と信じている。

　しかし、この錯覚は、自分が属している社会で老人が持つ錯覚に似ているし、新しい体制の反対者にも同じような錯覚がある。年齢や政治的な選択が原因で、四囲の状況から置き去りにされたこれらの人々は、自分たちが積極的に参加していない時代の歴史は停滞していると感じる。同じ時代を力強く生きている若者や政権の座にある活動家の場合とは全く異なり、歴史としての事件をいわば動きの止まった状態として見る」[04]

　実際に、彼が西洋文明に対して放った『野生の思考』は、実に独創的なものでした。原始的な社会は、西洋社会より劣っているのではなく、西洋の資本主義とは異なる原理に従って精緻な社会的・経済的メカニズムを擁しており、それによって社会の葛藤や過剰をうまく抑制しています。

　「野生の思考」は、文明という名の下に「栽培種化されたり家畜化された思考」よりもむしろ高く評価できると、レヴィ＝ストロースは説きました。さらには「野生の思考」こそが最も現代的で、物理化学の最先端の情報理論とも基本構造においては「同一平面上」にあるとして、その優位性を強調しました。

　発展を求めて対立や破壊で発する熱を原動力としてきた西洋社会を「熱い社会」とすれば、社会の安定に影響するような要因を「ほとんど自動的に消してしまおうとする」原始的な社会は、「冷たい社会」といえるだろう。

　レヴィ＝ストロースはこう言って、「西洋社会＝進歩、原始的社会＝停滞」とする「進歩―停滞」という軸に代わる「熱い―冷たい」という型破りの新機軸を打ち出し、西欧中心の進歩史観の熱にまさに冷や水を浴びせたのでした。

　未開社会の神話分析や親族構造の研究により、構造主義人類学とい

うイノベーションを思想界にもたらしたレヴィ＝ストロースの独創性の源には、離見の見があったのです。

　「人類学の独創性は、それぞれの時代において人間性の臨界と見なされている地点に立って、人間を研究することにある。今日の人類学者たちがコンピュータの論理に関心を示すのは、1〜2世紀ほど前に、異国の奇妙な習俗の研究が人類について知りうる限界点へと彼らを導くだろうと考えたことの延長線上にあると考えられる。人間性というものが永遠である限り、人間の可能性と不可能性を分かつこの境界を探索することを運命づけられている『隙間をつく』科学として、人類学の探求が終わることはないだろう。人類学が自分とは異なる社会に抱く（そして抱き続ける）執拗な関心は、かつて存在しこれからも存在するであろう、すべての社会への人類学の関心の一形態にほかならない」[05]

日本人には日本人のことがわからない？

　14〜15世紀を生きた世阿弥が能の芸術論として提起した「離見の見」。本来、日本人の思考には、この離見の見が息づいていたはずです。個人にしても組織にしても、自分を取り巻く環境から自分を捉え直すということができていたはずなのです。

　ところが、日本企業はそれが次第にできなくなってしまった。西洋近代の分析的思考の世界に沈んでしまったといえるかもしれません。

　外国人の知人から、「日本人は日本人のことがわからない人が多いのでは」との指摘を受けることがあります。外国の人は、たとえばオランダ人ならオランダ人としての自分というものをベースに、モノを見たり、理解したり、語るのですが、そういう彼らからすると、日本人には日本人としての自分というものがないように見えるのでしょう。しかし、これには2つの側面があるように思えます。

　親日家としても知られたレヴィ＝ストロースは、日本人の本来的な思考のあり方について、すべてを主体から発する西洋的思考と対比して「主体を外側から構築するやり方」なのだと説明しています。

　　「西洋の哲学者たちは、東洋の思想と彼らの思想との間に、2つの主要な差異があると考えています。彼らの目には、東洋の思想は2つの拒否によって特徴づけられます。まず、主体の拒否。（中略）

　　主体に対して、日本は確かに、西洋に比べれば大きな重要性は与えていません。日本人はあらゆる哲学的省察、つまり思考による世界の再構築という企てに不可欠な出発点が、主体であるとは考えないのです。デカルトの『われ思うゆえにわれあり』は、厳密には日本語に翻訳不可能であるとさえいえます。

　　けれども日本人の思考は、この主体を消滅させてしまったよ

うにも思えません。主体を原因ではなく1つの結果にするのです」[06]

ところで、レヴィ＝ストロースは、人類学の誕生について、こんなことも言っています。

　「西欧では、人類学的探求は、ひどく異質な文化に触れることを可能にした大航海の影響の下で始まりました。……一方、当時鎖国していた日本（の人類学）においては、それは『国学』によって始められたと考えられ、一世紀後の柳田国男の記念碑的な企ても、その伝統に連なっている、少なくとも西欧から観察する限りではそのように見受けられます」[07]

西欧諸国は大航海時代を経ることで得た離見の見によって、人類学、民族学の新たな知的探求の方法論を拓いていったということでしょう。翻って日本では、その頃外部からの情報を遮断するような政策が敷かれていました。

今の日本人の世界の見方というのは、まず自分自身への関心から始まるということになり、離見の見の知が埋もれてしまっているともいえます。それを回復しなければならない局面なのかもしれません。

私たちのモノの見方、思考方法、語り方といったものは、確かに体制や制度など社会システムによって支えられたり、大きく影響を受けるものです。日本人にとっての離見の見が、日本の社会制度とどのように切り結んできたかを検証することは、21世紀の私たちにとって、離見の見をいかにわがものとするかを考える際にさまざまなヒントを与えてくれるかもしれません。これについては、後ほど改めて考えてみることとします。

　さて、「見えない」という症状を別の側面からも検証してみましょう。近視眼のような目の構造や機能によるものではない場合にも、人間はしばしば盲目になります。たとえば、恋をすれば「あばたもえくぼ」に見えてしまうのは仕方ありません。

　目はよく見えていても、1つの見え方（アスペクト）に縛られてしまうと、別の見方ができなくなります。よく引き合いに出される例は、ウサギにもアヒルにも見える絵。皆さんもどこかでご覧になったことがあるのではないでしょうか。それをウサギとして見る時にはアヒルは見えず、アヒルとして見る時にはウサギは見えない。

　「ルビンの壺」も有名です。こちらも、壺が見えれば、向き合った2人の人の顔は見えなくなり、2人の顔が見えれば、壺は見えません。

　たしかにそのとおりで、他はありえないと思ってしまうと、想像力が遮断され、目はよく見えているのに、そこにある他のものが見えなくなってしまいます。オーストリア出身の哲学者ルートヴィヒ・ヴィトゲンシュタインは、これを「アスペクト盲」と呼びました。

　「思い込み」による引力も、アスペクト盲を引き起こす原因となり

これはアヒルかウサギか？

ます。イノベーションとはこういうものだ、といった従来からの「イノベーションの常識」にとらわれていると、常識とは別の見方ができなくなります。今、イノベーション自体がまさに転換期にあるのですから、従来の常識に縛られていては、どれだけ目を凝らしたところで、目の前にある多くのチャンスを見逃すことになります。

　「大企業にはイノベーションは起こせない」とか、「とんがった個人がイノベーションを起こす」といったメッセージを無批判に信じ込んでいませんか？　こうした現実もあるわけですが、無根拠です。

　これらを鵜呑みにしてイノベーションを最初からあきらめたり、突出した個人を頼みに企業の将来を賭けることには、大きなリスクが伴います。これらは、常識どころか、今やイノベーション神話となりつつあります。しかし、大きな例外もありえるのです。

　作家のマーガレット・ヘファーナンは、「スーパースターばかり集めたチーム」が必ずしも強いわけではなく、自分自身は「創意工夫やクリエイティビティによって名声を得た企業では、スーパースターを見つけることができなかった」と語ります。

　これは、ある日本企業のトップと話した時にも同じ話を聞きました。各部門から選り抜きのメンバーでイノベーション・プロジェクトチームを作ったが、ことごとく失敗した。一方、これをやりたいという個性的人間が参加してできたチームはうまくいくことが多かった、というのです。

　「日本企業の強みは改善型の漸進的イノベーションだ」というメッセージも同様です。これは「リノベーション」とも呼ばれ、日本企業のお家芸とされる改善的革新ではあるのですが、効率追求の維持型リノベーションだけでは企業のマージンはいずれ低下し、将来がなく

なってしまうかもしれません。

　顧客、市場、雇用、新たな知識資産を生んでいく、新領域創造型が、イノベーションの中核的役割であることに変わりありません。しかし残念ながら、イノベーションの常識や神話に縛られ、他はありえないと思っていては、そうした新領域は見えないままなのです。

09 クリステンセンからの警告

　「イノベーションのジレンマ」や「破壊的イノベーション」などで、古典的なイノベーションの盲点を描いて世界的に知られるようになったクレイトン・クリステンセン教授は、こんなことを語っています。

　　「日本企業はかつて、それまで消費がなかったところに製品を導入して市場を創造し成長した。ところが1990年代になって、目先の効率で経営を測るようになっていくと、イノベーションが止まった。今の米国もROI（投資利益率）や効率だけ追っていると、日本のように多くの資本を余しながらどこにも投資できないという状況が訪れるようになる。もっと創造性を重視すべきだ」[08]

　これが米国企業への警告だというわけです。

　「消費がなかったところ」とは、たとえば1970〜80年代の米国の自動車市場でしょう。それまで高校生や大学生は自分の自動車を持っていませんでした。デートのたびに親にせがんで大きなアメ車を貸してもらっていました。

　そこに低価格で燃費の良い日本の小型車が入ってきたのです。日本車はアメ車と競争して広がったのではありません。このような消費がなかった顧客セグメントを開拓したのです。つまり、消費のなかった

ところが見える目を持っていたのです。

　今ある市場だけを見ていたら、気づくことはできなかったでしょう。「見える」ものの背後や周囲には、多くの見えていないものがうごめいているのです。その多くの見えないまま無言で存在しているものの中から、何か1つでも「見る」ことに成功したら、そこにはイノベーションの地平が広がっているのです。

　いつの時代も同じです。もう市場は飽和してしまって差別化しかない、と思うのは単なる思い込みです。まして今、私たちはきわめて大きな変革の時代に生きているのですから。

突然死する産業や業界

　2012年に連邦倒産法第11章の適用を受けて事実上倒産したコダック社は、写真フィルム事業を主力として、他に消費者製品やデジタルイメージング事業を配していましたが、最後の最後まで利益をあげていたのは、縮小し続ける写真フィルム事業でした。コダックにとっては、（世界初のデジタルカメラを開発したにもかかわらず）デジタルビジネスはフィルムの敵だと見なされていました。そこで本体を捨て切れなかったのです。

　1975年、コダックのエンジニアは世界初のデジタルカメラを開発しました。しかし、フィルムのない写真だったため、「キュートだけど誰にも言わないように」というのが社内の反応でした。

　1989年に経営陣刷新の機会がありましたが、役員会はフィルム事業叩き上げのケイ・ホイットモアをトップに選出しました。ホイットモアは、「コダックはフィルムと写真化学事業の核事業にこだわる」と発言し、その後、経営破綻まで急坂を転げ落ちていきました。

　モトローラからやってきたCEOのジョージ・フィッシャー（在任は1993〜99年）は、同社を去るにあたり、「コダックはデジタル写真

を敵と見なしていた。長年にわたってコダックを潤してきた化学写真や紙の事業を殺す悪の化身だと考えていた」と振り返っています。[09]

　今は業種を問わず本業すら捨てざるをえないほど、イノベーションへの圧力が高い時代です。富士フイルムは写真フィルムを縮小し、ノキアは携帯電話を捨て、コダックは小規模のデジタルイメージング企業として再出発しました。

　そこで求められるのは、既存事業とその拡張・延長といえる進化型事業、そして非連続的な新領域事業にバランスをもたらすような新たな領域を生み出す事業の両者を包含するイノベーション経営です。これらいずれもが等しく重要な要素なのです。

　また、不断の知識創造が求められます。それはコダックなどの事例を挙げるまでもなく、本業や祖業自体が陳腐化の脅威にさらされるようになったからにほかなりません。イノベーション経営とは、関連事業、新規事業のイノベーションのみならず、並列に本業のイノベー

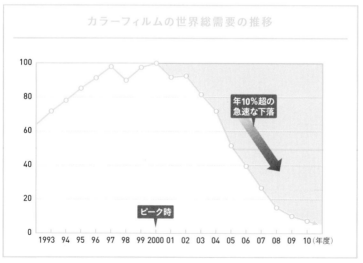

カラーフィルムの世界総需要の推移

年10%超の
急速な下落

ピーク時

注：2000年度の総需要を100とした場合の指数。
出所：富士フイルムホールディングス。

ションにも注力することを意味しているのです。

　本業においてはイノベーションによって劇的な効率化（キャッシュ増大）や環境変化に応じた　　　　　　　を行うこと、関連事業においてより付加価値の高いビジネスモデルへの革新（　　　　　　　）を行うこと、そして、新規領域において、これまでになかった非連続的な新たな収益の流れを生み出すこと。これら異なるKPIを持ったイノベーションを行うことを意味します。

　いわば　　　　　　　　　　　　　　　　　　　　　　ことなのです。これは容易ではありませんが、挑戦的です。

　日本では1990年代中盤からイノベーションの重要性が叫ばれ、また、それが大変困難だとも指摘されてきました。そこで経営学者やコンサルタントはさまざまな研究・提言を行ってきました。日本企業にとってイノベーションが困難な原因は、以下でも紹介します。

　フィンランドは人口544万人の「小国」ですが、周辺北欧諸国とともに、知識経済をめざし、常にイノベーション指標でトップクラスにランクされます。そのため、産官学の連携が行われ、産業政策や高等教育においては「イノベーション経営」が推進されています。また、製紙産業などの危機に陥った基幹産業に政府主導で浸透させるなどのイノベーション政策がとられています。

　たとえば、代表的な製紙業だったUPM社は、デジタル化によって減少した紙の需要に対して、「バイオ素材産業」として自らを定義し直しました。そして、紙以外の分野、たとえばバイオケミカル製品、バイオ素材、エネルギー、森林産業へと展開し、積極的にイノベーション経営を取り入れて新たな成長モデルを築きました。

　イノベーション経営は、経営の一般用語であり、新製品や新サービ

スの開発から、市場化、組織的イノベーションまでを対象に、その実践にかかわる広範な知識・方法論、実践などを含みます。いわばトータル・イノベーションのための考え方です。たとえば首都ヘルシンキにある国内最高峰のアールト大学などでは、イノベーション経営の修士課程が提供されています。

　そこで問題になるのは、既存の経営との関係です。イノベーションは、もはやたまに起きるものでなく、経営の日常となろうとしています。そこでは、いかに本業・現業との発展的バランスを生み出すかが課題となります。

　往々にして、企業はイノベーションを将来への備えとして位置づけ、多角化経営や社内ベンチャーなどの方法をとってきましたが、そ

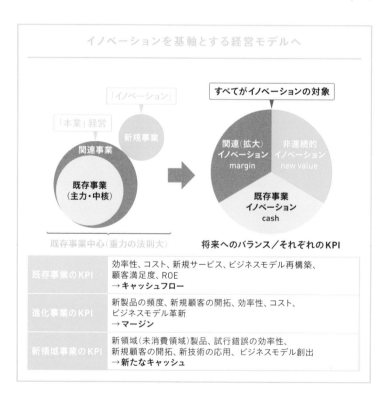

イノベーションを基軸とする経営モデルへ

「イノベーション」
「本業」経営
新規事業
関連事業
既存事業
（主力・中核）
既存事業中心（重力の法則大）

すべてがイノベーションの対象

関連（拡大）イノベーション margin
非連続的イノベーション new value
既存事業イノベーション cash

将来へのバランス／それぞれのKPI

既存事業のKPI	効率性、コスト、新規サービス、ビジネスモデル再構築、顧客満足度、ROE →**キャッシュフロー**
進化事業のKPI	新製品の頻度、新規顧客の開拓、効率性、コスト、ビジネスモデル革新 →**マージン**
新領域事業のKPI	新領域（未消費領域）製品、試行錯誤の効率性、新規顧客の開拓、新技術の応用、ビジネスモデル創出 →**新たなキャッシュ**

れでは本業の重力が強すぎ、成層圏から脱出できずに吸収されてしまうことも多いと思います。それは「本業」を中心に置くマインドセットからくるものです。

　企業は生存するためにイノベーションを行わなければなりませんが、それは常にオクシモロン（矛盾語法）といわれます。つまり、大企業とスタートアップの文化、既存事業と新規事業といった矛盾する要素の昇華、不可能を可能にすることへの挑戦であることを忘れてはなりません。イノベーションとは矛盾の経営なのです。

　イノベーション経営のカギとなるのは、各事業にふさわしいKPI（評価指標）を設け、既存事業で慣れ親しんできた一元的指標（たとえばROE）で評価しないことです。規模の大小や効率性（長年の既存事業の効率がいいのは当たり前）、利益ではなく、新たな価値や顧客の獲得、企業目的や経営環境との関連で見ていく必要があるのです。

　特にリーマンショック以降、転換を迫られた企業がイノベーション経営に本格的に舵を切る例が増加しました。こうした流れを受けて、2019年夏、国際標準化機構（ISO）がイノベーション・マネジメントシステムの新規格「ISO56002」を発行しました。

　これまでの品質マネジメントシステム（ISO9000）や環境マネジメントシステム（ISO14000）などの管理的なものとは異なり、価値創造のためのガイドラインであることがポイントです。

　いうまでもなく、イノベーション経営の中核にあるのは知識創造による価値創造・実現のプロセスですが、[10] これは現業とは異なる探索的な試行錯誤で、失敗の許容も前提にしなければなりません。デザイン思考なども、それを用いる組織の文化や制度が従来と変わらないなら、その効用を十分に生かすことはできないのです。

　こういった脆弱性のあるプロセスをマネジメントに据えるには、自社の環境や状況に

応じた方向性や目的に基づくリーダーシップ、創造プロセスを支援する制度や体制が不可欠となります。このISO56002でも、戦略的方向づけ、価値創造、支援体制という三層構造で、「組織の状況」「リーダーシップ」「計画」「支援体制」「活動」「パフォーマンスの評価」「改善」といった7つの要素（下図）が相互に関係し合うシステムとしてイノベーション経営のためのマネジメントシステムを提示しています。

　背後の支援活動ではPDCAが回っていますが、創造プロセスをPDCAで管理しようとするのではなく、創造的活動の場を設け、かつ一過性に終わらない、持続的なイノベーションのための基盤を確立することが狙いです。

　標準化作業の過程では、実務家が集まって実践例や知見を総括しています。この規格の意味合いは、世界のどの地域のどの規模の企業もイノベーション経営にアクセスできるということでしょう。だから、「イノベーションは本業とは別物」とか「一部の人間の仕事」「ウチは組織文化が向いていない」といったことを言っていられなくなる。株主やパートナー、監査役などから自社のイノベーション経営を問われる機会が増える。何よりイノベーション経営へのシフトを図らなければならなくなったこと、などが挙げられます。

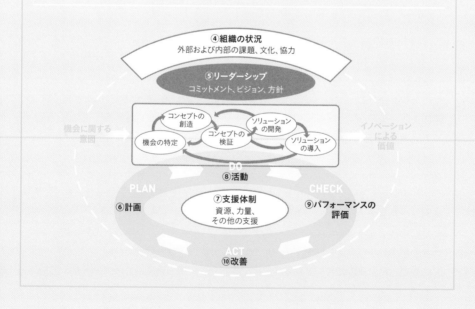

ISO56002：イノベーション・マネジメントシステム

日本企業がイノベーション不全に陥ったのはなぜでしょうか？

1点目は「組織文化」の問題です。日本企業の組織行動様式には、「何か新しいものを生み出すプロセスはなじまない」という解釈です。たとえば、日本企業にはカイゼン（改善）型あるいは積上げ型のイノベーションが向いていて、シリコンバレー型に象徴される革新的イノベーションは不向きといった見解です。実はこれが問題です。

確かにそういう面もあるでしょう。しかし、カイゼン型イノベーションは現業にとって必要なルーティンで、効率を高め、キャッシュを生み出しますが、マージンや雇用は減っていく「目先」のイノベーションだといえます。改善や持続でなく、新たな需要や顧客、雇用を生み出すものが求められています。

また、欧米からは少なくとも、かつての日本企業はイノベーターだと見なされていました。彼らは日本から多くを学びました。だとすれば、日本企業には改善が向いているという解釈と思い込み自体がその原因だといえます。

欧米の人々からは見えているものが、自分たちには見えなくなってしまっているのです。日本企業の組織文化に対して、私たちは「離見の見」を持って改めて見直してみる必要があるということです。

アジアで初めてノーベル経済学賞を受賞したアマルティア・セン は、日本の強みは伝統と革新、つまり、ただ長く生き残ろうとするのでなく、その基盤の上での革新にあったと洞察しています。

いかに組織的にイノベーションを起こすかは欧米企業にとっても課題です。世界中であらゆる規模の企業が試行錯誤を始めています。

2点目は、従来のイノベーションへの取組みは局所的で、「サプライサイド」（技術の供給者側）の視点だったという指摘です。そこで研究開発を企業価値の源泉と捉え、研究開発部門の能力を高め、そこ

から全社的・戦略的なアプローチを展開する、というのが日本企業の常道でした。

　しかし、研究開発部門発の戦略ありきのアプローチは分析的で、しばしば市場の現実から遠く、実践に結びつきにくかったと思われます。その反省から、研究開発部門の組織改革にさまざまな試みが行われましたが、いまだに課題です。

　そして、3点目に「目的の不在」が挙げられます。目的は、自分たちの「見るべき」先を指し示すものです。

　「〇〇の技術で、大幅に時間短縮を図る」といったロジックは、実は目的について何も言っていません。スペックの説明、数値目標、目的に至るステップを言っているにすぎません。これは、近視眼の中でも相当に重篤な症状と言わなければなりません。

　いったい誰にとって何のためであり、どんな（社会的経済的さらにはグローバルな）インパクトが生まれるのか。なぜなら、そうしたロジックなしに、イノベーションは駆動されないのです。大きな目的によって、私たちは離見の見を獲得することができるのです。そこに描かれたビッグピクチャーの時空から、今の自分たちを見ることで、なすべきことが見えてきます。

　「目的」の重要性は、それにとどまりません。目的の設定は（創造的）試行錯誤に通じます（一方、目標設定は目標の達成や効率化を求める）。それはカイゼン型の思考（PDCA）とは異なる、イノベーションに不可欠な仮説と実験主義（実証主義ではない）につながるものだからです。

13　人間や社会に目を向ける

　「大企業」から「スタートアップ」を引くと何が残るでしょうか？
　それは「官僚主義」です。

価値次元の進化

イノベーション経営
（経験／知識）

プロセス革新、
社内のリソース統合、
ナレッジマネジメント
（サービス）

品質経営
（モノ）

社会的価値、オープンな
社会イノベーション

ソリューション、インテグレーションなど
サービスの追求、ビジネスモデルへの関心

モノづくり、競争戦略

時間

分析的・コスト効率	協業・機動性	共創・新価値創造
1960年代～90年代	1990年代～リーマンショック	リーマンショック以降

大企業からイノベーションは起きない、とも言われ続けています
が、スタートアップもユニコーン化すればたちまち大企業になり、そ
の弊害に悩みます。規模の大きさだけが問題なのではなく、いかに意
識的に組織の硬直化に挑戦するか、が課題になります。

　少し歴史を振り返ってみましょう。実はシュンペーターも、豊富な
資源を持つ大企業のほうが技術革新に向いていると考えていたので
す。[11] シュンペーターは一般的に大企業のほうが研究開発の規模の経
済性（インプットに対するアウトプットの拡大効果）、資金調達、リ
スク負担力、研究開発利潤による動機づけなど、研究開発活動に優位
となりうるとしていました。

　ところが、この仮説は特に第2次世界大戦後、必ずしも当てはまら
なくなります。安定して拡大する市場では、創造よりも改善に注力し
たほうがリターンは大きい。次第に大企業は、新たな試みより、設備
投資の回収を優先して重厚長大かつ鈍重になっていきました。

後年、シュンペーターは、企業家によって立ち上げられた組織が大規模化するにつれてイノベーションの活力を失っていったことに失望していたといわれています。

　しかし、ドラッカーが説いたように、今はアントレプレナー社会、いわばスタートアップ社会です。大企業といえども、この社会の中の組織に適応していかなければならないのです。大企業だからといって安住はできません。一方、大企業でなければできないスケールのイノベーションもあるのです。

　筆者も参加した2018年11月にオーストリアのウィーンで行われた「グローバル・ドラッカー・フォーラム」のトピックの1つは、いかに大企業とその経営者が官僚主義を乗り越えるか、でした。結論からいえば、今、世界の経営者、とりわけ大企業の経営者はより自律的な組織や文化を生み出すことに執心しているのです。

　欧米から多くの経営者が登壇しましたが、フランス建設大手バンシのCEOザビエル・ウイヤールと中国家電ハイアールの張瑞敏CEOが印象的でした。特に同氏は、これまで日本企業を含め多くから学び、この自主性を重んじる自律的な組織への劇的な改革を果たしてきたと語っていました。

　また、日本の優良企業については、社員の人間としての尊厳を尊重していない面もあるというコメントもありました。まだ日本の製造業の多くはフォーディズム（大量生産システム）の延長に過ぎないのではないか、もっと社員の自律性や人間性を基盤にした経営がなされるべきではないか、というものでした。つまり市場・業界至上主義で、人間・社会を見ていない、と。昨今の働き方改革の議論などを見ていると、的を射た批判だと思いました。

　人間の尊厳を重視する自律的な「ティール組織」などの古くて新しい考え方にも目が向けられています。それは単に官僚主義への批判という表層の問題にとどまらない、日本型の企業精神を今後どのように考えるかという問題でもあるのです。

第 **3** 章

プラトンの立体（正多面体）のうち正四面体（テトラヘドロン）は、
ピタゴラスによれば、「火」の元素を象徴するという

"

"

イノベーションとダイエットには 共通点がある

イノベーションはダイエットに似ていると思いませんか。

エクササイズ・マニュアルからダイエット日記帳、ダイエット研究書、成功事例集まで、ありとあらゆる書物や情報が十分にあります。でも、なかなか思うようにはいきません。多少はカイゼンするけれども、自分が思い描くようなスタイル、理想的な健康状態まではほど遠い。要するに「あるべき状態」には至らないのです。

イノベーションを取り巻く状況も同じようです。

「イノベーション」という名前のついた従来型ワークショップのマニュアル（エクササイズ・マニュアル）、海外からの紹介本、成功事例集（後づけの美しい物語）、実は中味は昔ながらの戦略本、マンガ風の概説書など、ありとあらゆる書物や情報があふれています。

ある有名企業の研究開発部門のディレクターから、こんな問いを投げかけられました。

「うちは何から何まで全部やっています。でも、イノベーションは起きていません。なぜなのでしょう？（涙）」

イノベーションが起きないのは、イノベーションについての知識（ノウハウやスキル）の有無や多少の問題ではないようです。「知識の習得（インプット）→イノベーションという結果（アウトプット）」といった一方向の単純な因果は成立しないのです。皆さんも、そのことに薄々気がついているのではないでしょうか。

では、何が問題なのでしょう。ダイエットの難しさを考えてみてください。それは何に起因しているでしょうか。

　それは、最初に人間とは何か？　を考えた古代ギリシャ時代からの哲学的問題でした。

　たとえば、ダイエットの障壁（カベ）は、古代ギリシャの哲学者が考えたアイディアを借りてみると、

- 目的を忘れてしまいがちになること
  （アクラシア＝真の目的に無知になる、目先の関心へのとらわれ）
- 違う自分をイメージできないこと
  （ドクサ＝思い込み、あるいは新たな行動に向かう強い感情がないこと）
- 日常が変わらないこと
  （ヘクシス＝だから生活習慣病になる？）

など、このように人間の心には「カベ」があります。この心のカベ

が、わかっているのにできない、やろうと思っているのにできない、というダイエットの失敗につながっているのです。

　イノベーションには、アイディア・発想を妨げる組織や市場の「カベ」があるとよくいわれます。実は、企業にアイディア・発想がないわけではありません。それを抑制するのは発想力のカベでなく、目的の不在や既存の常識へのとらわれでしょう。

　また、アイディア・発想が社内や市場に伝わらないのは、組織的な制約などもさることながら、自分でそうした「外部のカベ」があると思い込む心のカベ（たとえば、イノベーションがうまくいかないのは「組織のカベ」があるからだ、という犠牲者マインド）の存在が大きいのではないかと思います。

02 イノベーションの敵は「心のカベ」

　アクラシアやドクサやヘクシスといった言葉は、古代ギリシャの哲学者たちの言葉ですが、それぞれに能動的な面と肯定的な面を持っています。たとえば、否定的思考、感情、行動です。当然、これらを意識的に能動的な方向に綜合していきたいと思うわけです。

　要は、「なぜできないのか」の問いの答えは、私たち自身の内部にあります。イノベーションも同じなのです。

　イノベーションの障壁（カベ）について考えてみると、それぞれ、

> 知のカベ　＝　アクラシア
> 心のカベ　＝　ドクサ
> 体のカベ　＝　ヘクシス

のように、私たちの内部の問題に対応しています。

　人間はあることを正しいと思っている（目的を理解しているし、そのための手段もある）にもかかわらず、なぜ実践しないのか、という根本的問題を「アクラシア」と呼びます。

　古代ギリシャの哲学者たちは、アクラシアは私たちの無知に起因すると考えました。つまり一般的な知識（普遍・総論）は持っていても、問題（個別・各論）は理解されていない状況を、このように呼んだのです。

　アクラシアは「時を喰うもの」ともいわれます。たとえば、タバコが体に悪いとはわかっていても、いざ現実に目の前にタバコがあれば、そのタバコが悪いかどうか、については忘れてしまい、目先の快楽や利得の誘惑に負けてしまう。

　しかし、そうしているうちに、ある日、もう後戻りできない状態になっている。そのときにはもう手遅れなのです。その間の時間を取り戻すことはできません。アクラシアに喰われてしまったのです。

実践的智慧（フロネシス）の重要性を説いた古代ギリシャの哲学者、アリストテレス（前384-前322）は、正しいと知りながら目先の欲望に負けてしまうこと、人間がなすべきことを持っているにもかかわらず行為できないのは、無知（アクラシア）の状態にあるからだと主張した

　ドクサとは真の知識に対し、当人にそう思われているにすぎないことをいいます。臆見、思いなし、思い込み、バイアスなどのように、根拠を問われることなく、人々に受け入れられている見解のことです。

　たとえば、「大企業の時代は終わりつつある」→実際GDPに占める大企業の割合は長年増加傾向にある。あるいは、「AIによって仕事が奪われる」といったなんとなくの認識（感情的な理解）。

ヘクシス

ヘクシスとは、「行為の反復、習慣づけによって、その行為の形が
当人に固着して定常化した状態」を呼びます。

ヘクシスには、良いヘクシスと悪いヘクシスがあるとされます。人
間には生まれつき身に備わった本性的な徳（ないしは善への眼差し）
がありますが、これは情緒的なもので、確固とした基礎を持ちませ
ん。これに対し、人間が後天的に獲得した一定の行為能力、これがヘ
クシスとなります。

03 なぜ良いとわかっているのにできないのか

人間はあることを正しいと思っている（すなわち、目的を認識して
いる）にもかかわらず、また手段もあるのに、それをすぐに実行する
かといえば、そうはなりません。やるべきだし、やったほうがよいと
わかっていても、実践しない。「やるべきことはすでにわかっている
のだが、（組織の）心が空っぽなのだ」と。これが人間の本性です。

イノベーションだけでなく、なぜ思うような戦略が結果的に実行
されないか、について、プロフェッショナル・サービス・ファーム
（PSF）経営の第一人者デービッド・メイスターは、それをダイエッ
トや禁煙になぞらえています。

前述のように、やらなければならないのに実践しないという人間の
根本的問題は、古代ギリシャの哲学者たちが「アクラシア」（意志の
弱さ）と呼んだものです。

なぜ、今さら古代ギリシャのアリストテレスなのか？

それは現代でも有効な、最も古くから残された生きるための実践的
智慧だからではないでしょうか。「白熱教室」で有名なハーバード大
学教授のマイケル・サンデルもアリストテレスを論じました。

では、アクラシアを克服するカギは、どこにあるのでしょうか。そ

デービッド・メイスターは元ハーバード・ビジネススクール教授で、コンサルティング会社や会計事務所などのPSF経営に関する第一人者。その本質は、人間、情熱、プリンシプルであるという。つまり、論理的な経営ではなく実践的智慧なのだ。

れは、理性と快楽のトレードオフの解消です。

戦略やイノベーションについて、現状を分析して、傍観して、教科書を読んで、方法論を知って満足するのではなく、より大きなリターンを念頭に、日常の生活習慣レベルを変えていく「小さな実践」の重要性を理解することこそが大切なのです。戦略について学ぶことと実践とは無関係というわけです。

本能的に変化を嫌う人間

どんな人間も、特に大きな組織の一員になれば、変化や変革などは、まっぴらごめんだと思ってしまいます。しかし、それは当たり前のことなのです。

筆者もお会いしたことのあるGEの前CEOジェフリー・イメルト氏は、同社をイノベーションによって率いてきた稀有な大企業のトップでした。かつて伝統的大企業の経営とイノベーションは、近いものではありませんでした。イメルト氏はそんな中での先達だったのですが、9.11の直後に就任するという不運な状況の中で、実際に優秀なリーダーでありながら、在籍中の同社の業績は芳しいものではありませんでした。それだけ大きな抵抗に直面したともいえるでしょう。「変化」というメッセージは、あまり社内や株主にも受けない、とつぶやいていました。

人間も組織も同じです。カベがある、反対されるのはある意味当たり前なのです。大勢はいわゆるコンフォート・ゾーン、つまり快適な領域に生存しているのです。

ただし、環境変化が起きると、その関係は逆転します。そして、快適で安全だと思っていた世界で「ゆでガエル」となり、そのまま死滅

してしまう、といったことはさんざん指摘されてきました（そして、多くが事実になりました）。そのような事態に至る理由の根底にあるのは、自ら変化することへのある種の恐怖感でしょう。

　世界最大手のデザイン・コンサルティング会社IDEOのケリー兄弟によれば、私たちの創造性を阻むのは、以下のようないくつかのおそれです。[01]

- 厄介な未知なるものへのおそれ
- 評価されることへのおそれ
- 第一歩を踏み出すことへのおそれ
- 制御できなくなることへのおそれ

　結果的にルールばかりを作りたがり、変化を起こそうという人を支持せずに、自分を守る論理ばかりを優先するようになるのです。

　変化を好まない、望まない私たちですが、それでも、今までの環境が変化し、生存が困難になることがあります。そこでは環境変化に適応していかなければならないし、同胞（家族、社員、コミュニティ、社会、国家）のために、あるべき理想状態に向かって変革にかかわらなければなりません。人間はこうして進化してきたともいえます。

04 行動習慣を変えられるか

　イノベーションは新たな要素の組合せ（new combination）ともいわれます。その意味では日常的な改善も、イノベーションの要素に含まれるかもしれません。日本のイノベーションはこれまで「漸進的改善型」といわれ、根本には手をつけず、徐々に改良しようとするものでした。

　もちろん、こうした蓄積が知識資産となっていくのは事実でしょ

出所：勢川びき「イノベ・ショーンくんの道」イノベーション・デザイン・ラボ（http://innovation designlab.jp/）。

う。しかし、やはり期待されているのは、これまでにない新たな意味での発見や、効率追求のレベルを超える大きな変化、そして、それらが効果や利益をもたらしてくれることです。そのためには、自ら行動習慣を変えていくことが必要です。

変化を嫌っていては、イノベーションは起こせません。持続や安定、安全が共同体の維持には重要だからといって変化を避け続けるのではなく、思考を変え、行動を変えなければなりません。

メイスターは、なぜ企業は「わかっていてもできないのか」について、頭でのロジカルな理解の限界と実践のギャップを指摘しています。

私たちが用いる論理的思考（ロジカル・シンキング）は、自己正当化を図るために大きな力を持っています。なぜなら、今の生活や社会を論理的にも整合性のあるものとして理解し、安全に、安定的に運営したいからです。失敗しないようなシステムで稼働させるのが望ましいのです。

しかし、そのシステムが環境変化とのズレを生み出したとき、すなわちティッピング・ポイント（臨界点）を超えたときに、一転して衰退や危機が起きます。

逆に変化に先行し、進化をめざすことが繁栄をもたらします。それは歴史が証明するところです。

05 「正論」を説くリーダーシップ教育は役に立たない

たとえばリーダーシップについて、リーダーシップ教育の失敗はなぜ繰り返されるのか、を考えてみましょう。

リーダーシップに関しては多くの本が書かれ、リーダー養成講座やセミナー、講演やブログに至るまで、さまざまなプログラムが実施されているにもかかわらず、「世の中を見回すと、やる気を失った社員、

不満を抱く部下、悩める中間管理職があまりに多く、その一方で、過ちを犯し、職を失うリーダーも後を絶たない」（ジェフリー・フェファー）[02] のは、いったいなぜなのでしょうか。

これまで見てきたような、人間の内面を支配する非合理性が大きく影響していることは間違いありません。

古くは、「君主は道徳心を持って（モラリスト）政治を行うべきである」というのが絶対のモデルでした。たとえば古代ローマのキケロなどの賢人の政治学は、まさにそうしたリーダーを追求しています。

しかし、現代のような激変する社会の中で、「聖人君子」は、現実にはありえません。

「非合理な人間」を前提に動け

マキャヴェッリ（1469-1527）は、最初のリーダーシップ論者だったという説がある。正論だけを語るリーダーは激動期には生き残れないと『君主論』で主張した。聞こえのいい言葉だけを並べるリーダーも同様だろう。リーダーには現実主義が求められる

イタリア、ルネサンス期の政治思想家ニッコロ・マキャヴェッリは、人間の非合理的な心情を、政治行動においていかに手なずけ扱うかという視点から権力論、リーダー論を説きました。

大学を出ていないながらその才覚が認められ、29歳でフィレンツェの外交官に抜擢されたマキャヴェッリでしたが、さまざまな国王との交渉の経験を経て、誠意だけでは問題が解決しないことを知ります。43歳のとき、外国の介入によるクーデターで政府を追放されると、マキャヴェッリは自らを奮い立たせるように、自身の政治思想を書きました。

それが『君主論』です。非合理な人間の現実を通して、君主の決断とは何かを説きました。道徳論ばかりが語られていた当時の社会では、それはきわめて独創的で画期的なものでした。つまり、

君主たるもの、根本に男らしい徳を持ちながら、より大きな目的、すなわち国民国家や企業の維持や、最終的なリーダーとしての継承につながる評価のためには、ときとしてライオンのように恐れられ、キツネのように狡猾に振る舞うべきだ。現実的にとりえる手段を前提にして本来やるべきことをやるべきなのが君主、つまりリーダーだ、というのです。

　以下に印象的な記述を紹介します。

　　「君主は、野獣の気性を適切に学ぶ必要があるのだが、（中略）罠を見抜くという意味では、狐でなくてはならないし、狼どものどぎもを抜くという面ではライオンでなければならない」[03]

　　「われわれの経験では、信義を守ることなど気にしなかった君主のほうが、偉大な事業を成し遂げていることを教えてくれる」[04]

　　「全体的によくよく考えてみれば、たとえ美徳と見えても、これをやっていくと身の破滅に通じることがあり、他方、一見、悪徳のようにみえても、それを行うことで、自らの安全と繁栄がもたらされる場合があるからだ」[05]

　　「善い行いをすると公言する人間は、よからぬ多数の人々のなかにあって、破滅せざるをえない。したがって、自分の身を守ろうとする君主は、良くない人間にもなれることを、習い覚える必要がある。そして、この態度を、必要に応じて使ったり、使わなかったりしなくてはならない」[06]

『君主論』1550年版の表紙

「しかし、私のねらいは、読む人が役に立つことを書くことで
あって、物事について想像の世界のことより、生々しい真実を追
う方がふさわしいと、私は思う」[07]

06　最大の挑戦は新しい観点（POV）の獲得

　イノベーションを頭で正しいとわかっていても、行動を始めること
が至難の業なのは明白です。企業においては、既存事業の成長過程で
生まれてきた既存組織は、まさにその効率性のために工夫され、その
仕組みによって拡大してきたのですから、ある種の重力の法則が作用
します。

　既存事業が成長の限界や衰退期を迎えても、組織はなかなか変われ
ません。「環境が変わった。じゃあ、新しい領域に既存事業を生み出
していけばいいじゃないか」といった議論（戦略）は現実的でなく、
妄想とさえいえます。

　さらに、「イノベーションだ」などといって、新しい試みをしよう
とすれば、なおのことです。説得するだけでも結果的に多くの社内調
整コストを生み出してしまうのも事実です。

　第2章でも強調したように、イノベーションの実現に求められるの
は、組織としての新しいモノの見方（世界についてのビジョンや新し
い観点、世界観 [POV: Point Of View]）、それに伴う新たなロジック
です。その可能性（仮説）を信じて、知識・資源（人、資金）・関係性
などの資本が集約できるかどうかにかかっているのです。

　しかし、会社全体は一気に変わりません。そこで、きわめてミクロ
的な、起点となる機敏に行動転換できる「場」、創造拠点の確保が肝
になります。それが多様な関係性の交差点となり、意識を変え、既存
の階層組織を横串でつなげ、結果的に調整コストと投資リスクを下げ
る、という可能性が生まれます。

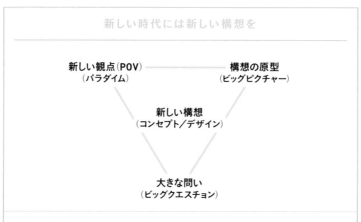

出所：紺野・野中（2018）。

　新たな観点に基づいて「場」を生み出し、行動習慣を変え、イノベーションを実践する経営に転換できるか。多くの企業にとっての正念場といえます。イノベーションができない理由は、イノベーションについてよく知らない、などということでなく、自分（自社）自身の意識や精神、行動にあります。それは本書のテーマでもあります。

見えないものを見る——気づき・洞察・発見・新奇性

　イノベーション（あるいは経営戦略）についての解釈は千差万別、また、イノベーションの理論モデルやタイプも百花繚乱です。それらを全部頭に入れても無駄でしょう。
　イノベーションをどんなプロセスやツールで行うかについては、多くの資源が提供されています。しかし、最も重要なのが「新しい観点」であり、これに基づく目的や手段の組合せだと、本書では考えています。

それは、「新鮮な気づき」「洞察（インサイト）」「発見」などをきっかけに始まり、「新奇」な視座や角度、「いかにものを（フレッシュな）見方で見るか」ということです。それはちょっとした日常の気づきとは違います。

　より大きな社会的な潮流や顧客から、あるいは、それらに刺激を受けた自分自身の内からもたらされます。それによって新たな状況や知識（構想）を生み出し、それが社会や経済の進化の一歩となるのです。

07 イノベーションは 試行錯誤という仕事である

　「イノベーションはクリエイティブな個人の仕事」という時代から「マネージされた混沌のプロセス」と考える時代になったといえますが、意識調査の結果を見る限り、日本企業はどちらかというと前者をイメージする傾向が強いようです。

　イノベーションはプロセスのない、ホームランを打つような仕事だと認識しているようにも思われます。

　しかし、イノベーションは成功に至るまで続く「失敗をする」仕事だともいえます。イノベーションとは失敗（実験・試行錯誤）をうまく行う仕事なのです。しかしそれは、よくいわれるような失敗を単に

イノベーションを成功させるためのプロセスについての認識		
	世界	日本
きちんとしたイノベーションプロセスを通じて、計画的に生み出している	62 %	38 %
クリエイティブな個人から自発的に生まれてくる	40 %	60 %

出所：GE Global Innovation Barometer 2014.

ただ、一人の挑戦ではイノベーションは起きない

許容することではありません。誰も失敗など喜びません。ランダムに
失敗するのではなく、そこには一定のプロセスがあるのです。むしろ
失敗という言葉は使わないこと、効果的かつ効率的に試行錯誤するこ
とこそ、イノベーションという行為の本質です。いかにこれをうまく
進めることができるか、それが中心的テーマです。

08 人間へのまなざし

　21世紀になっての大きなイノベーションに対する視点の変化は、
イノベーションとは技術中心でなく、人間中心だという認識です。
　それはかつての人間工学的な視点やヒューマン・インターフェース
ではなく、または人間が自然を支配するといった思想でもありません
でした。それは人間の内面における価値や社会的現実として表出した
問題を注視するという意味です。つまり、人間に目を向け、人間至上
主義を超える可能性を持ったものでした。

時代や社会の変化 （問題や課題、障壁）	新たな状況・状態・ 知識の獲得	表層
洞察・発見	試行錯誤	
新奇性のある観点・知識の創造		
活用できる技術・方法・知識		深層

　アントレプレナーは時代や社会の変化に気づき、新たな状況や状態に移行させようと考えます。そのための手段は、新たな知識、技術です。

　まずそのためには、新たな視点、洞察・発見が求められます。そこで得られる新奇のアイディアが、技術を結びつけます。技術自体は目的を持っていません。それを決めるのは人間のアイディア、コンセプトです。

　さらに、その上に試行錯誤が行われます。イノベーションはこうした新たな視点に基づく試行錯誤という仕事なのです。

　イノベーションは、人間社会に生じたさまざまなギャップの発見から生まれます。特に社会的弱者が抱えている問題は、広く社会が持つ、ゆがみやきしみの兆候であり、これを解決するような（そして、新たなビジネスとしてデザインする）視点が、社会的イノベーションに結びついていきます。あるいは、私たちが社会や共同体の幸福や価値など、共通善を志向するときにイノベーションは生まれるのです。

　当然、それは地球環境にまで広がる問題意識です。また人間も、「モノ」ではありません。共感を通じて心を理解し、それに応じた実

現手段を考える必要があるのです。

　私たちの知の進化は、常にその環境（場や関係性、言語などの道具）との関係で「共進化」してきました。つまり、イノベーションはマクロ的に見ると、私たちの知の進化の一プロセスなのではないでしょうか？　私たちが周囲の場をどのようにデザインするかは、日常を変えることであり、未来に向けた共進化のための基盤となるのです。

09　イノベーションのトライポッド

　人間には、危機的状況でさえ、現状維持にこだわり、変化を阻む多くの内部的矛盾、ジレンマやバイアスなどの障壁（カベ）があります。特に専門家が増えれば増えるほど、領域を超える横断は起きにくくなります。専門分化によって盲点も増え、新しい機会や脅威は見逃されることが多くなります。

　ジレンマを超えてイノベーションが生まれやすい状態を創るには、知の生態学的にいえば、場の変化を生み出す必要があるということになります。

　そのためには3つの精神的・社会的なカベを破らなくてはいけません。もちろんそれは簡単ではありませんが、新たな視点（Perspective）とともに、

　①目的（Purpose）を追求し、
　②（顧客や社会に接して）共感（Passion）し、
　③拠点となる場所・社会的な場（Place）を創出する、

という「イノベーションのトライポッド」を形成することが不可欠なのです。これらはイノベーション実践のために開かれた窓ともいえます。

変化を嫌うカベ、常識のカベ、
習慣のカベを破る力

　イノベーションは、従来のビジネスモデルやシステム、慣習を脱して行わなければならないビジネス活動です。そのときに、過去のしがらみや組織の無意識な思考パターンが新たな試みを抑制したり否定したりするのです。

　イノベーションにはさまざまな思考ツールやメソッドがありますが、それらを根づかせ、有効に用いるには、実践のための組織的な「場」の創造が必要です。

　この図に示されるイノベーション・トライポッドの3つの要素がそれぞれ、イノベーションの障壁を破り、個人、チーム、組織を駆動させ、同時に新たな知を創発させるイノベーション・スペースとして機能するといえます。

Purpose　Passion

トライポッドについて

　「トライポッド」は写真撮影に使う三脚を意味している。「テトラパック」などもこの形状である。この立体は正しくは「テトラヘドロン（正四面体）」であり、4面の正三角形からなるプラトン立体である。5つのプラトン立体にはそれぞれ元素としての意味（シンボリズム）が与えられている。この立体は「火」を表している。

　ちなみに、立方体は「土」、8面体は「空気」、20面体は「水」、12面体は「エーテル」（宇宙物質）である。

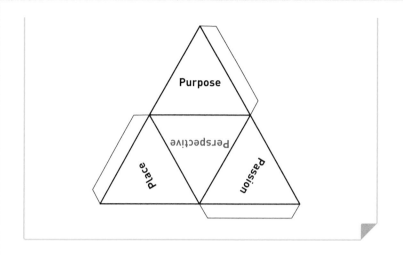

脳の奥底にいる「主人」を動かせ

　知性の障壁、感情の障壁、行動の障壁は、それぞれ私たちの「脳の構造」に対応しています。

　次の図は、米国の天文学者であり、作家でもあったカール・セーガンの『エデンの恐竜』（1978年）に紹介され、大きな話題を呼んだモデルです。[08]

　このように3つの部分から人間を説明するという認識の仕方は、古代から行われてきました（たとえばプラトンは、頭部：理性、胸部：意思、腹部：欲望や本能などに分けて説明しようとした）。一時はこれこそ脳の進化の過程でもあるという説がありました。現在では批判もあるようですが、1つの解釈の方法として、昔から言われている3つの分類にそって考えてみたいと思います。

　脊椎動物の脳は、基本構造として「脳幹」「小脳」「大脳」からなっています。当然、人間では大脳が発達していて大きく、これが人間の知性や理論的能力を司っています。そして、これまでは大脳（IQ）が優位というのが通説でしたが、最近では実は大脳は表層的で、小脳が

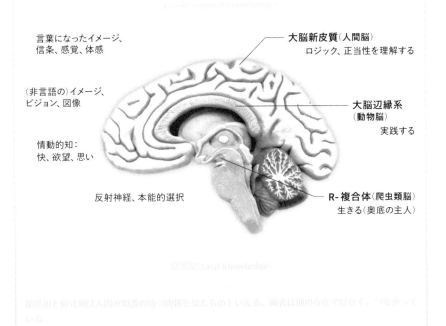

言葉になったイメージ、
信条、感覚、体感

大脳新皮質（人間脳）
ロジック、正当性を理解する

（非言語の）イメージ、
ビジョン、図像

大脳辺縁系
（動物脳）
実践する

情動的知：
快、欲望、思い

反射神経、本能的選択

R-複合体（爬虫類脳）
生きる（奥底の主人）

知覚情報の統合や情動の制御など、脳の知的働き（EQ）の中枢である
という考え方も生まれています。

　脳幹は身体に張りめぐらされている神経網とともに、私たちの生存
を司っています。これらは暗黙知を保有する脳ともいえます。した
がって、いかに大脳が理論的に変化せよ、という指令（形式知）を発
しても、心や身体は動いてくれない。しばしば私たちの「主人」は、
最も根深い脳幹にあるともいえるのです。

　この奥底に住む主人が「うん」と納得しない限り、人間も組織も真
に変化の行動を起こそうとしないのです。人間やその組織のメカニズ

ムを理解しなければ、イノベーションも難しいということがわかって
いただけたでしょうか。

11 イノベーションは あなたの脳だけからは生まれない

　米国の進化生物学者テレンス・ディーコンは、著書『ヒトはいかに
して人となったか』で、人間の脳は環境や言語との間で共進化してき
たと説きます。[09] ヒトの脳は、自らが作り出した言語と相互作用する
ことで進化してきた（し続ける）というのです。

　つまり、私たちは場を介して相互作用的に進化してきたともいえ
ます。未知の課題に対して、周囲とかかわりながら、知性（目的や論
理）・感情（直観や共感）・身体（参加や手仕事）を駆使して、協業・

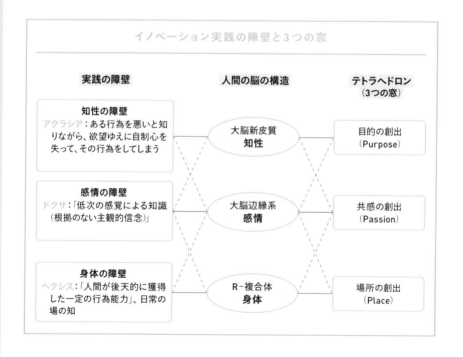

イノベーション実践の障壁と3つの窓

実践の障壁	人間の脳の構造	テトラヘドロン（3つの窓）
知性の障壁 アクラシア：ある行為を悪いと知りながら、欲望ゆえに自制心を失って、その行為をしてしまう	大脳新皮質 **知性**	目的の創出 （Purpose）
感情の障壁 ドクサ：「低次の感覚による知識（根拠のない主観的信念）」	大脳辺縁系 **感情**	共感の創出 （Passion）
身体の障壁 ヘクシス：「人間が後天的に獲得した一定の行為能力」、日常の場の知	R－複合体 **身体**	場所の創出 （Place）

相互作用していくこと。そうやって自ら作り出した場と自分とに創発的な共進化が起きるのです。

したがって、いかに場を創るかは、イノベーションのための小さな一歩となるのです。これは人間の進化の一部とさえいえる営みです。

また、英国の人類学者ロビン・ダンバーは、人間の脳は、共同生活する集団が大きくなるにつれ、ネットワークする器官として進化してきたことを示唆しています。つまり、人間の脳は単独でなく、ネットワークしながら共進化してきたといえそうです。

ただし、いわゆる「ダンバー数」は、平均約150人（100〜230人）が「安定した関係を維持できる個体数の認知的上限」だといいます。[10] それより大きなネットワークには技術（メディア）の助けを借りる必要があります。それは20世紀のメディア文明批評家マーシャル・マクルーハンの思想ともつながるものです。

つまり、イノベーションは、個人の発想や思考だけから生まれるものではないのです。イノベーションには社会的な知の協働作用の場が必要であり、人と人の、そして人と環境の相互作用、つまり知の生態学の問題なのです。究極には、コンピュータもこうした人間の創造性を助ける技術として機能すべきものなのです。

マクルーハンは、メディアを情報媒体としてではなく、人間の精神（脳）や身体の拡張と考えた

脳と言語は共進化する

ここにマクルーハンの思想との共通点が見られます。

「メディアはメッセージである」という過激なメッセージで現代的なメディア文明論を確立したマクルーハンは、メディアを、人間に備わった機能を強化・拡張する働きをするものとして捉えました。[11] そして、それが人々の心や世界認識、社会構造にまで変化を及ぼすと指摘しました。これは人間の脳と言語（メディ

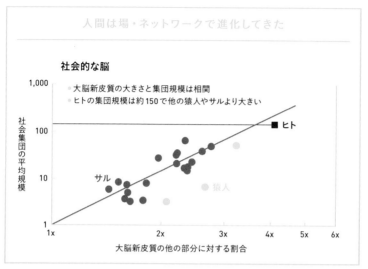

社会的な脳

- 大脳新皮質の大きさと集団規模は相関
- ヒトの集団規模は約150で他の猿人やサルより大きい

（縦軸）社会集団の平均規模

（横軸）大脳新皮質の他の部分に対する割合

ヒト
サル
猿人

出所：Dunbar（1992）をもとに作成。

アや文化）との共進化の現代的な事象だといえます。つまり、目的、共感、場における共進化としてのイノベーションが求められているのです。

12 「人間のイノベーション」に向けて

　イノベーションがうまく進まないのは組織のカベのせいだ、などといわれます。確かにそれは問題で、縦割り組織（サイロ、タコツボ組織など）がよく挙げられます。既存事業の構造を壊さないと新規事業ができないとなると、大きな抵抗があるのは当然です。

　「組織のカベ」を壊せという、評論家的な指摘があっても、実際にそれを行うのは相当に困難なことと言わなければなりません。何でも組織のカベのせいだ、と言ってあげつらって、問題を分析的論理的に解決するのは難しいのではないかと思うのです。

一方、これまで見てきたように、イノベーションの実践には人間が内側で抱えている精神的・社会的な要因があります。これらのカベはいわば非論理の世界の要因です。しかし、個人、チーム、組織を駆動させるためには、それらのカベを破って3つの窓を開いてイノベーションのために活動できるスペースを作ることが求められます。

　3つの窓を開けるとは、次の3つを意識して行動すること（エクササイズ）です。

　　①目的を考える
　　②共感を持って行動する
　　③場所を創る

　これらが実は、組織のカベを超える力になるのではないかと思っています。私たちはみな、ある定められた世界に制約され、さまざまなしがらみにとらわれています。イノベーションを起こすというのは本当に難しいものです。しかし、一度そこから抜け出て、より大きな世界や状況、文脈の中で、自分の位置づけや役割を見直してみなければなりません。

　要は、通常の思考を超えるような仕組み、プロセスがなければならないのです。私たちがただ1人でそれをすることは難しいでしょう。私たちが置かれている状況を再認識して、ダイナミックな「場」を生み出す。そこで私たちと「場」が「共進化」していくといえるのです。

　イノベーションを日常的に起こしていく要件としての目的力、共感力、場所力の3つについては、第4章以降で見ていきますが、簡潔にまとめると、以下のような内容となります。

　　● まず、目的（力を高める）ことが重要です。何のために、なぜ、どのような、高邁な意思に基づいて仕事をするのか、といった、

個人の思いや嗜好・好奇心のレベルを超えた目的です。そして、その目的をいかに組織的に扱っていくのか、「目的工学」の視点が重要になります。

- 次に、共感・感性（力）、情動力を高めることです。感情を効果的に用いる習慣は、イノベーターのカギとなります。共感し、豊かな心（マインドフルネス）を持ち、視覚的・綜合的な思考を実践することです。そこでは、私たちの体験的認知（感じる知）と内省的認知（心を深める知）をともに働かせることが重要です。
- そして、何より行動・習慣を変えるのは、場所（力を高めること）です。そこでは、フィールドワーク（社会観察）、職場（ワークプレイス）のデザイン、フューチャーセンターやリビングラボなどのイノベーションのための場の活用が求められます。

　本書はいわばダイエット本です。つまり、皆さんのより大きな目的（幸福な人生のための基盤となる健康）のために、日常の小さな努力の積み重ね（フィットネスワーク）をするための場を創ること。そのための生活習慣ガイドといってよいでしょう。

　ここで、日々の努力をより効果的に積み重ねるための実践的ガイドとして「ジャーナリング」の活用を紹介しておきたいと思います。ジャーナリングとは、簡単に言えば日記のことです。ある目的を軸として、日々の実践を日記形式で振り返ること。かつての改革者が内省的実践のために用いた方法です。

13　ジャーナリングを始めよう

①自己観察しよう

　イノベーションについてのこれまでの取組みを振り返ってみましょう。あるいは、これからイノベーションに取り組もうとしているな

ら、いったい何が今取り組もうとしていることの本質なのか、という視点で自分や組織の状況を観察してみましょう。

　たとえば、イノベーションの具体的な内容やテーマ以前に、いったい目的が何かを考えてみましょう。

　あるコンサルタントがデザイン思考をクライアント企業に導入しようとして失敗した例があります。それは、その方法（ツールの新奇性）を「売り込もうと」したからで、既存の製品開発の仕組み（実は、そちらがイノベーションの課題だった）を十分考察せずにワークショップをやってしまった。その結果、アイディアコンテストになってしまい、結局「何のためにやっているの？」と不評を買うことになってしまいました。

　したがって、重要なのは、

- そもそもの目的（何のため）の不在がイノベーションを阻むバリアになっていないか
- 周囲をひきつけていく目的があるか
- 目的の下で組織化し、具現化のための手段・行動を吟味、選択、判断していくには何が欠けているか

などを考えてみることです。「やらなければならないことは何なのか」を明らかにしていくことは、イノベーションを抑制する障壁を打ち破る第一歩なのです。

　そして次に、イノベーションを具体化、促進するための組織的素地、つまり、環境や「場」はいかにあるべきかを考えてみましょう。

②思いついたことを何でも書いてみよう

　①ノート（日記帳と思えばよい）と筆記用具を用意する
　②時期とテーマを記す（たとえばイノベーションのための目的、顧

客観察、フィールド観察など）

　③リラックス（深呼吸など）して、気づいたこと思いついたことは
　　何でも書き記す

　④文法を気にしたり、美しい文章を書こうなどとは思わないこと

　⑤ジャーナルを記し、一巡したら見直す

　⑥これを日々繰り返す。月1回を9回（9カ月間）繰り返す

　これはなぜ9カ月なのでしょうか？　新たな生命と同じで、それだけの胚胎から創造の期間が必要なのかもしれません。ジャーナリングを徹底的に活用した先人の1人、ピーター・ドラッカーは実践と振り返りを9カ月単位で続けたといわれています。ジャーナリングは実践者のためのツールともいえるのです。ドラッカーには、ジャーナリングに目覚めたエピソードがあります。

　あるとき15〜16世紀のヨーロッパの変革の背後にある力は何かについて考察を巡らしていたドラッカーは、それがカトリックのイエズス会とプロテスタントのカルヴァン派であることを見出しました。そして、両者に共通するのが、目標と結果を照らし合わせていくフィードバックであったことに気づいたというのです。たとえば、当時のプロテスタントの牧師たちは、重要なことを行う際には、目標を決め、9カ月後にそれを見直してどれほど到達できたか、いかに過去の性癖を変えることができたかを省察し、そこから変革について多くの示唆を得たといいます。

　「何かカギになる決定や活動を行うときには、何が起きてほしいかを書き記すこと。9カ月か12カ月後に、その期待と実際の結果を比較する。私はこの方法をもう何年も行ってきた」とドラッカーは説いています。

第 4 章

Creating Purpose

「都市民国家」の時代には、目的が経済・社会の大きな駆動力になる

"

"

01 何のためかを問い直せ

　2019年8月、アマゾンのジェフ・ベゾスら米国の経営者約200名が、これからは「目的とイノベーションに注力すべき」だという宣言を共同で発表しました。

　機を見て敏な米国の経営者が、従来の株主利益偏重から、社会的目的において雇用を創出し、イノベーションを育み意義ある製品やサービスを提供すべきだというのです。まさに目的の時代に向けて舵を切ったといえるでしょう。逆に本来、長期的視点の経営を行ってきた日本企業は、依然としてROE経営偏重になっているように見えます。

　ビジネスに「目的の時代」が訪れています。背景ではいくつかの要素が互いに絡み合っているようです。

　まず、企業や経営に対して、その社会的存在としてのあり方に関心の目が及んでいます。企業は社会的・経済的にいかに便益を提供していけるのか。地球環境や社会の劇的な変化に目を向け、存在意義を確認する必要があります。これはCSR（企業の社会的責任）やCSV（共通価値の創出）、SDGsといった関心にも結びついています。

　つまり、「利益から目的へ」（From Profit to Purpose）。いったい何のための経営やイノベーションなのかという、目的が問われているのです。目的は大企業の新たな儲けの方便だという批判すらありますが、違うと思います。実態は、経済界や企業は、より大きな転換期にあるということではないでしょうか。

　これはリーマンショック以降、利益のみを追求する市場原理主義的な資本主義が、世界に広がる格差問題などを受けて疑問視され、企業

がより高い次元の目的を問われるようになったこととも対応しています（もちろん、これに反するような企業が依然として存在するのも事実です）。

その一方では、多くの企業で従来の事業の「賞味期限」が切れ、新たな価値の提供、すなわち、イノベーションが求められています。付加価値による競争戦略から、顧客価値に基づくイノベーションへと大きく変化しているのです。実は、目的がなければ利益がないのです。

他方、オープン・イノベーションやエコシステムなどの考えが広まっていることからもわかるように、自社の資源や能力に基づく活動には限界があります。既存事業の引力から抜け出し、かつ多様なステークホルダーを巻き込まなければなりません。

そこで求められるのが、相互の利害調整という次元から抜け出して、意味ある新たな関係を生み出すための創造的な綜合力（まとめる力）だといえます。そこでは単なるコンセンサスや「合意形成」ではない、多くは真剣な対話や場を要請します。こういった経営、組織における「目的」の賢さが問われる時代になったということなのです。

たとえば、スタートアップとベンチャー企業の違いは、前者が技術より新しい社会や産業を生み出そうという目的をもとにするという点です。

多くの企業でトップが「今こそイノベーションを！」と叫んでいます。しかし、なかなか組織が動かないという状況も目にします。それは、その目的が単に自社の利益であるために、人々の心がついてこないからなのです。

一方で、イノベーションに目覚めた社員が、トップのイノベーションへのコミットメントを引き出す際にも、目的の議論がカギとなるのです。未曽有のブームとさえ評されるオープン・イノベーションも、多くは実現していません。（オープン・イノベーションの考え方も変わってきているのですが、）その大きな原因は、関係者間の「目的の不在」なのです。

目的なき利益追求は誰も喜ばない

　「破壊的イノベーション」などの概念で知られるハーバード大学の
クレイトン・クリステンセン教授は、直接的な利益志向を持つ企業ほ
ど、思うような利益を得ていないと指摘しています。

　たとえば、企業が外注化や効率化を繰り返していけば利益は生まれ
るが、同時に人や機能は外に出て行ってしまうことになり、結局、最
後に残るのは安売りブランドになることだけだ、というのです。結
果、何が顧客にとっての本来の価値であったかを見失ってしまってい
くのです。したがって実は、目的が利益のよりどころになるのです。

　日本企業に引き寄せていえば、従来のモノを作って売る、いわゆる
モノづくり型のリニアなビジネスモデルの限界が露呈しています。そ
して、目先の目標への過剰な傾斜、その一方で目的の喪失が懸念され
ます（つまり、何のためにこのモノを提供しているのか）。

　こうした最近の傾向は、かつての日本企業の長期的視点を持った経
営といった特徴とは真逆です。こうした状況からはイノベーションは
起きません。

　モノづくりや技術的優位性（「日本企業は技術が良いのに、なぜ儲
からないのか」といった技術ありきのスタンス）を強調すればするほ
ど、供給者の論理（サプライサイド・ロジック）に自らを拘束するこ
とになります。このジレンマに日本企業はさいなまれているのです。
求められるのは需要者の論理（ディマンドサイド・ロジック）への転
換だということはいうまでもありません。

　この10年ほどの間、私たちは供給者側からのロジックに基づく、
高付加価値化やプレミアム戦略があまり有効でないことを目の当たり
にしてきました。

　ユーザーが潜在的・本質的に求めているのは、人間的・精神的な価
値で、モノの差別化のための付加価値（機能的価値＋意味的価値）で

はありません。たとえば、生活者は普段の自身の生活に本質的にかかわらない付加機能より、個々の「生」（生活・人生）の状況に適したシンプルな解決やアイディアを求めているのです。

リーマンショックから10年経った2018年、日本経済の検証がさかんに行われました。日米中のGDPの推移を見ると、2008年から18年までの間に米国は1.5倍、中国は2.5倍になっているのに日本は横ばいです。[01]

国内企業の業績では、10年前を100として利益は1.6倍となっているのに、売り上げは横ばい、というより若干低くなっています。[02]

米国と中国は、大型投資や産業の主役交代や新規分野への拡大によって回復（既存産業の回復より新たな収益源を優先）したのですが、日本は新たな収益源を生み出せていない（効率化・改善＞イノベーション）。単純にいえば、既存の事業の効率化で利益は出ても、新たな市場や価値領域は生み出せていないと考えられます。

2012年12月に始まった景気回復局面が「戦後最大の長期景気」にもかかわらず実感がないという声がよく聞かれます。経済紙では家計所得が伸びていないことなどが要因として挙げられています。

しかし、それよりも、新たな価値の創造ということへの実感がないこと、逆をいえば過去と同じような仕事や生活が続いているという、ソフトな要因が大きいのではないかとも思われます。価値観の転換が求められているのです。

一方で、日本はプラットフォームでは勝てないのでモノづくりの領域に特化する、とか、新領域のイノベーションは向いていない、などとも言っていられなくなったのではないでしょうか。たとえば、イノベーションを経営の中核に据えるイノベーション経営が世界的にも標準化されているからです（ISO56002、第2章のCOLUMNを参照）。ここで、改めてイノベーションの目的を問うことが求められているのです。

03 目的はブランド力の根底である

　クリステンセン教授が近著で唱える「ジョブ理論」は、人々（顧客）がなさねばならないジョブ（仕事）を企業が理解するところから出発します。そして、そのことが「目的を持ったブランド」として企業が自らを考えることにつながるというのです。

　目的はブランド力の根底にある要素で、アマゾン、アップル、フェデックス、スターバックスなどの目的について明確なブランドは、10年間を通じて平均400％超の価値総額の成長をしているといわれています。

　たとえば、スターバックスの目的は、次のようなものです。

　　　「人々の心を豊かで活力あるものにするために──1人のお客様、1杯のコーヒー、そして1つのコミュニティから」

　これは企業の表向きのブランディングのための目的であるというだけでなく、社員や顧客まで巻き込む力となるのです。逆に、目的なく働いている従業員は今日の企業の主要な脆弱性なのです。現在の米国労働者の28％しか目的を持てていない、といった調査結果も出ています。03)

　もちろん、ここでいう目的とは、その企業の目的だけとは限りません。自分のかかわっているプロジェクトの目的でもよいし、自分のかなえたい目的でもいい。要は、個々人のレベルで目的を持つこと、それが企業の強みになるのです。ただし、それがこれまでは重視されてこなかったのです。社員が目的を持つことは、自律性を促すことにもつながるの

シアトルのスターバックス1号店

です。

筆者が　　　　　　　　教授と話したとき、「破壊的（disruptive）イノベーション」というのは訳語として誤解されているな、と思いました。それは、企業が意図的に先行企業を破壊しようとする戦略のことではありません。ユーザーのニーズに既存の製品やサービスの付加価値化で応えようとするよりも、たとえ限定的でも特定の（新たな）目的やニーズに応えることを考えることです。[04]

それが結果的に既存のプレイヤーのバリューチェーンやビジネスモデルを「混乱させ」（disrupt）、「継続できなく」させる、というビジネスの理に近い。

たとえばUberも、最初からタクシー業界を狙い撃ちしたわけではありませんが、顧客の困りごと（ジョブ）を理解することで結果的に破壊的存在になっていきました。

その意味では、現在業界で地位を得ている多くの企業はどこも、当初は「破壊的イノベーター」という側面を持っていたのだと思います。それが、成長期に入ると、マージンを維持するために「持続的（sustaining）イノベーション」、たとえば新市場に新たな差別化要素を加えたり、新製品開発を行うようになります。さらに、事業が成熟して学習曲線が見え始めると、改善型の「効率的（efficiency）イノベーション」が行われるようになります。

クリステンセン教授の思想の背後には、常に目的がある。
「私は学生に、もし人生の目的とは何かを考える時間を持てば、きっとそれを学校にいる間に発見した最も重要なこととして思い出すだろう、と説いています。もし彼らがそれを見出さなければ、舵もない船でただ人生の荒波に翻弄されてしまうことになるでしょう」

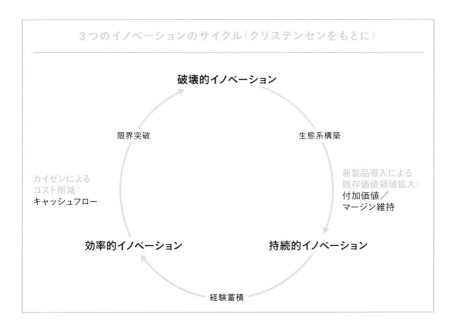

3つのイノベーションのサイクル（クリステンセンをもとに）

破壊的イノベーション

限界突破　　　　　　　　　生態系構築

カイゼンによる　　　　　　　　　　　　新製品導入による
コスト削減：　　　　　　　　　　　　　既存価値領域拡大：
キャッシュフロー　　　　　　　　　　　付加価値／
　　　　　　　　　　　　　　　　　　　マージン維持

効率的イノベーション　　　　　持続的イノベーション

経験蓄積

　しかし、持続的イノベーションの効用（対費用効果）はだんだんと薄れていきます。効率的イノベーションも市場の枠が広がらなければ限界があります。そこで、これら3つのイノベーションを回していくこと、つまり、既存事業も新規事業も、すべてイノベーションの対象と捉えて、このサイクルを維持していくことが重要になります。

　そして、その出発点は新たな目的なのです。たとえば、Uberは創業者の2人が寒いパリの街角でタクシーをつかまえられなかったという経験から、簡単に呼べるプライベートドライバーを提供しようということから始まりました。

　いったいどのような目的を持って顧客に価値を提供するのか、自社の事業を継続させるべきなのはなぜか、それは顧客に望まれていることなのか（あるいは、自社のサバイバルにしかすぎないのか）、キャッシュを何に使うべきなのか（キャッシュリッチな会社でも、目的不在ゆえにイノベーションの投資が行えない企業は少なくないで

しょう)、などを問うことが必要です。

　破壊的イノベーションを意図的に狙うにしても、それは何のためな
のか、と、目的を問い続けることが組織活力を生み、イノベーション
経営を実践に向かわせるのです。

　目的を強く意識した企業や経営者も多く生まれてきています。コン
シャス・キャピタリズム（意義ある資本主義）をうたって、目的の追
求を第一義とすべきであると訴える、ホールフーズ・マーケット（自
然食品などに重きを置く米国の食料品店チェーンで、アマゾン傘下に
入った）CEOのジョン・マッキーもその1人です。

　利益を軽視しているのでは全くありません。むしろ、目的を追求し

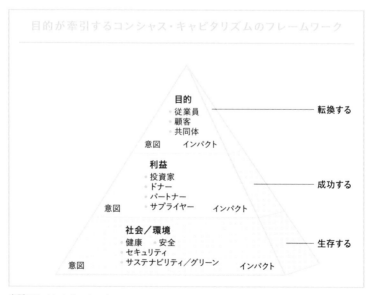

目的が牽引するコンシャス・キャピタリズムのフレームワーク

目的
　・従業員
　・顧客
　・共同体
意図　　インパクト　　━━━━ 転換する

利益
　・投資家
　・ドナー
　・パートナー
意図　・サプライヤー　インパクト　━━━━ 成功する

社会／環境
　・健康　・安全
　・セキュリティ
意図　・サステナビリティ／グリーン　インパクト　━━━━ 生存する

出所：Maddock Douglan, Inc.

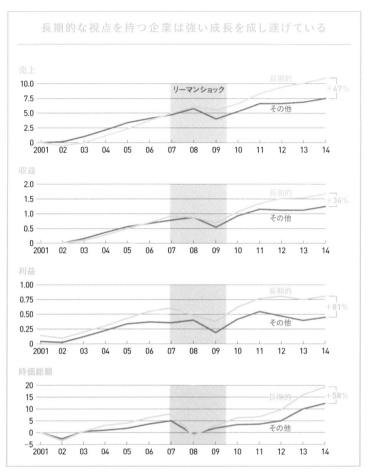

長期的な視点を持つ企業は強い成長を成し遂げている

売上
長期的
+47%
その他
リーマンショック

収益
長期的
+36%
その他

利益
長期的
+81%
その他

時価総額
長期的
+58%
その他

注：いずれも平均値、単位10億ドル、2001年からの比較。
出所：McKinsey Global Institute.

つつ利益を生み出し、それをいかにより良い社会に結びつけるか、という、「利他的」な良い目的に基づく新たな社会における経済の流れをデザインしているのです。

　良い目的が高い利益を生むという考え方です。逆を言えば、単に付加機能や差異化のためだけの意味づけがたくさんついているだけの製

品（モノ）は、本質的に何のためにどんな価値があるのかがわからないばかりか、どんなに値引きしても売れないでしょう。

日本でも「三方よし」といった考えや言葉は、これまでも使われてはいますが、目的から利益が生ずるといったモデルを明示して実践している企業や経営の例はそう多くはありません。

製薬会社のエーザイは、企業理念である「患者様と生活者の皆様の喜怒哀楽を考え、そのベネフィット向上を第一義とし、世界のヘルスケアの多様なニーズを充足する」を、定款に盛り込んでいます。ちなみに現状では、日本の上場企業ではイオングループとエーザイだけが、こういった目的を定款に盛り込んでいます。

リーマンショック以降、長期的な目的やビジョンを持った企業がより高い収益や利益を生むことが指摘されています。2008年から6年後の局面で長期的視点で経営を行う企業はそれ以外に対して売上で47％高く、利益で81％高いといった報告があります。[05]

また、グローバルな会計事務所のEY（アーンスト・アンド・ヤング）などは、CFOの役割は、目的に基づく企業への変革だと主張しているのです。

06 目的の喪失を嘆くシリコンバレー？

「環境革命の時代」に経営とイノベーションに求められるのは、「何のために」という目的です。目的のない、特定の目標に向けた効率化やコストダウン、スピード化は持続しません。

『MITテクノロジー・レビュー』のベテラン・コラムニスト、マイケル・マローンの記事のタイトルは「シリコンバレーの目的とは何か」（2015年1月30日）でした。

かつてこの地域は集積回路、パーソナルコンピュータ、インターネットを生み出してきました。しかし、それ以来、その創造性を写真

投稿サイトやデートサービス
くらいにしか使っていないの
では？　世界を変化させるよ
うなことができるのか？
という批判を紹介していま
す。確かに近年のシリコンバ
レーは、SNSなどソーシャル
メディアが主役だったようで
す。それは必ずしも人々や社
会に幸福をもたらしていません。

1990年代、シリコンバレーのドット
コムブームの拠点の1つとなったレス
トラン「BUCK」

　これに対して、ソーシャルメディアが主流の時
代はそろそろ過ぎ去り、次の新しい波が訪れてい
るといわれています。たとえば、IoT（Internet of Things）の時代が来
ると、シリコンバレーは、再びより大きな社会の問題に目を向けるだ
ろうと。それは、シリコンバレーという地域の本質は、より大きな目
的のために人々（才能）が集まる場所だからというのです。確かに今
度はAIに関心が集まっています。

　シリコンバレーから生まれるビジネスのスケールが年々小さくなっ
たという同様の批判も登場します。また、最近の破壊的イノベーショ
ンやゲームチェンジャーなどを暗に指して、「金持ちには大きな利益
をもたらすが、底辺では失業を生んで」いて、本来のらしさが失われ
ることはシリコンバレーへの反発が増えることを意味すると指摘しま
す。より大きな目的がなければ、より大きな（皆の）利益は生まれな
い、というわけです。06)

07 ## ただ目的を唱えればよいわけではない

　筆者が「目的」の重要性を伝えようとしたとき、少なからずあった

反応は「そんな理想論では……」「企業の目的は利益である」という
ものでしたが、今や世界の経営者の口から出てくる言葉は目的です。
ただし、目的と経営に関する書物もあふれ、半ばブーム化していま
す。ようやくビジネス専門誌などでも、目的（Purpose）を特集するよ
うになりました。[07]

　もちろん、多くの経営者は以前から目的の重要性に気づいていま
す。ある調査によれば、グローバル企業の経営者の87％が「利益に
とどまらない善い目的を持つことが理想」で、かつ81％が「強い目
的がイノベーションを駆動すると思う」と答えています。しかし、そ
れに対して、「ビジネスモデルを目的と連携させている」というのは
37％にとどまっています。[08] 表層的に目的をうたっている起業もあり
ます。

　改めてその重要性をここで繰り返すこともありませんが、2015年
のダボス会議（世界経済フォーラム）では、ハーバード・ビジネスス
クールのビル・ジョージ教授が目的に基づくリーダーシップの重要性
を強調しました。[09]

> 「CEOは、ますます短期的成果に駆り立てられているが、それ
> は経営の本質ではない。企業がその事業を通じて実際の社会の問
> 題に取り組むことが本質であり、そのためには組織全体が目的に
> コミットするべくリーダーシップを発揮しなければならない」

　しかし、言うは易しです。善い目的を発見し、判断し、組織的に目
的群を調整し、綜合するための経営の方法論（目的工学）が不可欠な
のです。

　『MITスローン・マネジメント・レビュー』の「目的と利益を結合
する」という2014年の記事では、利他的目的は従業員の士気を高め
るものの、目的と利益を両立させるのは簡単ではなく、目的を支える
利益構造への配慮を訴えています。そのためには共通善に基づく目的

の設定が重要と示唆しています。[10]

　「善い目的」を発見あるいは生み出して標榜することは重要ですが、その目的が適切な手段に結びついていなければ実践にはなりません。

　たとえば、オープン・イノベーションも1つの手段です。確かに外部の知を活用することで、うまくいけば研究開発コストを下げることができるかもしれません。しかし、それは長期的に見たらどうなのか、といった思慮も必要です。

　たとえば、P&Gは2000年代初頭、当時のCEO、A・G・ラフリーの主導の下、「コネクト＆デベロップメント」という手法のオープン・イノベーションを用いて収益を伸ばしつつコストを減らし、大きく研究開発費比率を下げました。

　しかし、経営者が替わると業績が悪化しました。経営環境も変わっていました。新しい経営者の目的と、これまでの手段がマッチしていなければ残念な結果になります。

　さらに、これまでのオープン・イノベーションの基本は、企業と企業、企業と大学などとの一対一の知財のトレードでしたが（オープン・イノベーション1.0）、今求められるのは多様なステークホルダー、コミュニティや都市・自治体との協業で、必ずしもこれまでの考えが有効とは限りません。多様なステークホルダーを束ねるには、いったい何のためにという目的が改めて、そして、きわめて重要になるでしょう。

08 目的と目標は似て非なるもの

　目的（Purpose）と目標（Objective）は、普段同じように使われていますが、異なります。たいていの組織では、目標と目的が混同されがちです。イノベーションの目的を問うと、よく「売上高〇〇億円」とか「業界トップをめざす」と答えが返ってきます。これらは目的では

ありません。

　目標はしばしば、「高いか、低いか」とか、数値目標からなります。目的は意味や意義、「何のために？」という質的な面が問われます。「目標を高く持て、目標が低すぎないか」（そして、それを達成せよ）とハッパをかけるのも大事ですが、まず「それって何のため？」を問うことが求められます。目標（売上や利益）だけでなく、本当の目的を考えてみませんか？

目的の喪失、目標への過剰な傾斜に陥っていないか

　目的は、本質的に主観的。どんな意義や意味合いがあるかといった「意味の世界」で、それを追求する過程では、目的が深まったり進化したりします。一方、目標は客観的に設定され、多くの場合は数値で示され、定量的で固定的です。

　目的には社会にとっての効果やインパクト、質的成果が問われます。目標はそうではありません。到達すべき点まで効率的に至ることやアウトプットや生産性が問われるからです。

目的と目標は似て非なるもの	
目的（Purpose）	**目標（Goal, Objective）**
● 意味合い、意義、価値など、主観的要素からなる	● 具体的ターゲット、数値、指標など、客観的要素からなる
● 動的（柔軟）	● 固定的
● 効果（effectiveness）、インパクト、アウトカム（質的成果）などが問われる	● 効率性（efficiency）、達成度、アウトプット（量的成果）などが問われる
● 試行錯誤の過程が求められる	● 失敗は積極的には許容されない
創造性を喚起する（セレンディピティ：目的の旅）	創造性を抑制する傾向がある

また、目的は動的だから、さまざまな試行錯誤やフィードバックが大事で、「早く安く」失敗することも許容されるわけですが、目標はそうはいきません。失敗や未達は評価されないからです。

　目的と目標はともに重要ですが、最近の日本企業に見られるのは目的の喪失、目標への過剰な傾斜ではないでしょうか。これがイノベーションが起きないとされる背景の1つであるともいえるのです。

09　目的で行動をデザインする

　ビュリダンのロバの話を再び思い起こしてみましょう。個人として、あるいは企業人として、生き方やビジネスの方向について迷ったときには、目的について考えてください。

　まずどのような行動をとればよいのか、自分に問いかけます。自分が何をやりたいのか？　最初は日常の表層の生活にとらわれています（企業であれば、現在の事業に）。でも、考えてみましょう。さしたる理由もないけれど、週末にやりたいことは何か、などでもいいでしょう。ビジネスの課題でもいいでしょう。

　次に「自分は本当は何をやりたいのか」を考えましょう。ひょっとしたら、大変重要だけれど積み残していたことなどがあるかもしれません。時間に追われてできなかったことなども挙げられるでしょう。リストにしてみましょう。その中で重要に思われることと、そうでないことを分けてみましょう。

　次にもう一度、「自分は、本当は何をやりたいのか」を考えましょう。もし時間やお金がたくさんあったら、何をやりたいですか？　もう一回リストを眺めてみましょう。やるべきことだけに焦点を当てたら、それはどんな行動や生活になるでしょう？　他の（重要でない）項目は「禁止」です。

　そして、そこから自分なりの目的を考えてみましょう。①自分が社

会に貢献できる、②誰かのためになる（問題を解決できる）、③自分がそのための資源や知識を獲得できるか、といった観点からそれを言葉にしてみましょう。

その目的に従って、あらためてやるべきことを考えてみましょう。それが今どのような結果を生み出すのか、どのような影響を社会に与えるか？

思いはあっても行動や実践に結びつかないのは人間の常です。しかし、そこから一歩を蹴り出さなければ時間は過ぎ去るのみです。少なくとも、自分なりの目的を考えてみましょう。

10 SDGsで生き残れない企業とは？

SDGsとは、2015年9月に193カ国が合意し、国連総会で採択された「持続可能な開発目標」（SDGs: Sustainable Development Goals）のことで、世界中の企業が大きな関心を寄せています。17のSDGs目標とそれらをブレークダウンした169の具体的な目標が示されています。

国連開発計画（UNDP）が提唱しているというと、なんとなく企業の営利活動からは遠いというイメージがあります。「わが社はすでにそういった考えでビジネスをしてきた」と自負する企業もなくはないでしょう。

しかし、SDGsのねらいは、こうした社会課題を、多くの企業が協調して、かつ課題を具体的に解決することが企業のイノベーションの機会となり、利益をもたらし、かつ全体にも貢献するようになる、ということなのです。逆に、ただソーシャルを訴えても、結局どんな素晴らしい活動も、経済的な支えがなければ続かない、という事実を明らかにしてもいるのです。

ですから、単に「わが社の事業はSDGsの何番と合致した事業を行って」と広告やPRをしても、それは自社の株価を上げるのに役立

出所：国際連合広報センター。

つかもしれませんが、それでは問題を解決したことにはなりません。

　また、個々の課題だけを潰していっても、個別のソリューションになってしまいます。そこで、自社の今後のイノベーションにどう結びつけるかが重要になります。つまり、これらの世界共通に認められた課題をもとに、自社の目的を生み出すことがイノベーションにつながるのです。

　さらに、このSDGsの登場した背景を考えると、その意味ははっきりしてきます。それは個別企業の課題や利益追求でなく、グローバルに（地球規模で）解決すべき社会的イノベーションの時代への転換です。2030年までに、SDGsがある程度の成功を収めたとすれば、それは大きな産業界の変化となるでしょう。

　そこで、企業は3つのタイプに分かれるでしょう。

　タイプ1は、ずばり「なくなる会社」です。17の目標、たとえば

ジェンダーや不平等の解消、環境保護や気候変動対策に反する企業は、これらが常識化した世界では価値を認められなくなるでしょう。

タイプ2は、こういった事業の変化にうまく歩調を合わせて「成長を続ける会社」です。

そしてタイプ3は、「急成長する会社」です。なぜなら、特定の目標を解決することができればそれは新たな需要創造につながり、また、多くの協力を得ることが可能になるからです。

優れた技術があっても成功しない

企業はイノベーションばかりを行うわけではありません。「本業」「主力事業」「既存事業」など、日々の糧を生み出す、これまでに行ってきた事業があります。しかし、実はこれら既存事業すらイノベーションを行わざるをえない時代になっているのです。

新たな価値を生み出す挑戦的、しばしば破壊的な革新的事業活動がイノベーションです。また、それは必ずしも技術にかかわるものではありません。

「日本企業は技術に優れているのに、なぜ勝てないのか」といった問いが投げかけられます。しかしこの問いは、技術があれば成功する、といった前提から発せられているという点において、問い自体が間違っているともいえます。

技術があれば成功するという発想は、これまでの事業の歴史的過程で学習された、1つの「型(カタ)」であるかもしれませんが、もはや効力を発揮しなくなっているのです。もちろん、環境革命の時代に希望を実現する手段としての技術の担う役割が大きいのは当然です。

むしろ、あるべき問いは、実現されていない「新たな価値を具現化するには、どんな技術がふさわしいか」というものでしょう。

しかし、答えがわかっても（あるいは戦略があっても）イノベー

ションにつながるわけではありません。「本業」「主力事業」「既存事業」が生み出した行動様式や意識は根強く、イノベーションを抑制する「重力の法則」が、どの世界にもあるのです。

この重力圏を脱することが重要なのです。そのカギは、既存とは異なる行動、特に新しい資源の関係性を生み出すことにあります。イノベーションは、多様な知識、資源、関係性を新たに生み出す「デザイン作業」であるからです。

12 社会に受け入れられなければ イノベーションではない

21世紀のイノベーションにおいては、社会に受け入れられるかどうかがカギになります。アイディアでも、何らかの新技術でも、個人やチームから発したものが、最終的に社会に受け入れられてこそ、その社会にとっての新奇性や創造性として認められるのです。

新しいアイディアに対しては、さまざまなバイアスや思い込みがあって、社会からの反発を受けることもあります。より良く受け入れられるために最も重要なのは、いったい誰のための何のために、という目的をいかに見出すかという問題です。

この問題は、特に新たな技術を伴う場合に明らかになります。イノベーションはあくまでも技術でなく（イノベーションと研究開発の混同が多いのですが）、社会の目的、顧客価値、その前提となる課題が起点で、それらと技術の組合せによって、新奇性や創造性が具現化されます。しかし、逆にその技術自体の持つ意味がボトルネック要因となってしまうことがあります。

オランダの国立系シンクタンク、ラテナウ研究所は、科学技術政策に関してこういった問題を研究しています。

たとえばオランダでは、携帯電話基地局から発生する電磁波の人体への影響、子宮頸がんなどの発生にかかわるヒトパピローマウイルス

（HPV）の持続感染予防ワクチンの副作用、CO_2の地中保存、シェールガス採掘の影響、IPCC第5次評価報告書（地球温暖化に対する国連下部組織の政府間パネルの報告書）、病原性大腸菌に関する食糧安全、などが近年問題になりました。

　同じようにエネルギー問題、先端技術にかかわる問題が、企業のイノベーションに影響をもたらします。自動運転走行車、IoTやビッグデータのプライバシー問題、ウェアラブル・テクノロジー、遺伝子治療薬など「より身近な」技術にも起こりうると思われます。

　ラテナウ研究所のレポートから読み取れるイノベーションへの示唆は、次のようなものです。

- 「明らか」なデータを見せても有効とはいえない
- 科学者や研究機関、政府機関の権威は失われている
- 不明瞭な点についてはオープンであることが求められる
- できる限り早期に社会や顧客を巻き込んだ議論を行う
- 技術の内容ではなく、意味について早期に提示する
- 社会にとって中庸な技術・アイディアのあり方を模索する

つまり、目的の思慮とステークホルダーを巻き込んだ目的群の調整（対話）が、社会性のある、あるいは、革新的な技術にかかわるイノベーションにおいては不可欠になるといえます。

13 オープン・イノベーションと目的

オープン・イノベーションを語らない企業はないというほど、その概念は広がりましたが、実践例が多くないのも確かです。また、頓挫してしまう試みも少なくありません。専門家にいわせれば、それは「目的の不在」が原因です。

オープン・イノベーションは、米国あるいはシリコンバレー発の手法と見なされていますが、そのルーツは日本の系列研究にもあったという説があります。かつての米国企業は日本企業よりはるかに閉鎖的だったのです。オープン・イノベーションの研究者が「仮想的企業体」の研究をし、その背後には日本企業の「系列（keiretsu）」の研究があった、という具合です。

オープン・イノベーションは、従来は研究開発戦略の選択肢の1つと見なされてきました。オープン・イノベーションが要請される一般的ロジックとは、「企業が内部的に生み出してきた多くの知がそのまま使われずに残っている→だから不効率で→ゆえにオープン・イノベーションが必要だ」というものですが、未使用の知財が生まれるのは、自社の事業にとって適合性の高い優位の技術や知識を選別してきた判断の結果ゆえだという理解もあります。

一般的にオープン・イノベーションは、企業の内部だけでなく外部のアイディアを活用する（アウトサイドイン）、あるいは内部だけでなく外部の市場経路を活用して市場化し（インサイドアウト）、優位性を生み出せるとする研究開発の考え方です。

アウトサイドイン型 オープン・イノベーション	③他社の技術を自社の製品や 事業に活用する	⑥他社の技術を連結してエコ システムを形成する
インサイドアウト型 オープン・イノベーション	②未活用技術を他社が使用す る	⑤自社のビジネスモデルを強化 するための自社知財のライセ ンス
クローズド・ イノベーション	①伝統的垂直統合モデル	④他社の資産を取り込む仕組 み

出所：Wim Vanhaverbeke による。

　しかし、それでは他社からの技術導入、他社への技術移転と大きく変わらないともいえます。むしろその本質は、ビジネスモデルを革新していくためのアプローチと見なされるようになっています。

　たとえば「すべてがつながった時代」には、自社だけの世界では得られないような利益を、共に生み出してシェアする、というエコシステムやビジネスモデルが求められる、という考え方です。いずれにせよ、オープン・イノベーションは従来の自前主義的なマインドセットへの挑戦です。たとえば中小企業には、「ニッチ志向」「人のやらないことをやる」「現場主義（売り上げ低下を現場が頑張って支える）」が根強くあります。現場の持続、経験や知識の囲い込みが強く、そこで独自市場の創造という志向性が低くなり、オープン・イノベーションには消極的になりがちです。

　オープン・イノベーションを支えるエコシステム（市場生態系）やプラットフォームを形成するにしても、目的が問われます。したがって、目的の設定を組み込んだ具現化のステップが必要となるのです。

　たとえば、国家がただ1つの目的に向かっていく、という状態は、これまでの歴史を振り返っても全く望ましいことではありません。それが「公益」的スローガンであっても、全体主義につながる可能性があります。

　重要なのは、国や企業や社会・経済にかかわる組織が、それぞれ自らの存在意義や顧客をにらんで望ましい結果のために目的を創造し（善い目的）、それにふさわしい手段を創造・選択し、試行錯誤を行って、新たな現実を生み出すことだといえます。

　そこで、目的についての方法論が必要です。つまり、目的をいかに実践に結びつけるか。その1つのセオリーが、目的工学（パーパス・エンジニアリング）と呼ばれるものです。

　よく組織を「オーケストレーション」する、という言葉が用いられます。指揮者が楽団を率いる様子をメタファー（たとえ）として表現しているのですが、イノベーションも1人の人間が行うわけではありません。チームや組織のオーケストレーションが必要です。

　一方で、組織はロボットではなく属人的です。組織を実践に向かわせ、1＋1＝2以上のアウトカムに結びつける。つまり、人々の知を「綜合」（シンセサイズ：まとめあげるという意味。総合＝何でも揃っている、という意味ではない）していかなければなりません。

　目的工学とは、筆者たち（目的工学研究所）の造語です。善い目的の下に部門的・個人的目的をオーケストレートし、実現に向けてシンセサイズするための「目的志向の実践知」なのです。

　目的を通じて、企業やプロジェクト組織などがより良い手段や資源の選択・判断を行い、協力しつつ、実践する（なす）ための考え方や方法です。つまり、目的工学は「目的力」をイノベーションに活用するための考えで、次の2つの側面からなっています。

- 善い目的に基づく経営・イノベーション（Management On Purpose）
- 社会、企業、個々人の目的を調整し成果を生み出すための目的群の調整（Management Of Purposes）

　個人の立場から見れば、目的工学はトップであれ、プロジェクトリーダーであれ、イノベーターであれ、メンバーであれ、それぞれが自分の目的に目覚め、組織や社会の共通善に向けて自律的に行動することで協業し、それぞれが「なすべきことをなすための」考え方や方法だといえます。

15 目的は階層構造で考えよ

　「目的が重要だ」というと、「もちろん。わが社にはビジョンや経営理念、△△△ウェイなどがありますよ」という答えが返ってきます。しかし、これらは目的ではありません。
　目的は、なすべきこととアウトカム（帰結）を明示・共有し、企業や組織を実践に向かわせる、駆動的なコンセプト（概念）だといえます。これはしばしば1つの言葉だけでなく、大きく3つの層から成る目的の体系で示されます。

- 大目的：顧客や社会のための究極には共通善につながるステートメントや理念
- 中目的：「いつどこで何を」といった達成すべき行為と成果
- 小目的：大・中目的に結びつけられた組織・部門・成員の個々の目的

ただし、階層構造といっても、大目的から中目的、小目的へとトップダウンでブレークダウンするのではありません。大目的と小目的の関係を行きつ戻りつしながら、限定された時間の中で中目的を決めていく。いったん中目的が決まったら、実践に邁進するのです。

　では、大目的とはどのようなものでしょうか？　あるいは、どのようなものでないのでしょうか？

　たとえば、「ビジョン・ステートメント」は企業自身が何年か先のなりたい姿を表している。これは大体経営陣から示され、日常の活動にとらわれない思考を促すもの。たとえば「すべてのコミュニケーションの世界を率いる」（スウェーデンのエリクソン）といったものです。

　ミッション（使命）というのは、将来に向けて自社がいったい何のビジネスをしているのかを明らかにしようとする。「私たちは、金融業界の企業の管理職に対して、高水準の業績評価支援を提供していま

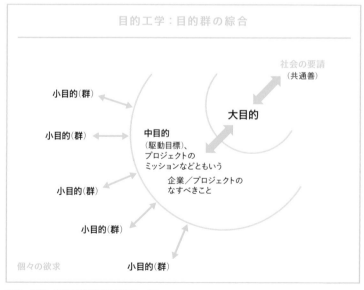

目的工学：目的群の綜合

社会の要請
（共通善）

大目的

小目的（群）

中目的
（駆動目標）、
プロジェクトの
ミッションなどともいう
企業／プロジェクトの
なすべきこと

個々の欲求

出所：紺野・目的工学研究所（2013）p.37。

す」といった例があります。

バリュー（価値観）は、企業が望むべき組織文化のことです。コカ・コーラは、より良い未来を形作るための勇気、集団としての能力の活用、現実的であること、責任とコミットメントをうたっています。これに基づいて従業員の行動の原理や方向性が示されることもあります。たとえば、「私たちは顧客に対して情熱的です」といったメッセージです。

では、これらと目的（Purpose）は何が違うのでしょうか。ある不動産会社の元CEOは、自社の目的は「顧客の不動産売買のプロセスを単純に、効率的に、ストレスのないようにすること」だといいます。このメッセージは単に顧客の重要性を示しているだけでなく、従業員の心を動かし、顧客に対する行動を促しています。

つまり、便益を受ける対象、その行為、実践、帰結が想像できるのが目的だというわけです。

金融サービス会社INGの「生活やビジネスで一歩先行くために顧客に力を与える」、シリアルメーカー、ケロッグの「繁栄のために家族に栄養を提供する」、保険会社IAGの「リスク管理と予想外の損失の苦難から回復するための支援を行う」といったメッセージも共通しています。[11]

目的階層的な関係は、成功プロジェクトの黄金律ともいえるものです。古典的な事例を紹介しましょう。

主翼上にエンジンを搭載した形状で登場した超小型ビジネスジェット「ホンダジェット」が話題になっているホンダ（ホンダエアクラフトカンパニー）ですが、そのDNAは単なる自動車メーカーでなく、「青い

ホンダは30年かかって、航空機開発
という大目的を実現した

目的群の調整・綜合は成功プロジェクトの黄金律

目的群	概要	事例（ホンダCVCCエンジン）
大目的	最上位に位置づけられる本質的な目的。企業の場合であれば、経営哲学や創業精神であることが多く、同時に経営上の目的（Purpose）とも整合している。しばしば政治的な意図や大義も含まれる。最終的には、共通善を追求することにつながる	「僕たちは社会のためにやっているのです。ビッグスリーに勝つためではありません」
中目的（駆動目標）	大目的と小目的をつなげプロジェクトなどを達成するための具体的な概念やスローガン。その多くが、理解しやすく、とはいえ難易度の高い、挑戦的な目標値などを含む	「子どもたちのために青い空を取り戻そう」
小目的	プロジェクトの当事者たち、あるいは各部門からの参加者の思いに結びつけられる技術上の目的、個人的な知的目標や構想など	「ガソリンを徹底的に燃焼させる」技術

空」に向かおうとするイノベーション企業でした。

　戦後まもなく創業したホンダは、それまで二輪車のメーカーでしたが、1960年代半ばから四輪車に進出します。ところが人気車種に欠陥が見つかり、会社存亡の危機に立たされたホンダでは、20代の技術者を中心に「低公害エンジンプロジェクト」が立ち上がります。

　このプロジェクトは、F1レースで培ってきた「ガソリンを徹底的に燃焼させる」技術を一般エンジンに持ち込み、全く新しい方法で低公害化を実現しました。それがCVCCエンジンでした。「これで世界一の自動車会社になる」と当時の社長・創業者の本田宗一郎は、そう言って喜んだのです。

　しかし、社長のその言葉に若手技術者たちは猛然と反発しました。「僕たちは社会のためにやっているのです。ビッグスリーに勝つためではありません」。「子どもたちのために青い空を取り戻そう」が、プロジェクトの合言葉でした。この言葉を聞いた本田宗一郎は「自分の時代は終わった」と痛感。まもなく社長の座を降りたのでした。

	小目的	中目的	大目的
テスラ	家庭で使えるエネルギーストレージを開発する	電気自動車をいち早く市場化する	太陽エネルギー経済をめざす
エーザイ	知識創造プロセスを全社で実践する／オープン・イノベーション活動に積極的に取り組む	アンメット・メディカル・ニーズ（世界で満たされていない医療ニーズ）の充足	患者さまのベネフィット向上に貢献することのためにヒューマン・ヘルスケア（hhc）企業をめざす
ユニリーバ	ドライシャンプーや電気を使わない浄水器を開発し、ビジネスや政府・社会との新たなパートナーシップをめざす	環境フットプリントを削減し、可能な社会的インパクトを増しながら事業規模を2倍に成長させる	「持続可能な生活」（を提供すること）
フェイスブック	われわれのエンジニアが目的を共有し、全員がコードを書ける（プログラミングできる）ようになること	われわれはお金を得るためにサービスをするのではなく、より良いサービスを提供するためにお金を生み出す	世界をよりオープンでつながったものにすること
日立製作所	スマートシティ実験	ITを使って課題を解決していく／より安全で安心な社会をめざしてエネルギー、水、食料、安全保障など、世界規模で取り組まなければならない課題に取り組む	ソーシャル・イノベーション
ストラ・エンソ（フィンランド／スウェーデンの製紙業）	中国における森林管理プログラムに300人の社員とともに取り組む	イノベーションに焦点を当てる／顧客がわれわれに課題を与えてくれる（主要なイノベーションの70％は顧客が起点である）	「人々と地球のために善を行う」
LEGO	子どもたちにひらめきを与え、未来のビルダーを育もう（究極の目的）	社会的意義あるブランド形成とパートナーシップ構築	遊びの楽しさを伝える製品・サービス（遊びに学習を）
ダイソン	ロボット掃除機を作るエンジニア「31人のロボットソフトウエア専門のエンジニアが11年以上かけて開発」	「最もパワフルなロボット掃除機を作る」といった明確な目的を示され、それに向かって16年も取り組む	世界の問題を解決する「発明と改善がダイソンのすべてです」
グラミン銀行	貧困層向けに事業資金を融資し、生活の質の向上を促す	バングラデシュの貧困地域にマイクロクレジットを提供する／「16の決意」の共有	世界がより良い場所になること
スクエア（決済サービス）	iPhoneデバイスで、銀行よりも力のある何かを作る	皆さまの商業活動を簡単にすること	どんな人でも商売のチャンスを逃すべきではない

本田宗一郎は創業当初から航空機産業への参入を夢見て、すでに1960年代に「青い空」への挑戦を始めていました。それはホンダにとっての大目的だったといえるでしょう。

16 なぜ新興国市場で目的が重要なのか？

2008年のリーマンショック直後から、食品・洗剤などの巨大消費者製品メーカーであるユニリーバは、株価と利益の減少に直面し、根本的な事業の再考を迫られました。結果的に同社は、未来に向けて「持続可能な生活」（を提供すること）という目的に焦点を当てることになりました。

なぜなら、シャンプーから石鹸、食品に至るまでユニリーバの製品は、個人の水の消費量の89％に依存するものであり、それは水不足の時代における、同社への巨大な挑戦となっていることがわかったからです。

これに加えて、2020年には同社のビジネスの約70％が、途上国から来ると予想されることが明らかになりました。これらの国々は気候と経済的・社会的不平等による水不足と激しい変動にさらされています。これらすべての要因が、社会の中の自社のブランドの役割について異なった考えを持つべく導いたのです。

> 「(こういった)目的認識がなければ、われわれは洗剤周辺のイノベーションを行わなかった。私たちは、ドライシャンプーや、電気を使わずに水を浄化するPuritといったイノベーションを生み出すことはなかったでしょう」[12]

事実、ユニリーバは新興国市場における存在感で他社の群を抜いています。

たとえば、インド市場での低所得者向けのミニ・パッケージ化などは、その走りだったといえるでしょう（BOP［ピラミッドの底辺市場］という切り口でも注目された）。2012〜13年に同業のライバルであるP&Gの新興国市場比率が30％台であるのに対し、ユニリーバは50％を軽く超えています。

　目的の概念（センス・オブ・パーパス）こそが、ユニリーバのイノベーション文化を牽引してきたのです。

17　ビジネスモデルは目的で進化する

　イノベーションにおける目的追求思考は、ビジネスモデルに大きなインパクトを与えます。どんなビジネスモデルでも、顧客価値の提供は中核的な課題です。そしてそれは、根底でいったいどのような目的で何のために、を問うことであり、それを問い続けることはビジネスモデルの進化につながります。

　たとえば、GEの提供するジェットエンジンや発電機の変遷は、こうした追求の例に思われます。それはモノからサービスへのビジネスモデルの進化です。前CEOのジェフ・イメルトによれば、たとえばエンジンについてのメンテナンスは次のように「進化」してきたといいます。

- 第1世代　故障したら修理する（1960〜70年代）
　　　　　　＝事故発生ベース対応（モノの時代）
- 第2世代　サービス・レベル・アグリーメント（機能が果たす数値目標）によるパフォーマンス維持
　　　　　　＝定期的メンテナンス（1980〜90年代）（サービス化の時代）
- 第3世代　特定の機能でなく、戦略的なアウトカム・目的をベー

スとするサービス
　　＝データアナリティクスの活用（現在）
　　　例：航空機がどれくらい旅客需要の繁忙期にピー
　　　　ク・パフォーマンスを持続できているかに貢献す
　　　　る（アウトカムの時代）

　顧客にとって、何のために（目的）、どのようなサービス（手段）が
望ましいかを常に追求することは、ビジネスモデルを進化させること
につながるのです。

18

目的の自覚が実践の出発点

　今、取り組んでいるイノベーションやプロジェクトは、本当はいっ
たい何のためか、目的を改めて考えてみましょう。これが目的だ、と
すぐに思い浮かぶかもしれませんが、そうでない場合もあるでしょう。
　イノベーションには目的が、そしてリーダーにはその自覚がなけれ
ばなりません。何のために、という問いに答えられないなら、イノ
ベーションではないともいえます。確かに前述のように目的が重要だ
ということは認識されてきました。しかし、ハーバード大学の調査で
は、まだ企業のリーダー層のわずか20％未満しか自らの目的を自覚
していないともいいます。[13]
　なぜ経営者の大半が目的を実感として自覚できないのでしょうか？
　理由が2つ考えられます。
　1つは、「本業」「主力事業」「既存事業」の維持に努力が費やされ
ているという理由です。おそらく目的は創業者が死ぬ気で考えていた
かもしれませんが、成長するに従って、本来の目的を自覚しなくて
も、短中期の「目標」を管理することが中心になっていった、という
わけです。

次に目的とは、本質的に「何のために」という意味や意義を持つものだという点です。つまり、大変「主観的」なものです。だから、当事者自身がいったいどんな価値観を持っているかということなしには目的が語れないのです。しかし、そんなことはビジネススクールなどでもほとんど教えられていません。これも理由の1つと思われます。

　一方で目的が主観的なものゆえに、経営者、リーダー、プロジェクトのメンバーがそれぞれの思いを主張したら、チームや組織はバラバラになり、混乱してしまうでしょう。

　目的は人々の意味の集合でもあります。それぞれの視点から目的を深く考えることはイノベーションの出発点になります。どの立場にいても、それぞれに目的があります。そうした目的を考えてみましょう。それが目的工学にもつながります。

19 「筋のいい」目的、技術を見出そう

　目的の重要性はわかったし、目的も明らかになってきた。しかし、それはわが社の技術とはマッチしないのだけれど、という悩みも耳にします。

　では、目的を変えるべきか、あるいは手段（技術）を変えるべきか。難しい問いですが、イノベーションにおいては、まず良い目的を見出すことが重要です。これなしには周囲はついてきません。

　また、その目的を満たす手段（知識、技術、資源、人材など）は、いろいろとあります。それが自社にあればよいのですが、なければ外部から調達しなければなりません。しかし、できれば、自社が持つ技術を持続性のある資産としてうまく活用していきたいのです。

　長期的には、あるいは未来を志向する局面では大目的に沿った技術の開発が重要でしょう。短期的には、それらへのアクセス（オープン・イノベーションを含めて）を考えていくべきではないかと思いま

「筋のいい目的」と、「筋のいい技術」は相互補完的に発見される

目的創出設定　　　目的手段関係

リーダーシップ

目的

目的・手段関係
の発見
（デザイン思考）

手段

手段

手段

資源の調達

手段の形成

技術

資源

人材

　す。できれば、相互に、同時に「筋のいい」目的や技術を見出す必要
があります。

　そこで、「筋のいい目的」と、「筋のいい技術」を見抜く目利き力が
重要になります。あなたのプロジェクトは、この2つを満たしていま
すか？　たとえば半導体は、1940年代に導入されて以来、今も活用
される筋のいい技術といえます。

　古い話ですが、グーグルが創業した際のコア技術は検索エンジンで
した。しかし、彼らは当初から有名なフレーズ「グーグルは悪事をな
さない（"Don't be evil"）」を語っていました。また、その目的として
「世界の情報を組織立て普遍的にアクセスでき、活用できるようにす
ること」を標榜していました。[15]

　優れた検索技術（手段）と世界の情報へアクセスすることと「悪事
をなさない」（目的）は、それぞれ筋のいい目的と手段の関係であっ
たのと、それに広告ビジネスモデルが後に選択された（広告モデルは
グーグルのオリジナルではない）ことは、決して偶然ではないでしょ
う。むしろ大きな構想に基づくプロジェクトだったといえるでしょう。

　目的実行のためには、現実を観察して評価したり、従来にない新た
な行為を正当化する思考が必要です。それが目的を出発点として、手
段を選別し、結論としての行為を導き出す、実践的推論（思考）ある
いは目的三段論法とも呼べる実践的三段論法です。

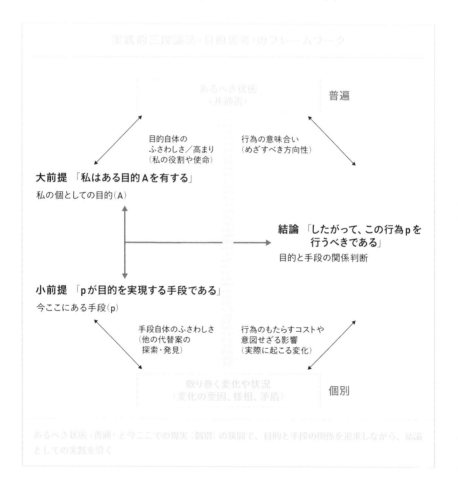

実践的三段論法（目的思考）のフレームワーク

あるべき状態
（共通善）　　　　　　普遍

目的自体の
ふさわしさ／高まり
（私の役割や使命）

行為の意味合い
（めざすべき方向性）

大前提　「私はある目的Aを有する」

私の個としての目的（A）

結論　「したがって、この行為pを
　　　　行うべきである」

目的と手段の関係判断

小前提　「pが目的を実現する手段である」

今ここにある手段（p）

手段自体のふさわしさ
（他の代替案の
探索・発見）

行為のもたらすコストや
意図せざる影響
（実際に起こる変化）

取り巻く変化や状況
（変化の要因、様相、矛盾）　　　個別

あるべき状態（普通）と今ここでの現実（個別）の狭間で、目的と手段の関係を追求しながら、結論
としての実践を導く

これは、現実の状況や手段から、命題となっている大前提をも再考する思考です。基本形式は次のような簡単なものなのですが、目的と手段を相互に考えていく思考の基本を示しています。

〈実践的推論〉

大前提：「われわれにはある目的がある」

小前提：「（眼前の）これが目的を実現する手段である」

結論：「したがって、この手段を実行する（行為）」

こうして目的と手段の関係、普遍と個別の間を追求していく判断の方法が実践的三段論法です。究極には個別の状況と普遍の善（目的）を相互に睨みながら実行する、という思考プロセスです。

実践的三段論法は、現実的にはさまざまな対話の形式をとります。目的の再吟味、手段と目的の関係の再考、現実の場や状況に応じた考え直し、継続的な試行錯誤、あるいは行為のフィードバックによる検証や現実的議論を伴うのです。

21 手段から目的を探索する実践的三段論法

通常の実践的推論は、次のような形式で行われます。

- 大前提：私には目的がある
- 小前提：（眼前の）これが目的を実現する手段である
- 結論：したがって、この行為を行う（べきである）

しかし、日本を代表する美学者であり、また哲学者でもあった今道友信は、その著書『エコエティカ』の中で、実践的三段論法の現代的バリエーションを示しています。

❶「私は今日これから横浜での会議に
出ないといけない」（目的がある）

❷ ところが、普段の交通機関がストで
動いていなかった
→「代わりの交通経路があるだろう
か」（手段の探索）

❸「みなとみらい線の駅が一番近いの
で、これで行こうかなと思うけれど、
ちょっと待った！」（手段を選択）

❹「この会議にはそもそもそこまでして
参加する意味があったっけ？　行か
なくてもいいんじゃないか？　いや、
やっぱりまずいか」（目的を再吟味）

「みなとみらい線は非常に混雑して
いる」（手段のふさわしさをチェック）

❺「みなとみらい線以外に行く方法はあったか、たとえばバスで行くとか？」
（手段の創造的発見？）

「もし会議に行かない、みなとみらい線を使わないとコストが見合うだろうか。
しかし、十分その意味はある」（手段選択の結果を評価）

第　章　目的を生み出す

現代社会では、アリストテレスの時代とは比べものにならないくら
い、さまざまなツールや魅力的な手段（しばしば悪魔的な）があふれ
ています。

　ですから、目的を出発点として手段を選択し、目的から推し測って
手段と行為を結びつけるというやり方だけでなく、手段を出発点とし
て目的との関係性を見出すというやり方もありえます。

　具体的には、次のとおりです。日本人の思考傾向として、まず手段
を考えよう、というものがあります。しかし、その場合でも、いずれ
にせよ、中心にあるのは技術でなく目的なのです。

> 大前提：ある事業が考えられる（手段の確認）
> 小前提：その事業では、いくつかの目的が実現可能である
> 　　　　（目的の探索）
> 小前提：ある目的はインパクトが大きく、実現性も高い（目
> 　　　　的の選択）
> 結論：その事業を行う（判断・行為）

22 説得は目的と理想のために捧げられる

　結局、イノベーションとは、ある目的の下、社内外のさまざまな人
を説得し、共感を得て、目的群の調整を図っていくことでもありま
す。それを説得工学と呼んで実践したのは、ソニー創業者の井深大で
した。

　リーダーはときとして、周囲を驚かすような、大風呂敷とも受け取
られるような目的（駆動目的）を掲げてチームを率いていく必要があ
るのです。

> 井深大の説得工学：小目的と大目的をつなぐ

> 「単に人を説得するのでなく、目的を掲げて理想点に向けて人を動かすことだ。重要性を示しているだけでなく、従業員の心を動かし、行動を促すようなステートメントが求められる」

これをスティーブ・ジョブズの場合に当てはめてみましょう。

スティーブ・ジョブズの説得工学：「人の命を救う？」仕事

　スティーブ・ジョブズは目的を見出し、説得し、チームを率いる達人だった。

　1983年当時、アップルのディスプレイ一体型コンピュータ、「マッキントッシュ」は前機種の「アップルⅡ」に比べて10倍もの処理速度を誇っていたが、泣き所は立ち上がりまでのブートタイムだった。フロッピーディスクだったから、何分もかかったのだ。

　ジョブズは開発エンジニアに時間を短縮するように指示したが、彼らは遅い理由を説明し始めた。ジョブズは無視して話し出した。

　「いいかい、君たち、どれくらいの人たちがこれからマッキントッシュを使うと思う？　今に500万人くらいが軽く1日1回は起動するよね。もし10秒短くできたら、それは毎日5000万秒になる。1年なら何人かの人生の時間を節約することになるんだ。素晴らしいと思わない？」

　最初はきょとんとした顔をしていたエンジニアたちは、この話によってとてもやる気になり、数カ月後には10秒以上を短縮してしまった。

　良い目的を掲げても、言葉だけではダメなことも多いでしょう。とはいっても、言葉にはエネルギーがあります。目的を実践につなげるうえで重要なのが、言語による行動喚起です。

実践に向けて奮い立たせるための智慧を説得術といいます。ただし、それは言葉だけのスキルでなく、実践的行為を伴うものでなければなりません。

説得術や弁論術は何か政治家の薄っぺらいスピーチというイメージ、あるいは日本には馴染みにくいもの、というイメージがありますが、日本でも、戦後は吉田茂のような政治家はそのスピーチで尊敬を集めました。戦前でも、死をもおそれず反軍を説いた斎藤隆夫（1870-1949）のような名演説家が存在しました（日中戦争への疑問と批判を提起。この演説で斎藤は衆議院議員を除名されてしまうが、国民からは愛され、尊敬された）。

斎藤隆夫衆議院議員の反軍演説[15]

「そこでまず第一に我々が支那事変の処理を考うるに当りましては、寸時も忘れてならぬものがあるのであります。それは何であるか、他のことではない。この事変を遂行するに当りまして、過去二年有半の長きに亘って我が国家国民が払いたるところの絶大なる犠牲であるのであります。即ちこの間におきまして我が国民が払いたるところの犠牲、即ち遠くは海を越えてかの地に転戦するところの百万、二百万の将兵諸士を初めとして、近くはこれを後援するところの国民が払いたる生命、自由、財産その他一切の犠牲は、この壇上におきまして如何なる人の口舌をもってするも、その万分の一をも尽すことは出来ないのであります」

経営者では、本田宗一郎や松下幸之助などが、そのスピーチの妙で知られています。

人々を鼓舞し、あるいは目覚めさせるスピーチの力は大きいのですが、これまでリーダーシップ教育ではレトリック（修辞学）や政治力は、表層的なテクニックとして忌避されてきたきらいがあります。

しかし、ここではレトリック、そしてアリストテレスの『弁論術』

に学ぶ説得術について3つの要素を掲げておきましょう。それはエトス（倫理的正しさを語る）、パトス（組織・人々の感情に訴える）、ロゴス（ロジカルに説く）です。松下電器産業（現パナソニック）の創業者、松下幸之助も、そのように意識していたかどうかはさておき、これらレトリックの3つの要素を見事に使い分けていた経営者だったようです。

- エトス（語る者の性格・人格をアピールすること）
- パトス（聴衆の感情に訴えること）
- ロゴス（言葉の論理、ロジカルに説得すること）

松下幸之助は1964年7月、熱海会談と呼ばれる会合でこの3つの要素を見事に使い分けました。

- 産業人の使命は貧乏の克服である。そのためには、物資の生産に次ぐ生産をもって、富を増大しなければならない（ロゴス）。
- 小さい会社の経営者であれば率先垂範して部下に命令しながらやることも必要だ（エトス）。
- よくよく考えてみると、松下電器にも改めなければならない問題がたくさんあります。責任の大半は松下電器にある。慢心が今回の真の原因であると思う（パトス）。

さらに、イノベーション・リーダーとして、集団や組織を動かそうとするときのスピーチやプレゼンテーションでは、どのように理解のきっかけを作るかも重要です。それは話のトピックの選択であり、特定の意味やテーマを持った対話の「場（トポス）」を創る、という意味でもあります。そこには、いくつかのアプローチがあります。

①例証、事例（たとえ）を挙げながら語っていく。たとえば歴史的

な事実を挙げる。あるいは比喩、寓話で語る。

②「説得推論」と呼ばれるもの。これは、格言や、常識的命題を前提に用いて、「真実らしさ」（もっともらしさ）を訴えていくというもの。

③そして、アリストテレスの『弁論術』では、8つのタイプのトポス（議論の場）の創り方が挙げられている。

- 類あるいは定義（例：広辞苑ではこう書かれています……）
- 因果関係（例：AによってBが引き起こされます……）
- 状況（例：われわれの置かれている状況は……）
- 類似（例：AはBに似ています……）
- 比較（例：AとBとを比べるとこんなことが……）
- 反対（例：Pと反対のものにQがあります……）
- 証言（例：ある顧客の声を紹介しましょう……）
- 権威（例：この道の権威はこう言っています……）

もちろん、こうした知識と頭だけで理解しても、表層的で薄っぺらいスピーチしかできないでしょう。何のために、という目的に基づいて、人を心から動かすことのために説得力を用いるのです。

第 **5** 章

ノルウェーの村に住むこのアーティスト（写真右）は、
創作を通じてコミュニティに息吹をもたらしている

"

"

共感力が死んだ 20 世紀

　イノベーションは、かつては「たまに起きるもの」や「技術革新」といった捉え方をされていました。しかし、21 世紀の経営にとって、イノベーションは日常的で中心的な活動となっています。その重要な一面は、顧客や人々の意識や痛みを共感し、さらには広く社会のニーズを洞察して、これまで競争や消費のなかったところに新たな価値の提供を行うことです。

　15 年ほど前に筆者は、今まさに 20 世紀の企業経営や組織運営の根幹にあったパラダイムに大きな変革が起こっており、それは「分析パラダイム」から「創造パラダイム」への不連続の変化だ、と述べました。[01] 最近、デザイン思考などの方法論に関心が集まっている背景には、20 世紀に支配的であった論理分析的思考の限界があります。

　一方、私たちを取り巻く現在の業界や市場では、これまでの境界はなくなり、闘い慣れた競争相手より、思いもしない相手との劇的な出会いが日々起きています。

　そこで求められるのは、可能主義（ポシビリズム：現実とは異なる世界の存在を想定して行動する、非決定論的、シナリオ的な思考）に基づく、実験主義的でかつ創造的なアプローチです。

　分析的・実証的方法論ではなく、直観的で実験的な知が求められているのです。たとえば、それはアブダクション（飛躍的な直観的推論）などの、「感情的能力」から生み出される発想です。つまり 21 世紀は、人間の感情や身体的な思考力が求められる時代といってよいでしょう。

20世紀の社会や経済は、人間を機械やコンピュータのように捉える大きな潮流の中にありました。その過程で、ロジックが支配的になり、決定論的思考が強まることで、共感力など感情に根差す能力が失われました。その回復、復権が潜在的に望まれているのです。

　デザインへの関心も、人間の感情や身体の復権、経営におけるアートの回復といえるものです。現在広く浸透しているデザイン思考も、そもそもは、より大きな「デザインする」という人間の営みの一部にしかすぎません。人間本来の営みであるデザインを資源として活用することで、「共感のイノベーション」が可能となるのではないでしょうか。

　共感力は、新たな価値や市場機会の発見に不可欠です。一方で、それを阻むのが私たちの思い込みです。クレイトン・クリステンセン教授は、「消費のなかったところ」や、顧客でなかった層を目当てにしてイノベーションを起こせ、と説きました。それは新たな顧客の開発を意味します。

　これまで「消費のなかったところ」や、顧客でなかった層などに気

づくには、洞察力や実験精神が不可欠です。しかし、これらを働かせるには、固定的なマインドセット、バイアスなど、自らのドクサ（思い込み）から抜け出さなければなりません。一見、否定しようのない個人の思いでさえ、思い込みにとどまっていれば、唯我独尊、自家中毒を起こします。

世界はドクサに満ちている

イノベーションには、これまでとは異なるアプローチや組織能力が求められています。それには、行動からの変容が必要です。しかし現実には、どんなに優秀な経営者でさえも、自分の思い込みから抜け出すことは難しいことです。いわゆるコンフォートゾーン（快適領域）に安住してしまえば、なおのこと、思い込みからの脱却は望めません。次はあるエピソードです。

あのT型フォードで自動車市場をつくったヘンリー・フォードの孫、2代目のヘンリー・フォード2世は、1970年代の第1次オイルショック後、あるシンクタンクから米国での経済的な小型車の台頭、というストーリーを聞かされてこう言ったそうです。

　　「アラブの連中（注：石油産出国機構などの強硬派）はいなくなるさ。……アメリカ人は日本車なんか買うもんか」（強調して）「もし彼らが欲しがれば、オレたちだって作るさ。でも、アメリカ人は欲しがらないんだ」[02]

その後フォードは、小型車をラインアップしていなかったことによる壊滅的損失をこうむり、日本のトヨタやホンダなどが、その低燃費、低価格によって実質的に米国市場への進出を果たしました。
このような「正論」ともとれる思い込みを「ドクサ」というのです。つまり、これが正しいと考えるロジックや情報そのものが、しば

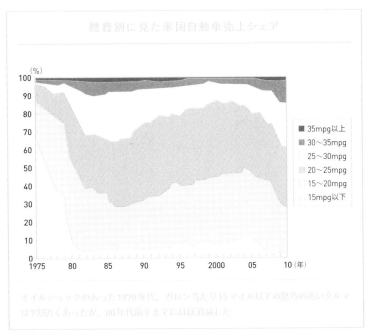

燃費別に見た米国自動車売上シェア

(%)

35mpg以上
30〜35mpg
25〜30mpg
20〜25mpg
15〜20mpg
15mpg以下

オイルショックのあった1970年代、ガロン当たり15マイル以下の燃費の悪いクルマ
は7割近くあったが、80年代前半までにはほぼ消滅した

出所：Green Car Congress.

しばイノベーションの隠れた障壁（カベ）になるのです。

　ドクサとは誰にでもある、心の思い込みです。プラトンは、科学・理性の知（エピステーメー）に対し、一段低い、感覚に基づく知識や知覚・意見をドクサと呼んでいました。

> ドクサ【（ギリシャ）doxa】
> 　プラトンが、イデアによる知識であるエピステーメーに対し、一段下の感覚による知識（根拠のない主観的信念）を指して呼んだ語。臆見（憶測による意見。無責任な推量に基づく意見）。思い做し。（デジタル大辞泉）

ドクサに根拠なし

　「ドクサ」とは、一般的にそう思われていることを意味します。実は、私たちの生活はこういった考え、定説でなんとか営まれてもいるのです。しかし、それはしばしば偏見・思い込みあるいはバイアスとなってしまうのです。企業などの組織の勝手な論理もドクサです。会社の中で「正論」とされていることも、実は特に理由もなく、「常識」になっている場合があるからです。

　あなたの会社でも、こんな言説が、常識のごとくまかり通っていないでしょうか。

- 「うちの会社では、その事業はやらないから（社内常識）」
- 「〇〇億円以上じゃないと新規事業じゃない（社内伝説？）」
- 「大企業では結局、イノベーションは起きないのさ（という思い込み）」
- 「とんがった個（人）だけがイノベーションができる（という思い込み）」
- 「それって根拠あるの？」といって新しいアイディアを聞こうとしない（「根拠」という名のデータがなければ聞こうとしない。一方で、たとえそれが虚構であっても、「根拠」が示されれば無批判に従うという態度）、そもそも新たな領域を創造するのに証明などできない。
- 「うちの会社じゃ無理」「状況が悪いのは〇〇（自分以外の誰か）のせい」（という犠牲者モード）

　これらはすべて真の根拠のないドクサです。たとえば、大企業はイノベーションを起こせないといわれますが、小企業なら容易に起こせるかといえば、そんなことはありません。

つまり、一般化されたイメージで語っているのです。実は、イノベーションを1社で完結して行おうという意識があるために大きいほうが得か、小さくないとダメだ、といった、論理にならない論理が展開されるのです。

　現実を見れば、企業規模にかかわらずイノベーションは可能です。ただし、それは他社との協力によって行われるのです。大企業であればスタートアップとの連携、スタートアップは大企業の資産の活用、さらに経済全体に大きな割合を占める中小規模企業は、彼らとの相互の連携提携などによってイノベーションの自由度が高まるでしょう。

03　感情的資質が欠如していないか？

　共感力という視点で見過ごしてならないのは、私たち自身の持つ感情的な能力です。あるいはイノベーションであれば、製品やサービス、事業に込める感情的な資質です。

　筆者は、欧州企業が1980年代の日本の自動車産業をどのように評価しているかを調べたことがあります。[03] その際に得られたフランス企業からのコメントでとりわけ印象的だったのは、1990年代初頭の日本製品のデザイン評価の結果です。

「日本製品は素晴らしいが感情的資質が欠如している」

　海外での評価では、日本製品は細部に至るまで非常に美しくデザインされ、機能的なデザインで高いレベルにあるのですが、その一方で、過度のハイテク重視、人間のためでなく、「デザインのためのデザイン」「世界を揺るがすような影響力がなく」「少々ありふれており」「はっきりとした特徴がなく」、古典的な日本文化の影響がほとんど見られない。

そして、何より感情的資質に欠けるというのです。つまり、モノのハード的な側面だけが強く、人間不在で、文化へのコミットメントが見られないという評価です。

当時の日本企業は、日本のモノづくりは世界一と思っていました。ですから、この報告書を読んでも、たいして気にも留めなかったかもしれません。当時の日本企業のデザイナーの反応は、これらのコメントに不満だったようでした。しかし、その海外からの評価は、日本製品が飛躍した1980年代を通じて、日本企業は機能を追うあまり、感情的資質に対して不感症になってしまっていた、という指摘でした。

最近ホンダジェットで話題になっているホンダも、一時期「普通の会社」をめざして、それには成功しましたが、かつてのホンダの創造性が失われていったという印象は否めませんでした。ですから、感動を呼んだホンダジェットの成功は、組織的な感情、共感力の再活性化のための物語でもあるのです。

今、製品にとって必要なのは、人間的な真摯さに結びつく感情的資質ではないでしょうか。感情的資質の減退という傾向は、社会的「ひきこもり」などの現象と通底しているように思えてなりません。

一方、文化に対するコミットメントは、21世紀の日本企業のモノづくりだけでなく、都市デザインに至るまで、きわめて重要な課題と

「パタン・ランゲージ」で知られる建築家クリストファー・アレグザンダーはかつての日本文化に「無名の質」を見ていた。日本の村落にあった鯉の養殖池を例に挙げている。それは池の中に全世界があり、そこで最長80歳の錦鯉たちがゆらりゆらりと泳いでおり、農夫がそこで憩いを得る、という場所であった。時間を超越した調和といえる

認識しなければならないでしょう。要はいくらデザイン思考のワークショップをやっても、感情的資質が欠けていたら、そもそもデザインはできません。最近、「デザイン思考からアート思考へ」などという声も聞かれますが、まさにこうしたギャップが問われているのです。

さらにいえば、イノベーションという仕事は「嫌々する仕事」ではありえません。目的の重要性とともに、イノベーションを駆動するのは私たちの心の力、感情的資質なのです。

04 顧客の感覚とのズレは致命傷

共感力を失うと、組織は周囲が見えなくなります。社会や顧客との間のズレが広がっていきます。ましてや、第2章で述べた「離見の見」などは遠い話です。これは特にイノベーションの時代にあっては致命傷です。

世界最大の携帯電話会社だったノキアの携帯電話部門は、マイクロソフトに吸収されてしまいました。当時（2010年当時）新たにノキアのCEOとなったスティーブン・エロップは就任メッセージで、自社が置かれている現状を、こう言って危機感をあらわにしました。

「従業員諸君、われわれは炎上しているプラットフォームの上に乗っているのです」

ノキアはなぜ炎上するまで気づかなかったのでしょうか。それは携帯電話という「モノ」だけを見ていたからではないかと思うのです。ユーザーは、iPhoneという、確かに「phone」という名前はついているけれども、実は超小型のコンピュータで新たな「ウェブ経験」を享受し始めていたのです。そのユーザーの新たな存在価値が、ノキアからは見えなかったのではないかと思います。

このような顧客の感覚や経験の変化に気づかないでいれば、企業はたちどころに危機に陥ります。

　マーケットシェアという指標だけを見て安住していたら、知らぬ間に大変なことになってしまった。おそらく一時期は世界の写真フィルム市場を支配していたコダックもそうだったのでしょう。

　コダックはデジタルカメラを最初に開発した企業でありながら、デジタルカメラをフィルム市場を脅かす「敵」だと考え続けていました。その背後には、優れた写真の品質こそが家族の思い出になる、といった思い込みがありました。そして、スマートフォンで写真を撮ってインターネットで広くシェアする時代との感覚のギャップが広がっていきました。

05 イノベーションは共感に向かっている

　かつてイノベーションとは、「技術革新」と考えられていました。しかし、そんな時代は過ぎ去ったといえます。もちろん、技術的進歩は今なお重要な要素ではあります。しかし、技術さえあればイノベーションが起こせるわけでも、また、技術がなければイノベーションを起こせないわけでもないのです。

　今、多くの新たなイノベーション概念が生まれています。その多くは、ディマンドサイドのイノベーションです。それは、顧客や社会の側からの共感を起点にしたイノベーションです。

　共感力がなければ、数あるイノベーション技法を単に行ったり、それらの手順を追うだけで「心のない」活動になるでしょう。事務処理とは異なり、イノベーションは新奇性を生み出し、チームで動くことが不可欠です。個人、チームそして組織が共感力を共有すること、これはイノベーションを起こすうえでなくてはならない条件なのです。

　一方で、共感力、つまり、感情の力には二面性があります。

それは、限定された経験に基づく思い込み、偏見、つまり、バイアスです。私たちは常に世界をドクサ（思い込み）で見ています。バイアスやドクサも感情の産物なのです。

　たとえば、感情移入はドクサにつながります。自分が最初に出した新しいアイディアにとらわれてしまうといったことはありませんか？

　それから、小さな心理的抵抗感や否定的な感情は、「サイロ化」現象（組織の縦割りによるコミュニケーション弊害）の根幹をなすものです。なぜ他の部門と知識共有なんかしないといけないの？　無駄じゃないの？　といった反応も同様です。

感情を制する者がイノベーションに優る

　イノベーションでは、この厄介ですがパワフルな共感・感情の力を活用する必要があります。共感の力を使うには、自分の思い込みから抜け出す必要があります。

　また私たちは、共感によってドクサを越えることができるともいえます。つまり、顧客や社会の現実に強い共感、場合によっては義憤を覚えたりすることです。それによって事実を再認識することにつながり、実践へのパワーが生まれることにもなるのです。

　次のチェックリストで、あなたの仕事や組織の共感力について考えてみましょう。

共感力チェックリスト

☐　わが社が顧客や社会に役立っているという存在意義を感じていますか？

☐　世界、社会の事象に義憤や疑問を持っていますか？

☐　今あなたが（わが社が）見ている「現実」は現実ですか？

☐　顧客の困りごとについて、どの程度知っていますか？

☐　それはあなたが本当に本当にやりたいことですか？

□ 顧客の感情や情感が製品・サービス・ビジネスに活かされて
いますか？
□ 社員は自分のやりたいことを喜んでやっていますか？
□ 組織の情感・感性がビジネスに活かされていますか？
□ 「美」やアートの力を信じますか？
□ 共感を価値にするプロセスや方法論がありますか？

オープン・イノベーション、ビジネスモデル・イノベーション、破壊的イノベーション、リバース・イノベーション、グラスルーツ・イノベーション、ソーシャル・イノベーションと、多様なイノベーションのコンセプトがありますが、それらの共通項とは何でしょうか。

それは、いずれも顧客や社会の側からのイノベーションだということ。これまでの多くのイノベーションの考え方は、企業から顧客へのサプライサイド（供給側）のロジックに基づくものでした。伝統的な経済学の考え方は供給によって需要が生まれる。だから、「良いモノを作れば売れる」と考えていました。しかし、これがうまく機能しなくなっているのです。

今求められるのは、顧客や社会の側から、本質的な価値を洞察・把握し、新たな関係性を生み出していくことです。それが需要創造論理（ディマンドサイド・ロジック）です。

そこで求められるのが、デザイン思考や知識創造モデルのような、顧客の持つ暗黙知を共有（相互主観性）して、形式知化していくような強い共感力をもとにした知の方法論なのです。

06 意味の意味を考える

この30年間近く、一見矛盾するような2つのメッセージが日本のビジネスで語られてきました。それは「モノづくり」の重要性と「モノ

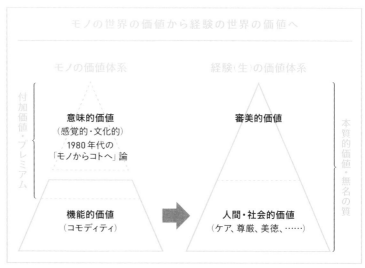

モノの世界の価値から経験の世界の価値へ

モノの価値体系　　　　　　　経験（生）の価値体系

付加価値・プレミアム

意味的価値
（感覚的・文化的）
1980 年代の
「モノからコトへ」論

機能的価値
（コモディティ）

審美的価値

人間・社会的価値
（ケア、尊厳、美徳、……）

本質的価値・無名の質

出所：紺野（2010）p.97。

からコトへ」という言葉でした。両方とも、長い間に解釈も変わったり広がったりしていますが、前者は日本の生産現場での強み、後者はビジネスモデルの変化を叫んでいたように思われます。

　しかし、どちらにせよ、それらは「モノの世界」の思考だったともいえます。翻って現在は、（もちろん技術やモノづくりの重要性は前提としつつも）、人間や社会、環境、経験価値など、人間にとっての価値体系が重要です。

　「意味的価値」といった概念も、それが単にモノの機能価値に付加される、プレミアム的な差異化のための意味づけである限りは、やはり「モノの世界」の価値なのではないでしょうか。

　デザインやデザイン思考、最近ではようやくデザイン経営といった概念も改めて重視されるようになってきましたが、それはモノの世界でのデザインではなく、人間的価値の世界のそれでなければならないのではないかと思われます。

知識社会とデザインの蜜月

　イノベーションにとって、イノベーターやリーダーがどれほど社会や顧客（の深い）変化や欲求を洞察できるかは決定的に重要です。顧客への共感だけでなく、製品やサービスが提供する感情的価値、そしてイノベーターやチーム、組織が持つ感性・テイストといった要素はイノベーションにとって大きな力となります。

　そこで今、デザイン思考が重視されているわけですが、実はそれは今に始まったわけではなく、デザインはこれまでの100年も大きく産業や経営、経済的効果においてに貢献してきました。

　その対象は時代の変化に沿って広がり、変化してきました。ただしその根底にあるのは共感、直観、情緒など、私たち人間の感情の力や作用です。それが時代の要請によって変化してきたのです。デザイン

		社会の変遷とデザイン	
	工業社会 （20世紀初頭） 工業デザイン時代	情報社会 （1960年代〜） 情報デザイン時代	知識社会 （1990年代〜） 知識デザイン時代
産業の変化	製造業の時代 生産管理・工場経営 計画主義 画一性の限界	消費者の時代 マーケティング 戦略経営・競争戦略 供給過剰へ	創造者の時代 イノベーション 需要創造 計画主義の限界
デザイン経営の関心	製品デザイン デザイン部門の登場	企業デザイン デザインマネジメント CI	人間デザイン イノベーションデザイン ビジネスモデルデザイン サービスデザイン
デザインの変化	形態と色のデザイン 広告デザイン バウハウス 前衛芸術 対 産業主義	形態創造のデザイン デザインサービス	経験（コト）デザイン 身体のデザイン 認知のデザイン（AI） デザイン思考

は既存の組合せとは異なるものを視覚化したり、組み替えて新たな関係性を生み出します。

　ただしデザインは、これまでのビジネスの世界では中心にはありませんでした。しかし今、デザインの力は知識社会にあって、経験のデザインや身体のデザインにも広がり、イノベーションを志向する企業にとって不可欠のものとなりました。そして、これまでのビジネス思考自体も変えていこうとしているのです。

08 デザイン思考のプロセスを追っても イノベーションは起きない?

　デザイン思考は顧客理解から概念を生み出しモデル化する一連のプロセスです。「デザイン思考ワークショップ」などで提供されるのは、次のような要素に集約されます。

①観察・洞察（observation）
②アイディア創出（ideation）
③プロトタイピング（prototyping）
④ストーリーテリング（story telling）

　こうしたプロセスに沿って、エスノグラフィーなどの手法を用いて顧客を観察し、ポストイットを用いてアイディア出しをしたり、ラフな模型を使ってそのアイディアを表現する、といった光景が最近多く見られます。

　デザイン思考は、IDEO の CEO ティム・ブラウンいわく、「デザイナーの感性とメソッドを活用する体系的方法で、人々のニーズに適合し、技術的に実現可能でビジネス的にも消費者の価値と市場機会に変換できるものである」。つまりは、デザイナーの思考をデザイナーでない人々が活用できるようにした、というわけですが、では、それは

どんな思考なのでしょうか。

> 「デザイナーは、まずその対象にまつわる何らかのエピソード（挿話）をいくつか直観的に仮説する。それはデザイナーの脳裏に視覚的にすぐさま表現できるものである。続いて、関係する周辺の事物や情報への強い関与、人々との対話によってそのエピソードを修正しつつ、ある一定の「理解」を形成する。デザイナーはその身体、感覚、知性のすべてを使ってユーザーを観察したり、形態の解決を進めようとする。それは言語によっても表現されるが、全体像はやはり視覚的である。全体のプロセスはスムーズなものではなく、デザイナーはしばしば原点にまで立ち戻る。 最終的には物理的な解決に達するが、これは、対象にまつわる諸要素または諸知識をある審美的、伝統的、文化的、社会的システムに沿って、多くは暗黙に組織づける行為である（これらのエピソードやシステムの豊富さは、そのデザイナーの資質、知識、経験に限定される）。これには終わりはなくコミットメントの続く限り創造は続いていく。こういったプロセスを通じて、要素間、組織間の調整、結合、概念の視覚化といったデザイナー能力の効用が生まれてくるのである」

　これは私が、27年前に紹介したものですが、この文章にあるように、デザイナーの日常の思考は絶え間ないアイディアと実践のプロセスです。[04]実際、デザイン思考のプロセスは、従来の知の創造の方法を綜合したものだといえます。たとえば、IDEOなどの「ブレーンストーミングのルール」は、米国の広告マン、アレクサンダー・オズボーンのルールの応用です。

　ただし、そのプロセスの前提には、組織のデザインマインドが不可欠です。そうでなければ、通常の創造手法でしかありません。また、ただ観察を行い、ポストイットでアイディアをまとめ、プロトタイピ

ングを行ったところで、それは、そのような「作業」を手順に沿って行ったにしかすぎないのです。では、何が起きていれば望むべきデザイン思考だといえるのでしょうか。

09 デザイン思考のプロセスは知識創造

　実は、デザイン思考の背後にあるのは、「暗黙知と形式知の相互転換」という、知識創造プロセスだといえるのです。このモデルは野中郁次郎氏によって概念化され、世界的に知られるイノベーションプロセスの基本型となっています。SECIモデルとも呼ばれる4つのモードから構成されていますが、これはデザイン思考のプロセスと対応していることがわかります。

　①観察＝共同化（顧客現場での暗黙知の獲得）
　②アイディア創出＝表出化（対話による概念の抽出、暗黙知から形式知への変換）
　　　　③プロトタイピング＝連結化（伝達可能な形式知の創出）
　　　　④ストーリーテリング＝内面化（顧客現場や組織成員の深い理解の形成）

野中郁次郎は、知識創造理論に基づくSECIモデルを概念化した日本を代表する経営学者。その思想は既存の経営学の枠組みにとどまらない知識学派を形成

　では、なぜあえて知識創造のプロセスに加えてデザイン思考が重要なのでしょうか？
それはデザイン思考が人間と場所とモノが混在する世界での、知識創造の実践にとって有効な方法だからです。身体や共感力を駆使し、世界（現場）の直観から洞察（insight）、概念（concept）、模造（prototype）などを創出

知識創造としてのデザイン思考プロセス

共同化(Socialization)

暗黙知

観察・洞察
(observation)
顧客・市場の隠れたニーズ、痛みの共感、観察による洞察、暗黙知の獲得

表出化(Externalization)

暗黙知

アイディエーション
(ideation)
隠れたニーズや意味を対話などにより、アイディアとして明示化(発見)する

ストーリーテリング
(story-telling)
新たな知識を実験、シミュレーションによって経験化・身体化させ、新たな文脈を生み出す

プロトタイピング
(prototyping)
発見された概念・コトを軸に、新たな関係性、モデルを生み出す(新結合)

形式知

内面化(Internalization)

形式知

連結化(Combination)

することで、現実を変化させる五感をフルに使った協業の方法として、知識創造プロセス(理論)を実践するのに有効だからだといえます。

10 強い共感から生まれるものをつかめ

いうまでもなく、単にデザイン思考のプロセスをマニュアル的に追っても、創造的な思考、新奇性が生まれるわけではありません。デザイン思考が有効性を発揮するのは、問題解決的なプロセスもさることながら、それを超えた創造性にあります。

その源泉は、強い共感にあるのです。ドクサの罠にはまることなく、思い込みを排して、共感し、そして新たな発想、着眼点・観点を得ることが何より重要です。

　特定業界内での経済的優位性の構築にルーツを持つ競争戦略的な思考からは、社会のために何らかのインパクトを生み出す、といった発想は出てきにくいのではと思います。その背後には目的に支えられたビジネスマインドが必要になります。

強い共感がなければ、デザイン思考なども
単なる日常の気づきしか得られず、有意義な発見につながらない

　次の写真は、医療機器メーカーのテルモが開発したインスリン用注射針「ナノパス33」です。

　筆者は、2004年から10年弱ほどグッドデザイン賞の審査員をしていました。その最初の頃、10年ほど前にこの製品が大賞を取りました。なぜこんなものが生まれたのでしょうか。

　糖尿病（特にインスリン分泌ができないⅠ型）の子どもたちは1日に何度も注射をしなければなりません。大人用の針では大変な肉体的精神的苦痛がある。その解消のためでした。

　しかし、ここでモノのデザインが生まれたのではないですよね？
苦痛体験をなくすという状況の変化が生み出されたのです。まさにコトのデザインです。

　このような考え方は経験デザイン（エクスペリエンス・デザイン）とも呼ばれます。たとえば、ユーザーがスマートフォンからストレスなくスムーズにショッピングできるプロセスや、患者にとってストレスのない治療経験など、製品やサービスを利用する過程や、そこで価値を感じる経験の流れ、すなわち「コト」や状況をデザインすることです。

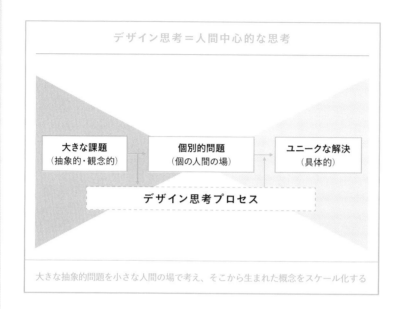

デザイン思考＝人間中心的な思考

| 大きな課題 | 個別的問題 | ユニークな解決 |
| (抽象的・観念的) | (個の人間の場) | (具体的) |

デザイン思考プロセス

大きな抽象的問題を小さな人間の場で考え、そこから生まれた概念をスケール化する

　医療分野では他に、オランダのフィリップス社がMRI装置での検査を怖がる子ども（安静に検査できなくなる）に対して、検査室や装置をテーマパーク風にして、スキャンの体験を楽しいものにする、といった試みがなされています。

　「コト」や状況をデザインする際にも、もちろん、モノの品質、技術は問われます。ギリシャ語で「技術・技巧・芸術」を表すテクネ（techne）という概念を明らかにしたアリストテレスによれば、モノを作る技術（テクネ）はそれ自身として目的を持ちません。そこで、いかに技術を用いるかを示して（橋渡しして）くれるのが、本来のデザインというわけです。

　そんな大きな抽象的課題をいったん人間の個別的レベルに据えて考え、そこから新たな解決を探るというアプローチでもあります。

　こういったデザインの思考を経営に、とりわけ、新たなテクノロジーにかかわるイノベーションに生かそうということで、デザイン思考のような概念が生まれてきたといえるのです。

少し前まで、デザイン思考というとエスノグラフィーのことですか？　という質問がよく出ました。答えは、イエス＆ノーです。

エスノグラフィーとは文化人類学など社会学の領域で用いられる観察技法です。伝統的なデザイン教育には含まれていませんでした。これが顧客や社会への共感力を増すためのツールとしてデザインの世界に持ち込まれ、デザイン思考の重要な一部を形成するようになったのです。

したがって、エスノグラフィーは共感の方法として重要なのです。世界的デザイン・コンサルティング会社IDEOのCEOティム・ブラウンによると、同社創業者のビル・モグリッジ（1943-2012）がデザインの中枢にコラボレーションを据えたそうです。パワフルな個人デザイナーのアイディアが古臭くなっていると気づいたモグリッジは、心理学者やエスノグラファー、コンピュータ科学者などをデザインの現場に持ち込んだのです。

このような複数の専門分野にまたがるアプローチが、シリコンバレーで生まれた複雑な技術ベースのデザイン問題に対処できる唯一の方法だと悟ったからでした。

実はデザイン思考は、ただワークショップで学ぶようなツールなどではなく、人間と技術、ビジネスの関係を生み出す方法論です。ダグラス・エンゲルバートのマン・マシン・インターフェース（人間と機械の情報伝達の媒介）の実験からゼロックスPARCのユビ

ビル・モグリッジは、英国のインダストリアル・デザイナーでIDEO社の設立者。スタンフォード大学d.school創設にもかかわり、クーパー・ヒューイット国立デザインミュージアムの館長を務めた。インタラクション・デザインを構想したほか、ノートパソコンの原型をデザインしたことでも知られ、後にデザイン思考と呼ばれる方法論を生み出した

キタス・コンピューティング（さまざまなデバイスが接続されるコンピュータ環境、現在のIoTの先駆的アイディア）に至る「哲学」のようなものなのです。モグリッジの著作『インタラクションをデザインする方法論』は、このようなデザイン思考の歴史において重要な文献です。[05]

　筆者にもデザイン系の大学から講義の依頼が来ることがあります。実は、デザイン思考は伝統的なデザイン教育機関にはなかったプログラムだといえます。おそらく、それは日本企業の開発現場の観察からヒントを得たグループ作業（ワークショップ）と、文化人類学の分野から導入したエスノグラフィーに、IT分野から生まれた新たなテクノロジーの要請、そこにバウハウス以来のデザインのシステム的なアプローチが加わって生まれてきたものだと考えられます。

12 コンパッション・思いやる心

　共感について今一度考えてみましょう。共感はコンパッション、つまり、人を思いやる同情心とイノベーションはつながっています。イノベーションとは、人々を幸福にするためのものではないでしょうか？　しかし、単に幸福を直接求めてもそれは得られません。どんな関係で、どんな手段で、と考える、その出発点が共感です。

　企業がデザイン思考を用いる感覚は、従来の分析的な戦略ツールや思考法とは大きく異なるものです。P&G、アップル、グーグルなど、顧客の隠れたニーズを発見するために用いられてきたデザイン思考の本質は、複雑な社会的課題に取り組むためのアプローチといってもよいでしょう。

　それは、共感を通じて、対象としている消費者や顧客だけでなく、その周囲や背後でつながる社会の課題や意識を把握することでもあるからです。つまり、顧客ニーズを満たすだけでなく、社会的なインパ

「女性の肖像」（1654）
17世紀フランドル（ベルギー）の画家、ミヒエル・スウィアートは日本では無名だが、きわめて社会的感受性の豊かな表現で注目され始めている。この作品はその独特な生き生きとした人間性を捉えている

クトをもたらすもの。それがデザイン思考やその起点である共感なのです。

　また、インパクトを生み出すうえで、共感の力は、ロジック的な思考やプロセスに比べて速度が「速い」のも特徴です。優れた人物を見出すのにデータやロジック、定量的評価を行っていたら、ずいぶんと時間がかかるでしょう。

　しかし、その人を見てパッとわかるのは一瞬の出来事です。間違っているかもしれません。しかし、ビッグデータやAIで見れば間違わないのでしょうか？

　おそらく両者が大事でしょう。何より共感アプローチは、心が引っ張ってくれるので、直観的に理解し、かつ実践のエネルギーを生み出し、行動に移るのも早いのです。

　共感に基づく顧客理解は、製品やサービスについての機能的なニーズの理解にとどまらない、人間としての本質的な理解につながりやすい。だから、共感が社会的インパクトとして広がっていくのです。

13　マインドフルネスと共感脳

　マインドフルネスとは心理学用語で、対象となるものに積極的に注意を向けている心理状態を指します。たとえばマインドフルネス瞑想というと、「自分の思考、感情、行動、身体反応に対し、判断を交えずに、集中的に注意を向ける瞑想」ということになります。

　この状態は、共感が十分に働いている状態に等しいといえます。そ

れは常に新たな物事に気づくプロセスとも考えられています。なぜなら、「今、ここ」の瞬間の状況や現状に対する感受性が高まるからです。もちろん、こうしたエクササイズは身体的に活性化し、脳への血流を良くするという効用が下敷きにあることはいうまでもありません。

『ハーバード・ビジネス・レビュー』などのビジネス誌も、マインドフルネスには関心を示し、その功罪について紹介しています。それらの記事によると、マインドフルネス瞑想のようなプログラムは、周囲の環境への感受性を高め、創造性に寄与しやすくする、といった報告も出されています。

以上のような感情的な脳と論理的な脳といった議論は、これまでもずっとなされてきましたが、私たちの仕事や学業のパフォーマンスに与える影響は、IQテストの結果（認知的能力）による資質よりも感情的知性、いわゆるEQによって示される資質や、感情に関わる性格的要素（開放性、誠実性、外向性、調和性、神経症傾向）、つまり非認知的スキルのほうが大きい、ということがわかってきました。特に成績・パフォーマンスに与える影響が大きいのは開放性、誠実性などといわれています。

こういった感情的知性、あるいは共感の根底には、私たちの脳のあり方がかかわっています。つまり、これらのエクササイズは共感力を高める効果があるというわけです。

脳には他人がしていることを見て、わがことのように感じる共感能力が備わっていると考えられています。それがミラーニューロン（鏡細胞）で最近のニューロサイエンス（脳神経科学）の研究でその関与が実証されているのです。

私たちは他者のある動作を見ていると、自然と自分もその動作をしているかのように感じ、実際にそうするときもあります。こういった作用を持つ神経細胞がミラーニューロンです。他者の模倣を通じて共感するのです。

ミラーニューロンは常に働いていて、感情的知性が高いということ

「エンブレイス」（新生児用寝袋型携帯保育器）はスタンフォード大学の学際プログラム「デザイン・フォー・エクストリーム・アフォーダビリティ」（どんな低所得の人でも購入できる製品やサービスのビジネスデザイン）から生まれたスタートアップです。[06]

ジェーン・チェン、ライナス・リャン、ラウール・パニッカー、ナガナンド・ムルティの4人の学生は、途上国における低出生体重児の問題を知り、超廉価の保育器を一刻も早く開発する必要があると感じました。

WHO（世界保健機関）によれば、開発途上国では、毎年1900万〜2000万人の「低出生体重児」（生まれたときの体重が2500グラム未満の赤ちゃん）や未熟児が生まれ、約400万人が生後1カ月足らずで死亡しているというのです。

そこで彼らはネパールに視察に行き、現地での隠れたニーズを確認することになります。現地では大型の保育器のある都市の病院へのアクセスができない、電気もない地方の村で、十分な保護ができないまま乳児が死亡してしまう現実を見ました。

たとえば、「何時間か電気を使わずに、生まれたばかりの赤ちゃんを暖かく守るにはどうしたらよいか？」。そこで、彼らがたどり着いたのが、新生児用寝袋型携帯保育器でした。NPOを設立し、資金的援助を得て毎日のようにプロトタイピングを繰り返すことにしました。最初のプロトタイプは「温水ヒーター付き三折り式新生児用寝袋」、重さは1.6キログラム、最長4時間の保温が可能、というものでした。

その後、彼らはスタンフォード大学主宰の起業家コンペをはじめ、さまざまな賞を獲得、その後「エンブレイス」（「愛情を持って抱きしめる」という意味）というNPOへと発展していきます。

世界中の社会起業家たちの注目を集め、2010年、グローバル企業のGEヘルスケア（同社は新生児用保育器のメーカーでもある）との提携などを経て展開され、これまでに22カ国、少なくとも30万人の赤ちゃんの命を救ったのです。[07]

感情や体の動きと脳からのフィードバック

は、私たちがミラーニューロンによって生み出された感覚について自
覚している、ということだといわれているのです。

14

誰のために、を問うビジネスモデル

　よく知られているように、シュンペーターは5つのイノベーション
のタイプを打ち出しました。

- 新製品や新しい性質の商品
- 新市場の開拓
- 新しい組織の実現
- 原料または半製品の新しい供給源
- 新しい生産方法

　現在、イノベーションの概念は、まさに百花繚乱です。さらに、
20世紀のイノベーションと21世紀のイノベーションは、どうも質的

にも異なるものとして理解されていると思います。

　戦略論の「グル」の1人であるヘンリー・ミンツバーグは、現代の戦略の状況を著書『戦略サファリ』でまさに百花繚乱の状態として描きました。そして、どれか1つの学派に与することなく、自社の状況に応じて戦略のパターンを自在に当てはめて創発させるべきだと主張しました。

　今、同じことがイノベーションにもいえるのではないでしょうか。イノベーションとは何か？　については諸説あります。その知識をただ詰め込んだだけでは、イノベーションを起こすことはできません。言葉や学説や概念にも、その時々の流行があります。いかに自在にこれらを活用するかが問われるのです。そのために、以下でイノベーションをめぐる現在の諸説をざっとおさらいしておきましょう。

　イノベーションの「古典的」な概念に対して、反作用的に新世代のイノベーションの概念が生まれています（たとえば、オープン・イノベーションは閉鎖的なイノベーションへの、破壊的イノベーションは過剰な製品イノベーションや改善型イノベーションへの批判や転換から生まれてきています）。

　私たちは少なくとも3つのイノベーションについて意識しておかなければなりません。古典である製品イノベーション、プロセスおよび組織イノベーション、そして拡張された概念としてのビジネスモデル・イノベーションです。

　21世紀に入り、世界各地で注目されているのがビジネスモデル・イノベーションです。モノづくり型のビジネスに代わって大きく注目されてきました。

　ビジネスモデルとは、特定の顧客セグメントに対する価値提供の仕組みであり、いかに価値を提供するかといった側面と、それを支える内部資源やパートナーとの関係構築の両面からなります。

　今までもビジネスモデルブームがありました。日本でも1990年代後半から2000年頃に、ビジネスモデル特許などのブームがありまし

たが、根づきませんでした。自社中心でのモノ、情報、カネの流れの図解にとどまっていたのです。

　現在のビジネスモデル思考は、これと質的に違う、いわば第2世代といえます。特徴は顧客価値を中心に置くこと、顧客やパートナーとの関係性の創出、およびカギとなる能力やノウハウなど、社内外の知識資産の活用、要素間のシステマティックな関係やデザインの対象としてのビジネスモデルに焦点を当てていることです。

　その最初の兆候はアップルでした。2001年に登場した音楽プレイヤーiPodは、2003年のiTunes Storeの導入で、従来のハード売り中心に対して、音楽プレイヤー（ソフト）、音楽販売（ダウンロードサービス）を関連づけて提供するビジネスモデルを生み出しました。

　これがその後iPhoneのビジネスモデルなどにつながっていきました。ユーザーにとっての「音楽経験」価値を軸にして、音楽業界とのパートナーシップを構築し、最終的に収益性の高いハードを購入させる仕組みを確立したのです。

　ビジネスモデル・イノベーションは、単に過去のビジネスモデルに学んだり、論理分析的に積み上げるのでなく、日々変わる顧客やパートナーとの関係性を試行錯誤しながら「デザイン」することで生まれます。そこで用いられるのが、ビジネスモデル・キャンバスなどのツールです。

このアート作品は、実はフォルクスワーゲンの「ビートル」を構成している素材をそのボリュームごとに再構成（リフレーム）したもの。新たな組合せの視点が要求されている（Studio Drift: Coded Natureより）

15

ビジネスモデル・キャンバス
──ビジネスモデルをデザインする

「ビジネスモデルのイノベーションが世界の企業の関心を集めている。新製品開発や業務革新といったイノベーションは競争上不可避だが、それだけでは利益を生まなくなっているからだ。特にモノづくりを強みとして標榜しつつも苦戦中の日本企業には、顧客価値提供のあり方自体を変えるビジネスモデルの革新は決定的に重要だ」。[08]

　ここで、今やよく知られた「ビジネスモデル・キャンバス」について説明しておきます。筆者はたまたまビジネスモデル・キャンバスを日本に導入する際に新たなプログラムを提供するなど、その機会にめぐり逢いました。なぜそれが重要だったかを振り返ってみます。

　ビジネスモデルを生み出そうとする企業は、これまで暗中模索してきました。ビジネスモデルは戦略論、組織論、マーケティング、財務など多岐にわたる経営の知の協業を求めるからです。

　そこで、さまざまな解釈と不十分なツールが混在していたのです。そうした問題をいかに乗り越えるかを追究したのがビジネスモデル・キャンバスです。

　スイスのローザンヌ大学教授、イヴ・ピニュールと弟子であるアレックス・オスターワルダーたちが開発しました。これが大変よくできており、世界的にも使用されて、まさに「標準化」しています。

　このキャンバスは、それぞれのブロックに必要な要素やアイディアを描き、かつブロック間の関係からどのように価値が実現され、収益に結びつくかの「ロジック」を考えていくためのものです。

ビジネスモデル・キャンバス

KP パートナー	KA 主要活動	VP 価値提案	CR 顧客関係	CS 顧客 セグメント
	KR リソース		CH チャネル	
C$ コスト構造		R$ 収益の流れ		

出所：Strategyzer.

　中核にあるのは、顧客セグメントに対応する顧客価値です。そして、顧客に価値を届けるための関係とチャネルを考えます（これらはビジネスの「表舞台」です）。そして、それを裏から支える活動、資源、そして（自社だけで行うのでなく）カギとなるパートナーを考えるのです。

　すると、それぞれに収益源、コスト要素が明らかになるので、そのバランスを見ながら持続的で発展的で収益性の高い各ブロックの関係性をデザインしていくのです。

　「キャンバス」というネーミングのとおり、空欄を埋めることがねらいでなく、白いキャンバスを前にして議論していくことが重要です。そして、それを何度も繰り返していく（プロトタイピングする）のです。

　ビジネスモデル・キャンバスは9つのブロックからなっています。このキャンバスで既存の自社や他社のビジネスモデルの肝を素早く容易に理解することができるでしょう。

　しかし、キャンバスの真骨頂は、その「キャンバス」という白紙の状態から新たなビジネスモデルをさまざまに描くところにあります。

　9つのブロックを単に穴埋めしても意味がありません。それらがどのように関連するのか、そこにどのように自社やパートナーの資産が活用されるのかを把握、想定しながら「デザイン」していく必要があります。

　デザインというのは、これらのブロックの関係を単に論理分析的につなげるのでなく、生きた顧客にとっての本質的提供価値を現実の中で関係づけていく必要があるのです。

　つまり、ビジネスモデルは共感に基づいていて、「生きている」のです。そうした「生気」がなければ、フランケンシュタインの怪物と同様、ダイナミズムを持ったビジネスにはなりません。

　そこで筆者の経験の範囲ですが、いくつかのポイント（9つのルール）を挙げておきます。

　①自分の持てる知識資産を棚卸しする（人的資産、自社の技術やノ
　　ウハウなどの資産、パートナーとの関係性資産など）
　②顧客セグメントを大雑把にしない（提供する顧客価値を本当に享
　　受する「第一の顧客、ユーザー」は誰なのか？　決して「消費
　　者」や「市民」などとしないこと、顧客価値キャンバスを使うこ
　　と）
　③そのうえで「リフレーミング」を試みる（まさに白いキャンバス
　　の上で多様な視点で議論する）

多彩なビジネスモデル

　実は、1枚の平面であるキャンバスには、多層的なレイヤーが隠れていると考えることができます（アマゾン・ドットコムの例）。

①顧客との関係性や顧客の経験の「価値」のレイヤー
②サービス（コトとモノ）提供、財務的（カネ）な関係性のレイヤー
③ビジネスやこれらの関係性を支える能力・資産・資源のレイヤー（エコシステム）

　キャンバスは②に焦点が置かれています。後述する顧客価値マップは①のレイヤーです。下図は上から③→②→①で図示しています。

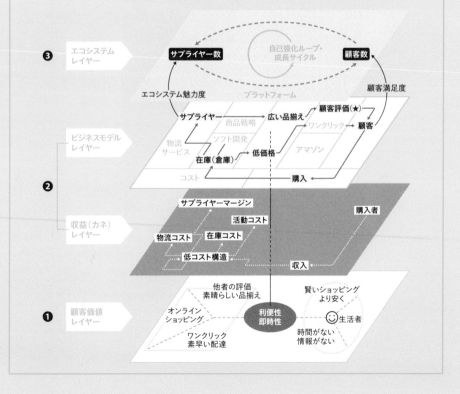

④お一人様の作業にしない（グループやチームでの対話、現場での
フィールドワークとともに、キャンバスを共通言語のツールにし
ながらデザインする）

⑤1つのビジネスモデルに固執せず、さまざまなアイディアを描き
出す

⑥9つのブロックの間の因果関係、ダイナミクスを洞察、発見する
（これをアマゾンにならって「自己強化ループ」などとも呼ぶ。
また、いろいろなパターンを異業種他社から学ぶことができる）

⑦1つのブロックにいろいろな要素を書き込まない（シンプルなダ
イナミクスの重視）

⑧キャンバスだけを説明しない。説明するときには物語りで説明し
たり、参考となるプロトタイプを使って説明する（初めてキャン
バスを見る人には何が何だかわからない）

⑨ビジネスモデル・キャンバスに描かれたアイディアは仮説でしか
ない。だから、どのような検証や評価をするかを常に念頭に置く
こと

17 共感力のためのツール

　顧客価値を把握して具体的に形式知化するために有用なツールが、
オスターワルダーとピニュールの作成した「顧客価値キャンバス」で
す。顧客の求める価値と提供すべきものやことをマッチングさせるた
めのマップです。

　カギになるのは、コンサルタントのトニー・アルウィックやクリス
テンセンが提唱する「やらねばならない仕事」（Jobs to be done）です。
これは「結果（アウトカム）主導のイノベーション」の考え方で、顧
客を伝統的なマーケティングの、属性やライフスタイルなどによるセ
グメンテーションやペルソナで理解するのでなく、ある状況に置かれ

出所：Strategyzer.

たときに顧客が「すべきこと」や「なしたいこと」に焦点を当てるものです。

　マーケティング界の重鎮、セオドア・レビット教授の名言「顧客が電動ドリルを買うのは、ドリルが欲しいのでなく、4分の1インチの穴をあけたいからだ」と同じく、モノやサービスを売るのでなく、顧客のなすべきことに焦点を当てるのです。

　そして、それにまつわる期待や障壁を知ったうえで、価値のデザインを行い、さらにそれをビジネスモデルによって具現化していくという考え方なのです。

　顧客プロファイル（上図右）は顧客をより明確に理解するためのもの——なすべきこと、得るもの（期待）、痛み（障壁）を知ること。顧客価値マップ（バリューマップ）（上図左）は、既存の製品・サービスを通じて顧客のためにどう価値を創造するかを描くものです。その2つをフィットさせるための作業をこのキャンバスを使って行います。

　ここで忘れてはならないのは、この作業自体が共感に基づいて行われなければならないということです。そうでなければ単なる分析的な作業に陥ってしまいます。感情的な資質が非常に大事になるのです。

18　デザインの経済的効用に目を向けよ

　ここでビジネスモデルや顧客価値を生み出すデザイン（デザイン思考）と、実際のモノやビジュアルを制作するときのデザインの関係について改めて考えてみましょう。

　デザイン思考が新たなモノづくりの方法だと考えるのは、違うと思います。一方、イノベーションにおいてデザイン思考が重要であるとしても、モノや視覚的要素が不要かといえば、むしろその逆で、モノやビジュアルのデザインの持つ力は、依然として重要な要素であり続けています。審美性を持たないビジネスが、人々をひきつけることはありません。

　人々をひきつけられないのであれば、イノベーションを起こすこと

などできません。アップルも優れたエコシステム、ビジネスモデルが成功要因でしたが、その製品や情報デザインの力がなければ、妄想に終わったでしょう。

　デザイン思考など開発段階における「隠れたデザインの経済的効用」に加えて、生み出されたデザイン（人工物）がもたらす経済的効果は大きく、また、非常に幅広いといえます。

　市場や顧客に対して商品の魅力を伝え、売上の拡大に貢献する審美的効果は、その1つにすぎないのです。それは、企業イメージやブランド、コーポレートアイデンティティといった、モノ自体を超えた企業の社会的イメージの創出につながります。

　また、職場環境や組織に対してデザインを活用することで、組織のモチベーションが高まり、創造的な活動を喚起することも心理的効果として挙げられるでしょう。

　このようにデザインされたモノやコトが社会や組織、1人1人の個人に働きかけることで生まれる経済的効果は、非常に大きいのです。

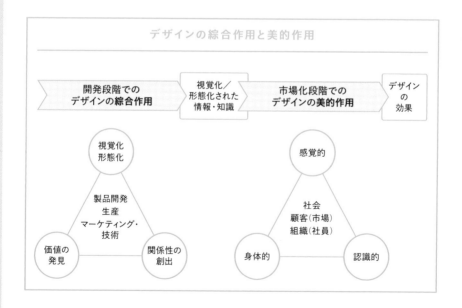

デザインの綜合作用と美的作用

開発段階での
デザインの綜合作用

視覚化／
形態化された
情報・知識

市場化段階での
デザインの美的作用

デザイン
の
効果

視覚化
形態化

製品開発
生産
マーケティング・
技術

価値の
発見

関係性の
創出

感覚的

社会
顧客（市場）
組織（社員）

身体的

認識的

19

生きたアイディアを生み出すアート

　共感は、アイディアやコンセプトに「命」を与え、その「魂」となる要素です。それは直観や創造性あるいは感情的な知性と呼べるものでしょう。実は、これはデザインの世界だけでなく、新たな科学的理論やアイディアの発見にも同様に重要なのです。古代ギリシャの数学者、アルキメデスが金の純度を測る方法を発見し、「ユーレカ！」といって叫んだときのように。

　しかし、その創造性を引き出すには「道具」が必要です。こうした創造的な思考法の1つがアナロジー（類推）です。真偽は定かでありませんが、アルキメデスも自分が風呂で体感したことの類推から、同じ重さでも体積の異なる王冠（金、銀、それらの混合）を比較して偽物を見破ったのです。

　これを、日本を代表する科学史家の伊東俊太郎氏は、発想の「ク

ノーモン構造」と呼んでいます。

　グノーモン（gnomon）とは、「方形から１角を
除いたＬ字形の図形」です。似た形をした古代
の測定器具（かねざし）に由来するもので、ギリ
シャの数学者たちが好んだ図形です。典型は日時
計とその影です。影を通じて見えない時を知るの
です。

　グノーモンはギリシャ語で「ノーモン＝事実を
知る、観測する」という意味で、人間の認識にお
いて人間がモノを見るだけでなく、見えないもの
を見る、という類推に使われるようです。

　伊東氏は、グノーモン発想は湯川秀樹博士の中
間子論の発見時の思考だといいます。電気的に
ニュートラルな中性子とポジティブな陽子は結びつきが弱く、容易に
は結びつかない。そこで、湯川博士はハイゼンベルクらの「場の量子
論」（光量子）のアナロジーを用いた、というのです。それは、「光量
子が、陽子と電子を結びつける」のと同じように、「中間子が陽子と
中性子の間の力となる」というアナロジーでした。

　グノーモンは、論理分析的でない、直観を用いる方法として、私た
ちの創造的な感情を引き出す思考法だともいえるのです。いわば感覚
や感情の知性でモノを見ることです。分析的ロジックではありませ
ん。

　想像（イマジネーション）や直観の世界で、これまで結びつかな
かった要素を綜合するアナロジーは、科学史的に見れば、ダーウィン
の進化論、ド・ブロイの波動力学はじめ、すべてといってもよいほ
ど、科学的発見とはこれなのだといいます。このアナロジーをＬ字型
のフレームに見立てたのがグノーモンなのです。

> 新しい理論の創造はアナロジー、類推から生まれることが多

い。三段論法的な演繹からは生まれない。論理では発見はできないわけだ。発見的思考法にはアナロジーが大切で、私は発想の「グノーモン構造」と呼んでいる。

伊東俊太郎 [09]

　一例を挙げましょう。今、シェアサービスのビジネスモデルを考えているとしましょう。Uberなどのサービスがすでにありますが、これとは違ったアイディアはないか？

　そこで、L字型を描きましょう。

　縦軸（aとb）がアナロジーの対象とする「別の世界」の事象です。たとえば、宿泊サービスで考えましょう。（a）がホテル業界、（b）がAirbnbのような宿泊マッチングサービスだとしましょう。

　では、いまa'が腕時計やドレスだとすれば、aに対するbの関係のような、たとえば、Airbnbのように、ユーザーとオーナーが直接つながるサービス（b'）がありえるでしょうか。

　たとえば、自分の持っている、しかし、使っていない腕時計やドレスを、そのブランドのファンに貸し出すサービスはありえるでしょうか？　これまでの常識では考えにくいでしょう。では、Airbnbなどが最初に登場したときには、一般常識からはどう見られていたでしょうか？　したがって、ここからメルカリのようなアイディアが出てくる、という思考過程を示しています。

　これはあくまで一例ですが、既存の常識を抜け出して、別の世界からのアナロジー（あるいはメタファーや寓話［アレゴリー］なども含めて）を用いることは、創造的思考の基本だといえます。

　グノーモンはまた、L字型の連鎖で数が増えていく図式でも表されることがあります。

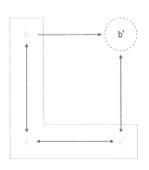

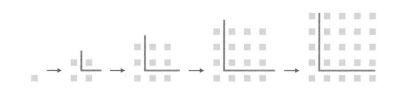

グノーモンは増殖のための思考でもある

　L字型の内側の見えない部分を埋めるように、また前の図がそうであるように、次の図も増えていく。こういった思考のプロセスは弁証法的でもありますし、アイディアを展開していく際の私たちの思考のパターンともいえるものでしょう。

　これは、いま見えないところに新たな関係性を見出していく、デザイン思考の根底にあるパターン思考でもあると思われるのです。

20 デザイン資源を活用する経営

　イノベーションにおいて有効にデザインを活用するには、企業活動の中にデザインマネジメント（デザイン経営、より具体的にはデザイン資源の経営やデザインマインド）が位置づけられていなければなりません。

　本来はデザイン思考も、デザインマネジメントの一部だといえます。したがって、具体的にデザイン思考を普及・活用する組織機能が必要です。そうでなければ単なる流行に終わってしまうでしょう。

　1980年代にデザインマネジメントの旗を掲げた英国では、大企業も含めてかなりフォーマルな形でデザインマネジメントの組織体制を

創り上げてきました。これは政策的な成果だと思います。

　英国は1980年代まで「英国病」と呼ばれ、創造性とはおよそ結び
つかないような国でした。そして、産業革命において世界の中核を
担っていた英国の製造業は完全に衰退した、と評されていました。そ
れがサッチャー政権時代から、継続的にデザイン分野など創造的産業
分野への投資を行うようになりました。

　そして1980年代後半から、イメージを変えていったのです。現在、
多くの分野で英国人デザイナーが活躍していることも、その成果の1
つだといえます。「世界の工場から世界のデザイン工房へ」という言
葉でしばしば語られています。

　デザインマネジメントを行う企業では、デザイン、ブランド、品質
のすべてにおいて顧客中心、ユーザー優先の技術開発が当然となって
います。企業ブランドのツールとしてデザインを位置づけるほか、外
部のデザインコンサルタントを常に使う、デザインに関するミーティ
ングは役員レベルで行われるなど、デザインを資源として活用する風
土がデザイン思考をイノベーションとより深く結びつけてきました。

　たとえば、ロンドン交通局（ロンドン地下鉄）などの公共性の高い

企業でもデザインマネジメントは重要な役割を担っています。

　ただし、通常の戦略経営などと異なり、また、デザインそのものが
そうであるように、答えは複数、無数で文脈に依存します。デザイン
マネジメントも、本来は教科書的に頭に詰め込むものではありませ
ん。しかし、枠組みを持って、何をマネジメントの対象とするかを明
らかにすることには意味があります。

　英国でも当初からデザインの役割としての製品、企業、組織の「コ
ネクション」（横断的連結）が意識され、下記の意図でデザインマネ
ジメントが体系的に行われるようになりました。

- 製品デザイン（技術、マーケティングとのコネクション）
- 企業のブランディング（経営戦略とイメージの統合）
- イノベーションを生み出す（技術、サービス、ビジネスの）組織
  横断の触媒、組織活性化や外部とのコネクション

　以下に掲げる3つの要素が、デザインマネジメントの共通の要件と
して観察されます。

- デザインポリシー……デザインマネジメントに関する企業として
  の方針や政策。デザインポリシーはいわば、トップレベルにま
  でデザインの「地位」を引き上げるための宣言でもあります。ま
  た、職務規程も同じくデザインディレクターの地位、たとえば
  トップへの提言が実施される保証などとして重要です。
- デザインマネジメント組織およびディレクター……デザインマネ
  ジメントを実行するための具体的な組織、および統括責任者。つ
  まり、デザイン資源のマネジャーや担当者そして評価・運営のた
  めの仕組み。
- デザインマネジメント・システム……デザインポリシーや組織的
  な位置づけを受け、デザインプロジェクトを具体化していくた

デザインマネジメント戦略／実践の要件

ミッション・戦略との整合

- デザインポリシー
- 実践ガイドライン
- デザインマネジメント組織政策
- デザイン・リーダーシップ

（価値の）場のデザインマネジメント　　　知識（能力）のデザインマネジメント
（焦点となるデザインの領域あるいは対象）

- プロダクト／サービス・プラットフォー　　　● 能力開発・知識ベース
  ム　　　　　　　　　　　　　　　　　● ワークスタイル、ワークプレイス
- カスタマー・コンタクト　　　　　　　　● タレントマネジメント（リクルーティン
- ブランド　　　　　　　　　　　　　　　　グ～評価、報酬）

出所：紺野（1992）p.162などより作成。

めの社内構造、プロジェクト開発体制、サポートシステム、優秀なデザイナー体制（製造部門を持つ企業であれば自社のデザイナー、そうでなければ外部のネットワーク）などがデザインマネジメント・システムです。さまざまなデザインマニュアル、ガイドライン、教育用ツール、デザイナーのネットワーク、そして具体的デザイン開発プログラムなども含むものです。

　これらのデザインマネジメントを率いるのが、チーフ・デザイン・オフィサーをはじめとするデザインディレクターです。ちなみに、これまで世界で活躍してきた特筆すべきデザインディレクターとしては、以下の人物がよく知られています。

- アップル：ジョナサン・アイブ（チーフ・デザインオフィサー）
- SAP：サム・イェン（ユーザーエクスペリエンス＆デザイン部門

長）
- アレッシィ：アルベルト・アレッシィ（プレジデント）
- フィリップス：ステファノ・マルツァーノ（フィリップスデザインCEO）
- ペプシコ：マウロ・ポルチーニ（チーフ・デザインオフィサー）
- キアモーターズ：ペーター・シュライヤー（チーフ・デザインオフィサー）
- ブリティッシュ・レールウェイ：ジェーン・プリーストマン（建築、デザイン、環境ディレクター）

21 デザイン思考は世界を変えたのか？

　デザイン思考を採用する企業が増えていて、ブームや流行ともいわれる昨今ですが、前述のとおりデザイン思考は知識創造モデルの実践であり、優れた知識創造プロセスの具現化の手法だといえます。また、デザイン思考を単にツール的に回してもダメで、それを支える組織文化の変革や個々人の意識のあり方が重要なのはいうまでもありません。

　とはいえ、デザイン思考は万能ではありません。特にイノベーションということを考えたとき、デザイン思考に加えて不可欠なのは目的思考（目的工学）、そして、それを遂行するチームです。イノベーションは目的を持った個や組織など、社会の草の根の力から生まれるからです。

　具体的にはプロジェクトチーム、創業期のスタートアップ組織、共通の目的を持ったコミュニティなど、これらの場から生み出される構想こそがイノベーションの起点となります。もちろん彼らの中に、従来のデザイナーの枠を越えてデザイン思考のプロセスを回せるデザイナーや、プロデューサー的な人材がいて、さらにこのチームを支える

トップマネジメントやスポンサーがいることが求められます。

　iPodはデザイン思考から生まれた、といった記述をどこかで読んだことがありますが、これはおそらく正しくないでしょう。

　アップルのデザイナーはあるところで、iPodのデザインについて、一般に流布されているようなユーザーの深いニーズを掘り起こすようなアプローチはまったくとられていない、と述べたといいます。　また、世界的に有名なデザイン・コンサルティング企業IDEOも、これにはかかわっていないのです。アップルのデザインマネジメントは終始一貫したインハウス・デザイン・オフィス（社内デザイン部門）の仕事であるといえます。[10]

　そのiPodをアップルで開発したのは、トニー・ファデル（ネスト創業者）という技術者ですが、iPodの前には「ニュートン」（1993年に発売されたアップルの携帯情報端末）がありました。

　実はニュートンのアイディアは、前述の「ジェネラル・マジック」が原点です。同社はアップルの子会社としてスピンアウトし、ビル・アトキンソン、アンディ・ハーツフェルドら「マッキントッシュ」の開発者が1990年に設立し、アップル以外にAT&T、松下電器産業、モトローラ、NTT、フィリップス、ソニーが出資、提携しています。

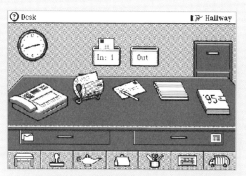

ジェネラルマジックの開発したPDA向けOS「マジックキャップ」の画面

　そして、ビル・アトキンソンの師こそ、アップル「リサ」の開発者で「マッキントッシュ」考案者のジェフ・ラスキンです。ラスキンはダイナブックを構想したアラン・ケイの友人です。

　つまり、こういった未来を構想していた草の根の技

術者のチームが、iPod、iPhone、iPadなどのもとを生み出したのです。そして彼らの哲学は社会、ユーザー中心でした。ここにデザイン思考との共通点を見ることができます。

　ジェネラル・マジックは志半ばで破産してしまいました。2018年公開のドキュメンタリー映画「General Magic」では、本来、新たなものを生み出す彼らをサポートすべきだった当時のアップルCEO、ジョン・スカリーが、彼らのアイディアを「ニュートン」としてアップルから発売してしまったことに遠因があったと示唆しているようです。

　デザイン思考が役立たないというのではありません。しかし、デザイン思考のプロセスだけからイノベーションは生まれないということ、そして、本来のデザインという人間の力、とりわけその根底にある構想力が大きな意味を持つということなのです。

22 「本当のデザイン」を軽視してはならない

　筆者のかかわる国際会議「トポス会議」では、多くの賢者を集めてさまざまな対話を行っています。その一環で行った、パーソナルコンピュータの父、アラン・ケイへのインタビュー（2012年）の中で、彼はデザイン思考についてとても興味深い見解を述べていました。

　　「デザイン思考は、流行しているように思います。（しかし）本当のデザイナーによっては教えられていないようで、これは問題だと思います。数学を知らない教師が小学5年生に数学を教えようとしているのと変わらない。一般的には良くない考えで、特に本当に学ぼうとしている生徒が、枠を越えていこうというときには、本当のデザイナーや数学者だけがそういった柔軟性を持っているからです」

つまり、「デザインのプロでない人にエスノグラフィーなどの観察
手法を教えれば、優れたアイディアが出るのか？」ということなので
す。

　確かにデザイン思考は、これまでのデザイン教育とは異なるもの
で、工業デザイナーが即デザイン思考を教育できるわけではありま
せん。しかし、たとえばデザイン思考のワークショップを行う際に、
ファシリテータがデザイン教育のバックグラウンドもないのにプロト
タイピングを教えてよいのか、という苦言です。

　事実上は、デザイン思考の作業はデザイナーだけでなく、エスノグ
ラファーやエンジニアなどによるマルチディシプリナリー（多分野横
断）なチームで行われます。ただし、そこには造形的デザインの素養
も必要になります。

　2013年7月に米国DMI（デザインマネジメント・インスティテュー
ト）主催で「デザイン思考は死んだ？」というパネルディスカッショ
ンが行われました。デザイン思考が流行語になり、本質が見えなくなっ
た、という視点です。しかし、言葉が変わっても、基本は変わらない。ただ
し、表層的なプロセスだけを追っていてはダメである、というような結論
だったようです。

　一方、デザイン思考自体が1930年代のバウハウス（1919年にドイツのワ
イマールで設立されたデザイン・美術・建築の教育・実験的運動）のデザ
インに根差しており、21世紀にはデザインは、さらに進化していくだろう
という考えも生まれています。

ドイツのデッサウに残るバウハウス校舎。バウハウス（1919-1931）は20世紀の建築と美術の学校として、また、産業と芸術を結びつけようとするデザイン運動の中心的存在となった。その綜合的で機能的なデザイン思想は、現在のデザイン思考にまで反映されているといえる

バウハウス型のデザインとは、創造性、発明、広告やメディアとのかかわりを特徴としていたといえます。それに対して、今後重要になるのは、社会的協業、実践的態度、（従来の価値観からの）脱構築といった、より人間とモノとのかかわりを復活させることの重要性が指摘されているといえます。[11]

23 Design＝de＋sign ──記号論的デザインアプローチ

デザイン（design）の語源は14世紀ラテン語のdesignare（形を作る）とされています。元をたどれば、de-（外に向けて）＋signare（印をつける）ということです。[12]

つまり、デザインの「サイン（sign）」とは「記号」だと解釈できます。これは最近再び関心を集めている記号論（semiotics）のフィールドからのデザイン解釈です。米国記号学会のファルーク・セイフは、「デザインとは記号をつくること」だと定義します。

記号論とは、記号やシンボルに関する研究のことで、記号は2つの要素からなると考えます。

- 意味するもの（シニフィアン：Signifiers）……イメージ、言葉、素材、音、五感データなど、意味を引き出すもの（記号表現）
- 意味されるもの（シニフィエ：Signified）……シニフィアンによって示される意味、観念的な構成体（意味内容）

この2つの組合せが記号であり、それを生み出す作業がデザインである、という解釈です。そして現代社会では、機能的価値より意味的価値が重要になります。

デザインはよく「デッサン」のように表現する、描くことに結びつ

けられますが、知識創造的な視点からは、既存の記号を組み替えたり（場合によっては脱構築し）、新たな意味（内容）を持った製品や経験（表現）を生み出したりする、創造的な行為だといえるでしょう。

de=sign（デ＝サイン）とは、従来の認識＝記号（sign）をいったん「破壊（de-sign）」、分解し、物事を多様に関係し合った要素（記号：sign）の集合として再認識、綜合（シンセサイズ）する意味生成の行為だといってもよいかもしれません。

別の記号論研究者も、「デザインは2つのプロセスからなる。第1に通常のシニフィアンとシニフィエの関係を壊す、次に新たな秩序や意味に沿って新たな記号を生み出す」と語っています。

記号論あるいは言語学の考え方の中に、「統合的関係」（syntagmatic）と「範列的関係」（paradigmatic）というのがあります。前者は異なった記号のまとまり、文法や物語りによって記号をまとめること、後者は同じ範疇の記号の間の差異を示すものといえます。

つまりデザインとは、この両者（記号の差異性を見出しつつ統合するという方法）を用いて、モノや経験を生み出していくことだといえるのです。

デザインの記号論が再び注目される背景には、合理的な目的のためにデザインが使われるようになった20世紀から続いてきたデザインが、決して単に楽しいユートピア的な方法ではなく、実際には限界や危機に瀕しているという認識があります。

たとえば、「形態は機能に従う」や「シンプルイズベスト」といった、装飾を廃した、バウハウスの影響を受けたデザインについても、実は人間の精神には装飾のような「無駄」が必要だったのではないか、という反省が隠れているのです。

24 では、人間のことしか考えていないのか？

　人間中心というと、環境のことは考えないのか？　という指摘もありますが、そんなことはありません。

　21世紀になっての大きなイノベーションに対する視点の変化は、イノベーションとは技術中心でなく、「人間中心」だという認識です。それはかつての人間工学的な視点やヒューマン・インターフェースではなく、または、人間が自然を支配するといった思想（人間至上主義）でもありません。それは人間の内面における価値や、社会的現実として表出した問題を注視するという意味です。

　イノベーションは、人間社会に生じたさまざまなギャップの発見から生まれます。特に社会的弱者が抱えている問題は、広く社会が持つ、ゆがみやきしみの兆候であり、これを解決するような（そして、新たなビジネスとしてデザインする）視点が、本質的なイノベーションに結びついていきます。あるいは、私たちが社会的な幸福や楽しさなどの、「共通善」を志向するときに、新しいイノベーションが生まれるのです。

デザイン思考の背景には、
人間と環境の関係を再構築しようという問題意識が広がっている

当然、それは地球環境や宇宙にまで広がる問題意識です。また人間も、「モノ」ではありません。共感を通じて心を理解し、それに応じた実現手段を考える必要があるのです。

　たとえば20世紀のビジネスの多くは、人間をモノとして捉えて、マーケティングを行ったり（make people buy）、効率的な輸送を追求（クルマ社会）したりしました。しかし、その関係は転倒しつつあるといってよいでしょう。これはモノづくりを信奉する日本企業にとって大きな挑戦となるはずです。

　日本を代表する経済学者・宇沢弘文（1928-2014）は、「クルマ社会」における大きすぎる自動車の社会的費用について批判し、これからの社会は人間中心であるべきだと説いていました。

　　「歩道と車道とが物理的に分離されていることは当然であるが、歩行者が直接自動車通行によって影響を受けないように、街路樹などによって適当に遮断されていなければならない。歩行者がかろうじて電柱のかげにかくれて、走り過ぎる自動車をよけているというのは、日本の都市でよく見られる光景であるが、このことほど、日本の都市の貧しさを象徴するものはないように思われる」[13]

　つまり、人間を考えるということは、人間の存在とは何かを考えることで、自然を破壊して人工的で機械的な社会をつくることではないのです。

　私たちは、自分たち人間の活動が質量ともに急速度で拡大していくことが、自然システムに影響を与えていること、それが無視できないほどの反作用を及ぼし始め、自分たちの活動（政治・経済システム）を根こそぎ破壊しかねないところまできているということに、真摯なる想像力を持って意識を向けなければならないのでしょう。求められるのは、共感に基づく判断力です。

私たちの知の進化は、常にその環境（場や関係性、言語などの道具）との関係で「共進化」してきました。つまり、イノベーションはマクロ的に見ると、私たちの知の進化の一プロセスなのではないでしょうか？

　私たちが周囲の場をどのようにデザインするかは、日常を変えることであり、未来に向けた共進化のための基盤となるのです。

　共感は今後の私たち人間の未来にとって不可欠の可能性を持ったものです。コンピュータや人工知能は「自己という感覚」を持ちえないといいます。それはビット単位で次々とデータを処理します。つまり、「いったい自分が（全体として）何を知っているのか」はわかりません。

　また、確実で「曖昧な」意味を多く持ってはなりませんし、私たちのように環境や他者との関係の中で生活していないので、意味を持ったものとしての自身についての意味を生み出せません。共感できるのは、ひとまずは人間だけのものだといえるでしょう。

第 **6** 章

モノのデザインからイノベーションのためのデザインを主導し、実践するための場
（デンマーク・デザインセンターにて）

世界各地で立ち上がる
地域イノベーションの場

イノベーションをめぐって今、世界の各地で同じような光景が見られます。大学を拠点としたスタートアップ、ハイテク企業やそのイノベーションセンター、自治体のイノベーションハブ、それらを包括するイノベーション地域（エコシステム）です。イノベーション地域といえばシリコンバレーですが、最近は世界中に多様なイノベーション地域が出現しているのです。

なかでも北欧は、その先頭に立つ地域で、経済、政治、社会の成熟度から見て、日本からの注目度も高い。米国が軍事的イノベーションを軸にしているのに対して、欧州はヘルスケアなど、民生型のイノベーションが多いのも特徴です。

欧州イノベーション指標（2016年）のベスト5は、スウェーデン、デンマーク、フィンランド、オランダ、英国でした。これらの国々を地図上で見ると、北海とバルト海沿岸諸国に集中しています。各国でのイノベーションを牽引する都市を結ぶと、それらを取り囲む地域の広さは、ちょうどカリフォルニア州が重なる規模であることがわかります。ここが、シリコンバレーをしのぐ可能性を秘めた欧州のイノベーション地域なのです。

これらの国々は福祉国家であり、「高福祉・高負担」で社会的なコストが高いのが特徴です。その維持のためのコスト削減にはイノベーションが必須なのです。たとえばキャッシュレス社会への挑戦も、彼らが強力に推し進めるイノベーションの1つです。その先頭を走るスウェーデンでは、労働コストが同じEU圏内でもブルガリアの10倍を

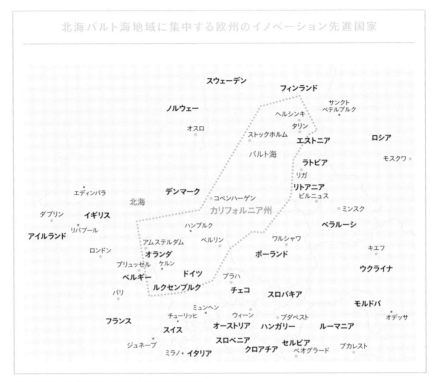

北海バルト海地域に集中する欧州のイノベーション先進国家

注：点線は、ほぼカリフォルニア州の大きさを示す。

超えるレベルにあったことから、無駄を省いて安全性を高めるキャッシュレス化の効果は大きいと考えられています。

　一方、日本はキャッシュレス化の度合いが低く、GDPの2割がいまだに現金で流動している状況ですが、スウェーデンでは2％以下まで下がっています（同時に、その脆弱性も国民の間で議論されています）。

　デンマークの首都コペンハーゲンからスウェーデンに延びる全長16キロメートルのオーレスン大橋を渡って約1時間。スウェーデン南部スコーネ地域の中核都市、ルンド市。今、この地域に世界的関心が集まっています。

ESS（欧州核破砕中性子源）に隣接し、欧州研究のインフラストラクチャのハブとなる電子加速器研究施設「MAX IV」

2023年に本格稼働する、中性子利用研究のための欧州最大のESS（欧州核破砕中性子源）の建設が進んできたからです。ルンド市では、世界最強といわれる陽子線形加速器、世界各国の研究所とスパコン間のデータ管理などの施設が集約され、クリーンエネルギー、食品、医薬、医療、ITなど各分野での基礎研究と応用研究が進んでいます。

同施設群にはルンド市庁舎、ルンド大学などが近接し、一大「イノベーション・ハイウェイ」（地域生態系）が形成されつつあります。注目すべき点は、ここでのイノベーションの主眼は科学技術でなく、QOL（生活の質）などに焦点を当てた地域全体の「ソサイエタル（社会構造的）・イノベーション」を志向しているという点です。

同市は「イノベーティブなルンド」をスローガンに、若者が未来のために活躍できる、グローバルな知識経済の中心の1つとなることをめざしているのです。人里離れた場所でなく、都市、すなわち人々や社会の只中で最先端の研究開発が行われているのです。

COLUMN

「イノベーション・アフリカ」のシナリオ

20世紀に台頭した企業の中央研究所型の研究開発モデルが陳腐化しているといわれます。かつては研究開発が主力事業の拡大に役立ちました。しかし今、イノベーションは社会や人間に目を向け、かつ研究開発はグローバルなネットワークで起きるようになり、必ずしもこれまでの内部研究開発組織が機能するとは限りません。つまり、イノ

ベーションは課題を持つ場所で起こるので、地域を選ばなくなっているのです。

　2015年に米国のNPO研究法人IRI（Industrial Research Institute）は「2038年の研究開発シナリオ」を発表しています。そこには複数の興味深いシナリオが描かれています。

- シナリオ1……「ハリウッド型R&D」で富裕層が世界中からタレントを集め、プロデューサーシステムで医療に関する研究開発を行う。
- シナリオ2……「アフリカが新興国市場でのR&D拠点として飛躍する」という世界を描いている。
- シナリオ3……国家に代わってメガシティがパワーを増し、「都市型イノベーションのためのR&D」が台頭する。

　特にシナリオ2は興味深いです。世界中に伝播する技術的知識を活用し、アフリカの若い才能がイノベーションにかかわり、アフリカがイノベーションの一大拠点となるというものです。

02 地域活力とスタートアップ

　スウェーデンのルンド市から東北東へ約1000キロメートルに位置する、フィンランドの首都ヘルシンキの隣町エスポー市。この地域が欧州委員会とともに推進しているのが「場に基づくイノベーション」（place-based innovation）です。この拠点として、EIG（エスポー・イノベーション・ガーデン）というエコシステムが展開されています。主体はエスポー市、アールト大学、ノキアなどのグローバル企業、中小企業やスタートアップ企業など。

　エスポー市はノキアの本拠地として知られていましたが、ノキアが携帯電話から撤退した後は大きな打撃を受け、行く末が危ぶまれていました。しかし、同地域が蓄積してきた知識資産、大学などをハブと

するネットワークによって再び発展し続け、北欧のイノベーション拠点として人や資本を集めています。

アールト大学の学生発で始まったスタートアップ・イベント「SLUSH（スラッシュ）」は、2016年にはこの種のイベントでは最大級の1万7000人を集めました。

一時は表舞台から消えたノキアですが、現在は通信インフラ事業者として戦略を転換、フランスの通信機器大手、アルカテル・ルーセントを買収・統合し、再び成長を始めています。

EC（欧州委員会）の発行した「場に基づくイノベーションエコシステム」の報告書。フィンランドのエスポー市の事例が示されている。

03 「市場」に代わるエコシステムとプラットフォーム

昨今話題になっているプラットフォームやエコシステムといった考え方ですが、わかりにくいともいわれます。しかし、ビジネスあるいは社会領域のイノベーションにとって、エコシステムという観点は避けて通れません。それは、これまでのモノやサービスを作って売るだけの直線的な価値連鎖の市場（market place）を、情報やモノやサービスの流れが関係しあう場として捉え直すことになるからです。

その代表例はアマゾン・ドットコムではないでしょうか。そもそも「アマゾン熱帯雨林」という自然の生態系にちなんだ社名を冠しています。同社のビジネスの基本は、自社だけがサービスや製品を提供するのでなく、他社やユーザーがそのプラットフォーム上に参画して、それぞれが価値を享受する（ジョブを行う）ところにあります。

それは一般消費者市場向けのマーケットプレイス（さらにその上のアマゾン・プライム・エコシステム）、出版エコシステム、AWS（アマゾン・ウェブ・サービス）のようなクラウドビジネスのエコシステ

ムなどからなっています。顧客、パートナーなどが共有するマルチサイドのプラットフォームの上で、それぞれのエコシステム同士がつながっています。「増殖していく経済圏」と呼ばれるゆえんです。こういったエコシステムの形成には、モノを作って売るだけの市場とは全く異なる思考と実践が不可欠です。

　ところで、日本企業はプラットフォームやエコシステムについて「弱い」といわれますが、そんなことはないでしょう。オープン・イノベーションなどの概念を生んだ米国では、1980年代くらいまで、むしろ企業間の連携に消極的でした。その視点を変えたのは日本企業の系列（keiretsu）などの仕組みでした。

　米国は1980年代の日本企業との競争に敗北し、そこで系列について学び、系列より自由でかつ企業が協力可能なウェブ（web）の概念（開かれた系列）を生み出していきました。

　また、日本には「三方よし」などの概念が伝統的にありました。社会、世の中のために貢献するという理念です。こういったルーツにもう一度目を向ける必要があるでしょう。

　エコシステムは、特定のプラットフォームの上に生成発展する生態系です。生態系はもともと生物界から援用されたモデルです。その基礎となるプラットフォーム（環境）の提供者は誰か、そこに価値を提供するのは誰か、そして、そのプラットフォーム上で便益を得るユーザーは誰か。彼らの関係は、重複し、相互依存的です。それは従来の生産者と消費者という枠組みや関係性とは異なるものでしょう。

　地域のイノベーション・エコシステムであれば、政府や自治体などが企業と協力してプラットフォームを提供し（物理的環境や制度）、研究機関や大学が価値を提供し、企業や市民がユーザーとして、それぞれに貢献し、対価を得る、という構造が想定できるでしょう。

　そして、そのうえで生成発展するエコシステムを活性化するのは、ハブ（つながる拠点）であり、ネットワークを調整し、価値を生み出す場としてきわめて重要になるのです。

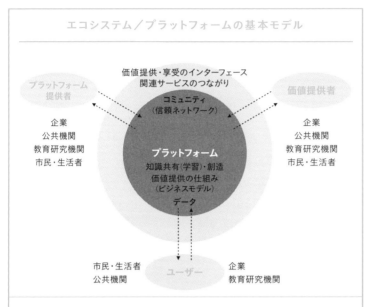

エコシステム／プラットフォームの基本モデル

価値提供・享受のインターフェース
関連サービスのつながり

プラットフォーム
提供者

企業
公共機関
教育研究機関
市民・生活者

コミュニティ
（信頼ネットワーク）

プラットフォーム
知識共有（学習）・創造
価値提供の仕組み
（ビジネスモデル）
データ

価値提供者

企業
公共機関
教育研究機関
市民・生活者

市民・生活者
公共機関

ユーザー

企業
教育研究機関

エコシステムとプラットフォームを混同してはならない。プラットフォーム上にいか
にエコシステムを育み、持続させるかは決して容易ではない

04 なぜ「場」は力を生み出すのか

　イノベーションにとって「場」は、なぜ重要なのでしょうか。また
「場を創る」とは、どういうことでしょうか。

　ここでいう「場」づくりは、物理的な空間（スペース）を構築する
こととか、イベント的なセッションやワークショップをうまく運営
（ファシリテート）するといったことではありません。関係者が集っ
て意味空間、あるいは文脈（関係性）を共有し、そこで新たな知識を
創造する活動や、経験するその仕組みなどをデザインすることです。

　「場」という言葉を使ってしまうと、物理学でいう電磁場のように、
空間の至るところに分布している物理量としての「場」（field）を意味

してしまいますが、ここでいうのは「トポス」(topos)という言葉（もともとギリシャ語で、トポロジー、トピックなどの言葉のルーツ）でも表される、生きた意味ある「場」(place)の概念です。

「場」は、組織の現場での交流や、当事者の相互作用の機会であるとともに、奥深い、生命が進化するためのダイナミズムを生み出す環境です。それら表層と深層の間に、人間がペア、チーム、集団などとして、さまざまな形（パターン）で意味や文脈を共有する関係性が存在します。単なる人の集まりや交流の場ではないのです。

組織的には「場」は、プロジェクトやタスクフォース、ワークショップ、コミュニティ、オフィス（ワークプレイス）、情報システム（仮想空間）によって立ち上がり、それらを具現化させる社会的関係などの形をとっています。メンバーや形態が一定のものもありますが、プロジェクトのように状況によって固定せず動いている場もあります。物理的な場所も含みますが、それだけでない、チームが共有し、存在するためのイノベーションの基盤です。こういった場をいかにして創出・活用できるかが実践を左右するのです。

場所は人間のイノベーションにとって根源的なものといえます。それは、場所の持つ力へのかかわりです。文化人類学者の今福龍太は、著書『クレオール主義』の中で次のように述べています。[01]

「『土地』という名で呼ばれる『場所』はたしかにそこにある。土地は人間によって経験されるためにわたしたちを待っている。そのことを否定しようというのではない。いやむしろ、経験にまつわりつくありとあらゆる装飾性をそぎ落としていったとき、人間と土地との結びつきこそが常に思考の出発点として残る。まさに特定の土地において、人間は認識に向けての推進力を得る。あるいは、特定の土地へと人を引き寄せる力が、無定形の認識に初めて方向性を与える」

「場」の中に意味が潜んでいる

　やはり仮想空間だけでは、知識は生まれません。『共通感覚論』で知られる哲学者の中村雄二郎（1925-2017）は、「場所（トポス）」として次の4つの場所のあり方を示しています。このような「場」を意識することが、イノベーションやエコシステムの出発点となります。[02]

● 存在根拠としての場所……生物学的・生態学的に見た固有の環境、社会的な共同体、心理的無意識など、意識的な自我によって自己の存在根拠となる場所。たとえば「私はここにある」という

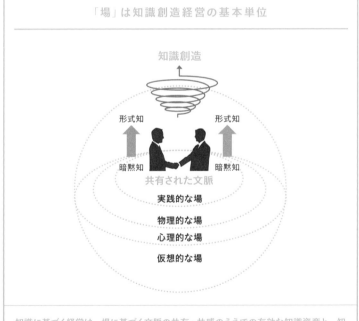

「場」は知識創造経営の基本単位

知識創造

形式知　　　　　形式知

暗黙知　　　　　暗黙知

共有された文脈

実践的な場

物理的な場

心理的な場

仮想的な場

知識に基づく経営は、場に基づく文脈の共有・共感のうえでの有効な知識資産と、知識資産を生み出す知識創造プロセスからなる

感覚（社会における存在意義）

● 身体的なものとしての場所……身体を通じて、身体的実存によって意味づけられた空間。自分の身体を起点として占める場所（具体的な経済活動）

● 象徴的な空間としての場所……物理的な空間を超えた社会的なテリトリー。宗教的空間、神話的な空間（信頼やブランド力）

● 論点や議論の場所……「トピック」の意味にもつながるような議論の場所、主客未分の述語的世界としての場（提供価値領域）

「場」は物理的な空間を意味するだけでなく、社会や世界とのさまざまな関係の結び目でもあり、私たちの行為の場でもあります。

イノベーションとは知識創造プロセスであると述べましたが、知識創造の「場」の概念の1つのルーツは、もう1人の日本を代表する哲学者、西田幾多郎（1870-1945）の「場所の論理」と呼ばれる哲学です。[03]

西田は、フッサールの現象学などの影響も受けつつ、東洋思想的な観点から日本発の哲学を打ち出しました。私たちの意識が西欧的な「個」つまり主体と客体に限定されることなく、私とあなたを分けて考えるのでなく、場を通じて重なり合っている（主客未分）、と考えたのです。

西田は「人が環境をつくり、環境が人をつくる」という言葉を残しています。私たちは自身の身体を、場所としての世界に投じていくことで自覚する。難解ですが、つまり、そのような行為を通じて自己を知り、そして、そこで根源的な創造性を獲得する、と考えたのです。

したがって、ユーザーとの共創の場など、場に入り込んでいって共感を形成し、対話や行動する

西田は、仏教的境地の論理から意識存在の「場」の論理、さらに絶対矛盾的自己同一論を展開した。一連の思想は「西田哲学」として世界的にも知られている

ことは、知識創造の起点ともいえます。つまり場は、知識創造の単な
る土台や触媒、補助的な促進要素でなく、自らが生み出した場の内に
意味や知が潜んでいるのです。これは日本人にとっては、禅の思想の
方法に近いものといわれています。

06 ワークショップから イノベーションは生まれない

　イノベーションは、社会や顧客の変化を洞察し、実験的にギャップ
を満たしていく、試行錯誤です。そうした過程で発見されたり、創造
されたりする新しい価値や関係は、常に現実の社会から変化や課題を
見ることから生まれてくるものです。
　そこで、しばしば見過ごされている事実があります。それは顧客・
社会の観察と実験・試行ができる物理的場所への投資が、イノベー
ションには不可欠だということです。
　たとえば多くのシリコンバレーのスタートアップは、ガレージから
始まり、インキュベーター（孵化器）やアクセルレーター（加速器）
などといった場所から立ち上がっているのです。出来上がったビジネ
スを遂行するための通常のオフィスでは、イノベーションは生まれな
いのです。

> **イノベーションのために必要なタネは社内に存在しない。**
> **ビルから出でよ**
> 　　──スティーブ・ブランク（リーン・スタートアップのグル）

　多くの企業がイノベーション経営への転換に際して、具体的な場・
空間を設けて変化への意志を明らかにしてきました。それは、イノ
ベーションセンターやオープンな研究所、フューチャーセンター、リ
ビングラボなどの場です。こういった場づくりは、イノベーションに

対する経営の意思表示ともなります。

- 3M……イノベーションセンター
- P&G……イノベーション・ジム
- カイザーパーマネンテ……イノベーションセンター
- オランダ政府やデンマーク政府など、北欧諸国は「フューチャーセンター」を立ち上げ、知識経済への転換を加速しようとしてきた
- EUは都市やコミュニティをイノベーションの実験場にする「リビングラボ」を展開
- 富士フイルム……オープンイノベーションハブ
- ダイキン……フューチャー・ラボ（テクノロジー・イノベーションセンター）

　これらの場所で、既存の発想・定見を捨てて考えることが、イノベーション実践の行動を形成するのです。そこで初めて、さまざまなイノベーションのためのツールなども役立つことでしょう。

リビングラボで実践のための行動を語り合う（徳島県小松島リビングラボ）

「場」から出現する知

C・オットー・シャーマーによる「U理論」をご存じでしょうか。

「集団や組織が新たな未来を創造するためのリーダーシップのプロセス」のモデルとして知られていますが、基本的にいくつかのステップからなっています。世界と一体化し感じる（Sensing）、内省すること（Presencing）、自然に具現化する（Realizing）といったものです。

これは西田哲学や禅でいう、①行為を通じて「現実」の二元論的世界から脱して、②深層の「空」の世界に入り、主客未分の境地から、③さらに世界の中で自己を再構成する、といった意識の流れと同様であり、暗黙知を共有し、そこから形式知を生み出していく知識創造のプロセスです。カギになるのは実践。すなわち、「場」に入り込み（飛び込み）、創造の源泉にアクセスすることなのです。

U理論のプロセス

ダウンローディング 過去のパターン		実践 全体性から機能する
評価・判断の声 / 新しい目で**観る**	開かれた思考	プロトタイピング 頭と心と手を つなげて新しいものを生み出す
皮肉・あきらめの声 / 場から**感じ取る**	開かれた心	**結晶化する** ビジョンと意図
おそれの声	開かれた意志 / **プレゼンシング** 源につながる	

「私」とは何者か？ 私の「なすこと」とは何か？

出所：presencingcomjapan.

一方、こういった場所で、盛んに行われているイベント・セッション（その意味は、1回きりの演奏）のようなワークショップからはイノベーションは生まれません。むやみに「○○の未来」などと語っても何も起きないのです。

　ワークショップはあくまでイノベーション活動のための準備の場であり、新たな仕事の場としてプロセスやプログラムの中に埋め込まれていなければならないのです。そして、イノベーションには新しい働き方が伴うものだということを念頭に置きましょう。

ビルから外に出るためのリハーサルがワークショップ
──トム・ケリー（IDEO 共同経営者）

07　自律的プロジェクト型組織へ

　結局のところ、イノベーションはプロジェクトで具現化されることになるので、そのための場が重要になることはいうまでもありません。このことは、さらには企業の組織のあり方にまでかかわるものなのです。

　かつて米国の経営学者アルフレッド・チャンドラーは「組織は戦略に従う」と主張しましたが、従来の組織が戦略に従って、特定の業務を機能的に遂行するために、従属的に設計されていたのに対して、イノベーション経営においては逆に、プロジェクトによってフロントラインで自律的に知識を生み、変化を起こす組織が求められるのです。「戦略は場に従う」ともいえるのです。

　そこで、それらの場を運営する能力や方法論、ツール、そして物理的空間が必要になります。イノベーションのワークショップなども、ファシリテーターがまとめるなどして行われますが、イノベーション・プロジェクトのためのファシリテーションは、単発セッションの

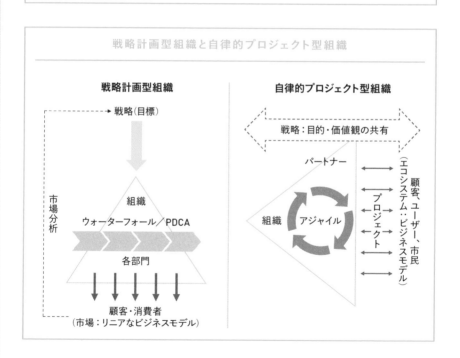

ワークショップを起点にプログラムとしてプロジェクトを進めていく

アイディア・ワークアウト
（実践当事者、ステークホルダー）

代替的な
イニシアティブ

A
B
C

プロセスオーナー

スキャンニング・ワークアウト
（専門家や市民）

プロトタイプ
社会実験
リビングラボ

事前の場のデザイン
2〜4週間

ワークショップ
1〜3回（6〜9週間）

試行錯誤の場づくり
4〜6週間

戦略計画型組織と自律的プロジェクト型組織

戦略計画型組織

戦略（目標）

組織

ウォーターフォール／PDCA

各部門

市場分析

顧客・消費者
（市場：リニアなビジネスモデル）

自律的プロジェクト型組織

戦略：目的・価値観の共有

パートナー

組織

アジャイル

プロジェクト

顧客、ユーザー、市民
（エコシステム：ビジネスモデル）

それではなく、プロジェクトマネジメントの一環として行われる、プログラミングに近いものとなります。たとえば3カ月、6カ月、1年、2年といったスパンの中でイノベーションを試行錯誤的に進めていく「スプリント」（チームによる短期の集中的作業）などの考え方が近いでしょう。

　一方でプロジェクトマネジメントは、従来のウォーターフォール型からアジャイル型に変化しつつあります。そこでは、ワークショップ以前の現場や社会における潜在ユーザー観察から始まり、ユーザーの参加、パートナーとの目的の創出と共有、当事者を巻き込んだスクラム型の場づくりが求められます。

08 市場・社会の暗黙知を発見せよ

　イノベーションの実践者が口を揃えて語ること。それは、常にイノベーションのタネは市場・顧客の場にある（社内現場にはない）ということです。強い社内の現場は大事ですが、それはモノづくりやオペレーションのために重要であっても、イノベーションの起点とはなりません。それは理論と実践の双方から検証されていると思います。

　オーストリア・ウィーン生まれの経済学者フリードリヒ・ハイエク（1899-1992）は、経済過程に不可欠な知識は（市場の）個々人が分散的、局所的・断片的に保持しているが、多くが「暗黙知」（tacit knowledge）であり、言語化・分節化されえないと述べています。

ハイエクは、ウィーン生まれのオーストリア学派の代表的経済学者。1974年にノーベル経済学賞。市場を「場」として捉え、個々人が相互作用を通じて知識を生み出す過程を見出した

市場活動とは、社会の現実からしか見えない、「今ここ」の場の知、実践的で暗黙的な知から新たな知識を「発見」するプロセスであると説くのです。

一方、盛田昭夫とともにソニーの創業者の1人である井深大（1908-1997）も、技術企業であっても、技術革新の「ネタ」は社内にはないのだ、と語っていました。

要は、フィールドからしかイノベーションは生まれない、ということなのです。いかにそれを取り込み、その場において実現していくかが課題なのです。

技術革新のネタは
企業や大学でなく
市場にある

井深大は、1946年に盛田昭夫とともにソニーを創業。設立目的として「自由闊達にして愉快なる理想工場の建設」という「場」の創出を掲げた

09 目的と共感を結びつける場

組織内で、あるいは個人でイノベーションを行うべき立場になった人は、しばしば路頭に迷うことでしょう。既存のビジネスと違い、特定のルールや手順がないし、周囲から支援を得るのにも苦労する。ベンチャーでも社内新規事業プロジェクトでも同様です。

イノベーターはまず新たなコンセプト、そして、ビジネスモデルを生み出さなければなりません。顧客や社会の行く末をふまえ、プロジェクトチームやパートナーにとって、無理のない活動ができるような構想（POVやビッグピクチャー）を描くことが求められます。単なる大風呂敷、何でもありの構想では破綻してしまいます。これには多くの時間や知力、対話の努力が費やされなければなりません。

データに基づいて企画するだけでなく、実験、評価のエビデンスも求められますし、トップをはじめ、新たな考えに共鳴してもらうための努力を続け、コミュニケーションを図って社内の抵抗を乗り越えて

いかなければなりません。それは挑戦のための安全な場の確立にもつながります。

　目的と共感がカギになるのですが、身体化するのが場です。

　単にワークショップを開いたりイノベーションについて学ぶだけでは、何も始まりません。社内でブレストを行っても同じではないでしょうか。

　周囲にイノベーションが起きる「場」（ガレージや工房かもしれない）を生み出さなければなりません。イノベーションにかかわる人々が活き活きと生息できる拠点、顧客や社会と率直に向き合える接点などの場です。それらの場で、自分たちはいったい何のために行動しなければならないのか、目的をとことん議論し、目的を伸びやかに追求し、実践していく。そんな場所をつくることが、イノベーターがイノベーションという仕事を実践することを助け、彼らを「進化」させるのです。

　そこで、その実現へのパスになるのが、場所の意味を明示し、フィールドに出向き、あるいは接し、さらに、それにふさわしい場所を設けることです。これが目的、共感の力を実践に向かわせるのです。

　井深が1946年のソニーの創業時、その設立趣意書に第1の目的として「真面目なる技術者の技能を、最高度に発揮せしむべき自由闊達にして愉快なる理想工場の建設」と記してイメージしていたのは、そのような場所だったと考えられます。

　フューチャーセンターや、多くの企業があらゆる地域で設立しているようなイノベーションセンターのような場所がますます重要になっているのも同様の理由からです。都市という場所も、イノベーションにとって重要条件です。リビングラボなども、都市の場におけるイノベーションの方法論だといえるのです。

　ファブラボなどと呼ばれるプロトタイピングのための工房も重要です。スマートフォンを使った決済システム「スクエア」を創業した

パロアルトにあるSAPのコ・ワーキングプレース「HANAハウス」

ジャック・ドーシーは、サンフランシスコのダウンタウンにある会員制の工房、テックショップに通って対話しながらプロトタイプを作り、ベンチャーキャピタルを説得しました。

要は、こういった場を通じて、社会との接点に常にいることです。スティーブ・ジョブズは創業したアップルから追い出された後、スタンフォード大学の通りにあるカフェに陣取って、街を眺めながら構想を練っていたともいいます。シリコンバレーの中心地、パロアルトの街そのものがイノベーションのアイディアを持つ人々の場になっているのです。

10 ヘクシスを変える

さあ、場所を変えてみましょう。オフィスから出てフィールドに場所を移してみてください。あるいは、イノベーションのための「場」をデザインしてみましょう。その意味がきっとわかるはずです。自分自身も変わります。場によって、自分が縛られていた思考や行動・態

度が変わるからです。

　イノベーションは、既存事業と比べて仕事のやり方も評価指標も大きく異なります。その変化を前提に「イノベーションという仕事（ジョブあるいはビジネス）」を行わなければなりません。これまでと同じような場所で同じように仕事をしていて、そうした変化が生まれると思いますか。それはきわめて難しいことです。

　ヘクシスというギリシャ語は、第3章でも説明しましたが、もう一度思い出してください。ヘクシスとは、私たちの日常を形づくっている場の状態を表す言葉です。すなわち、「行為の反復、習慣づけによって、その行為の形が当人に固着して定常化した状態」、これがヘクシスです。

　私たちは生きるためにヘクシス、つまり暗黙的な身体の知を必要としています。ヘクシスがあるから、安定した生活を営むことができる、ともいえます。

　アリストテレスは、ヘクシスについて、人間が後天的に獲得した一定の行為能力のことである、と述べています。私たちは、物事を1回や2回の行為の実行では獲得できないので、時間と繰り返しの習熟が必要であるという意味です。

　ビジネスも同じで、既存事業には伝統的に培われてきたヘクシスがあります。これはいわば暗黙知です。

　しかし、このヘクシスゆえに、

イノベーションや変化に対して身体的にブレーキがかかることがあります。しばしば礼賛される現場主義ですが、ルーティンとしての暗黙知が、イノベーションにはネガティブに作用することもあります。むしろ重要なのは、「創造的ルーティン」なのです。そのためには場のデザインが大きく作用します。場の中に埋め込まれた創造的なルーティンというのもあります。

　IDEOの共同創業者、ビル・モグリッジは、来日した際に、日本の神社の「お清め」を絶賛していました。彼はそこでユーザーがただ手を洗うのでなく、「心を洗っている」と洞察しました。ルーティンでありながら、日々心を一新させるというデザインがなされていると考えたのです。

11　共感が育まれるワークプレイス

　これからのオフィスは、個人的業務処理より（それはどこででもできるし、人工知能が代替するでしょう）、イノベーションの場としてフェイス・トゥ・フェイスの協業がますます重要になるでしょう。

　知識が生まれる（創造される）には場が不可欠ですが、問われるのは組織の「感情的インフラストラクチャ」です。これは、社員の組織に対する感情的な愛着、結びつき、つながりを意味します。これらが「より本質的な対話」を可能にするのです。いうまでもなく、「より本質的な対話」を可能とする場を持つ組織ほど、知識創造活動の頻度は高まります。

　場は、物理的な環境やITによるコミュニケーションツールの整備も、もちろん大事ですが、それらにも増して、本質的対話と内省的思考ができることが、最も知識創造活動に相関が高いといえます。

　新たなアイディアなどが組織や社会において生まれる場には、いくつかのパターンがあります。次のような場を社内外に持てることが重

要です。

①偶然の出会い、異種の出会い、即興的な交わりの場所（意識ある
　メンバーが無意識的に偶然出会って創発が起きる）
②ファシリテーターやエージェント（外部とのネットワークを担
　う）など、場を触発する役割の存在、知識創造やデザイン思考な
　どのプロセスが埋め込まれた、プログラムされたあるいはプログ
　ラム可能な場所（意識的な協業を促す）
③創造的な組織文化を育むカフェのような創造的雰囲気を持った場
　所や組織そのもの。ほぼ無意識的に創造的な対話が起きたり、新
　たな感覚を共有できている場所（無意識的な協業、集合的知性が
　発揮される）

12 大企業は「場」の質的変換を！

　日本で2012年に翻訳出版され、ベストセラーになったリンダ・グ
ラットンの『ワーク・シフト』は、未来の働き方についての啓蒙的な
力作です。これまでとは全く異なるキャリア、そして働き方、場が生
まれてくるといえます。

●ゼネラリストから「連続スペシャリスト」へ……「専門技能の連
　続的習得」と「セルフマーケティング」の時代
●孤独な競争から「協力して起こすイノベーション」へ……「ビッ
　グアイデア・クラウド」と「自己再生のコミュニティ」

　東京でも、コ・ワーキングスペース（会員制でメンバーがオフィス
機能を共同使用する）、シェアードオフィスなどが増えています。世
界でビジネス的に運営されているコ・ワーキングスペースは2006年

くらいから登場し、倍々で増えて2500カ所ほどに広がっています。東京では346拠点、6.6万坪という報告があります。[04]

　また、オフィスという枠を超えたネットワーキングのための場、空間の物理的レンタルでない、ミーティングサービスなど、人々の「知がつながる」ための場もあります。さらに、インキュベーターやアクセレレーター（起業支援や加速）など、より目的性を持った場が世界中の都市で立ち上がっているのです。

　これらの現象は、20世紀の労働空間としてのオフィス（郊外から通勤し、高層ビルで業務処理を行う）とは大きく異なる光景を生み出しつつあります。従来とは異なるワークスタイルや仕事のあり方とともに、オフィスや「都市のイノベーション」が起きているのです。

　そこで大企業も、自らの場のあり方を変えていかなければなりません。米国では若い世代で「大企業で働きたい」と答えた人は、たった

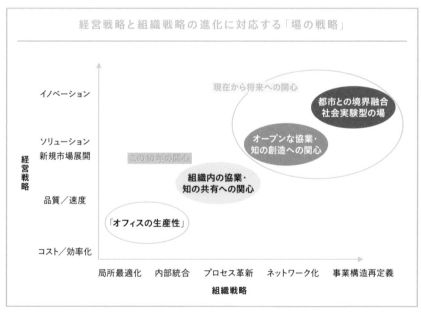

経営戦略と組織戦略の進化に対応する「場の戦略」

出所：ブロル・サルメリン氏の2015年の講演資料。

15%でしかないという調査結果が出ています。[05]こうした傾向は、最近日本でも見られるようになっています。同じく、多くが会社に通勤することよりも在宅勤務や、より柔軟なオフィス利用を希望しています。

　しかし、こういった潮流（トレンド）に対応するのにとどまらず、能動的に場所を変えていくことが、経営戦略からも有効なのは明らかです。にもかかわらず、多くの企業のオフィスやワークプレイス戦略は、いまだに「オフィスの1人当たり面積」など、従来の指標で捉えられ、ハードなオフィス・ファシリティの管理に終始しているのが大半のようにも見えます。

　「場の戦略」は進化しています。以前、オフィスはコストでした。生産性がオフィスには求められ、次にITが導入され、業務における知の共有（ナレッジマネジメント）が課題になりました。さらに、オープン・イノベーションなどの要請から、オフィスそのもののデザイン、働く場の多様化が起きています。

　今、オフィスはコストでなく、価値生産の場です。そのために、場所を変えることが重要です。筆者の以前の研究でも、優れた経営者は「場」に敏感です。どんな場の戦略をトップが持てるかが問われています。

　歴史的にも、都市の広場が革命の場所になってきたように、空間や場所の変化は社会や組織に大きなインパクトをもたらすのです。

13 イノベーションの「母胎」はどこにある？

　あなたがかかわっているイノベーションの「場」は、本社や本業に対して、どんな位置関係にあるでしょうか。あまり近いと本業の重力（またはブラックホール）に吸収されてしまうでしょう。

　そこでたとえば、本体組織の「中心」ではなく「周縁」に、ブ

ティックファーム（特化型小型プロフェッショナルサービス業）のような小組織をイノベーションのために設置するのも1つの方法です。外部との接点を多く持つ小型タスクフォース型組織や、社会や市場の中に棲み込んで共生型価値創造を行うような小組織のネットワークなども、そのバリエーションといえます。

　ただし、それはいわゆる「出島」（本業は「鎖国」のまま）ではなく、本業自身のイノベーションのための戦略拠点であるべきです。

　一方、かつて全盛期のソニーでは、商品企画からデザイン、製造、販売、宣伝、ドキュメントデザインに至るまで、同社のデザイン全体を統括した「マーチャンダイジング戦略本部」という横断的組織がありました。これは分散した資源を横断的に調整し価値を綜合していくイノベーション組織でした。こうしたプラットフォームを社内に構築するのも、良い方法だといえます。

　もちろん、正解はありません。ただし、共通しているのは、本業・本体からの適度の距離や質的違いを持った場を創るということです。本業の脇では困難なのです。そして、イノベーション経営のための明確な「場のポートフォリオ」を持つことです。

　スイスのカジュアル時計「スウォッチ」の生みの親の1人で、ユニークなイノベーションデザインで知られるクレアホリック社を率いるエルマー・モックは、イノベーションの生まれる場について、筆者に次のように語ってくれました。

　　「イノベーションとは、自らの内に新しいものを生み出すことであり容易ではない。①カエル（両生類）のようにたくさんのアイディアを生む・孵化させる（数の論理）、②哺乳類のように胎内に新しい命を宿す（拒否反応のリスクなどもある）、③鳥類のようにしかるべく保護できる場に卵を産んで育てる、など動物のメタファーでいろいろ考えられるが、鳥類のやり方は、大企業に向いているかもしれない」

● たくさんのアイディアを外部で育てて投資する（インド式、シリコンバレー式）

● 社内で新事業育成──産みの苦しみ？

● 自分の卵は育てるが、親は自由に飛べる（第2、第3の場所で事業を育てる）

- 「カエル」は、シリコンバレー式、あるいはインド式ともいえるかもしれません。とにかくたくさんのアイディアを出して、良いものがあれば採用する。日本企業にも可能ですが、絶対数でインドなどには負けてしまうかもしれません。
- 「カンガルー」（有袋目の哺乳類）は、日本の多くの企業のスタイル（自前主義志向）でしょう。いったい産むのがよいのかと迷ったり、「高齢出産」のリスクがあったり、とかく悩ましいのも確かです。
- 「鳥」は、日本企業に向いているかもしれません。ブティック型のアプローチにも近いものがあると思いますが、適度のつながりと距離があるのです。

14 場のポートフォリオを運用する

　一般的な戦略論では、戦略によって組織や場が決まるわけですが、イノベーションではそれが逆の関係になります。なぜなら、フィールドワークや顧客との対話などの場やイノベーションのための場所からイノベーションのタネが発見されたり方向性が生まれるからです。

　イノベーションは、試行錯誤の過程です。最初から「粛々と」計画的に進めることはできません。デザイン思考などの知識創造プロセスがベースにありますが、いわば「組織化されたカオス」と呼ばれるようなプロセスだといってよいと思います。それは決められた業務のカイゼンではなく、即興的な創造的プロセスなのです。その舞台がここでいう場所なのです。

　いかに場所をうまく活用するかが、きわめて重要になるでしょう。

　まず、①イノベーションのプロジェクトやチームの存在や位置づけ、アイデンティティを明示化することです。これがはっきりしてい

ない場合がとても多いのです（ときにはイノベーション・プロジェクトが、特にこれといった明確な理由なしに社内で公になっていない場合すらあります）。

次に、②フィールドワーク（社会観察）の能力や場所の獲得と実践、そして、③イノベーションを加速支援するような空間を創るか、活用することを考えることです。

要はいずれも、従来のオフィスワークとは異なる場が必要なのです。そして、これはイノベーションのためだけに必要なのでなく、これからの（21世紀の）仕事のあり方を示しているのです。

フューチャーセンター、イノベーションセンター、リビングラボはそれぞれ重なる面を持っていますが、これら3つの場の性格を使い分けつつ連携させることが、社会や都市の現場でのイノベーションの実践につながります。

⑴ フューチャーセンターで方向性を共有する

自社だけでなく、パートナー、顧客、コミュニティ、自治体、教育機関、専門家などとの対話・協業を行い、将来的観点から問題を明らかにし、仮説、解決のアプローチ、ステップを考える場。またイノベーションのプログラムの拠点的な役割ともなります。

フューチャーセンターとは「（その場で共有される）経験を通じて、新たな知を探究することである。それは、組織の発展を駆動させる主要な手段」、「特別な仕事の環境であり、人々が従来のパターンやルーティンから抜け出し、複数の視点から問題を見て、効果的な実践の方向性を展開することができる場」です。

フューチャーセンターだけに限らず、イノベーションセンターやリビングラボなどの場も射程に入れて、知の共有や対話だけでなく、協業してビジネスモデルのデザインなども考えていく必要があります。

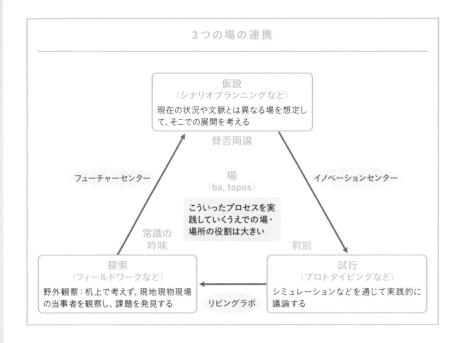

3つの場の連携

仮説
（シナリオプランニングなど）
現在の状況や文脈とは異なる場を想定して、そこでの展開を考える

賛否両論

フューチャーセンター

場
（ba, topos）

こういったプロセスを実践していくうえでの場・場所の役割は大きい

イノベーションセンター

常識の吟味

判別

探索
（フィールドワークなど）
野外観察：机上で考えず、現地現物現場の当事者を観察し、課題を発見する

リビングラボ

試行
（プロトタイピングなど）
シミュレーションなどを通じて実践的に議論する

②イノベーションセンターでプロトタイピングする

　最近多くの企業が設立している「イノベーションセンター」は、顧客との協業・共創の場、自社の技術や資産をもとに、顧客ニーズとの適合、融合、共創ソリューションを行う場として位置づけられます。

　フューチャーセンターなどで示された仮説をもとに自社の顧客や潜在顧客とともにアイディア、プロトタイピングを進め、より実際的な製品（MVP）、サービスなどを共創する場として機能します。

③リビングラボで社会実験・共創・実践する

　社会実験の場。実証実験（技術の検証をトップダウンで行う）ではありません。街やコミュニティ、モニターグループなどを対象に、

イノベーション加速支援のための共創・協業の場をデザインする

Purpose 目的	• 大目的の確認 • 駆動目標の設定	Performance 変化	• 狙いのインパクト • KPIは？
People 人々	• テーマオーナー • 関係者	Promotion 展開	• 関係者巻き込み • 長期的視点
Process 方法	• 場のメソッド • 創造の方法論	Program 工程	• 時系列プログラム • 試行錯誤のデザイン
Place 空間（場所）	• 活用する空間 • FC/IC/LLの連関		

出所：一般社団法人FCAJ『Wise Place』（2015）。

MVPをテスト、フィードバック、方向転換（ピヴォッティング）の方向性を得る「生きた」研究・社会実験の場です。

　すでにできたもの（モデル）の実証実験ではなく、顧客や市民、ユーザーを軸にして、さらには目的を同じくするパートナーとの相互学習、現場でのシミュレーションなどを通じて、オープン・イノベーションなど、共創のプロセスを実践する場です。

　また、これらの場をいかにデザインするか。上図で示すように、一般社団法人Future Center Alliance Japan（FCAJ）では、目的とそのインパクト、関与する人々とその組織化、対話や用いる手法・ツールとそのプログラム、そしてそれらを支える空間の7つの要素をチェックリストとして用いています。

15 創造拠点を確保せよ

　現在、多くの企業にイノベーション担当部門ができています。しかし、それが社内でいくつも作られていたり、いったい何をやっている部門なのか、周囲からも、あるいは当事者にも理解されていない、といったケースが多いのも実情です。このようなイノベーション担当組織・部門の位置づけの不明確さや曖昧さは、特に、大企業においてよく見受けられます。

　これでは、担当者は何の仕事に取り組めばよいかもわかりません。まだ形にならない将来の事業を生み出すことが使命なので、部門やチームとしても形が見えない。成功してからでないと見せられないのです。

　しかし、それでは周囲の理解や協力も得られないので、位置づけがはっきりしない。ニワトリとタマゴの状態です。これはイノベーション特有のオクシモロン（矛盾語法）ゆえです。たとえば、「ゆっくり急げ」「挑戦せよ、しかし目立たぬように」「破壊と創造」など矛盾した存在なのです。

　しかし、そもそもイノベーションとは、試行錯誤をすることが本質ですから、イノベーションを行う組織やプロジェクト、プログラムは「イノベーションを行っている（場である）」ということを明示しなければなりません。

　戦略とは、何をするかしないかをはっきりさせること、という原則があります。社内にあっても、たとえ社外にあっても、どのような場なのかをはっきりさせない限り、存在の曖昧さは変わりません。

　同じように、普段と同じような仕事をしていて、ただイベント的なセッションに参加しても、翌日にはその印象は消え去ってしまいます。場所のアイデンティティ、あるいは、イノベーション加速支援環境が不可欠になるのです。

人が集まるイノベーションを！

　ネットスケープ・ナビゲーターの開発者のマーク・アンドリーセンは、「インタンジブルな経済では場が大きな意味を持つ」と語っています。

　歴史的にも、都市の広場が革命の場所になってきたように、空間や場所の変化は社会や組織に大きなインパクトをもたらします。

　革命とは自由が姿を現すことだと説いた、哲学者のハンナ・アーレントは、その公的な場として古代ギリシャの都市国家、ポリスを挙げています。ポリスは中心部の丘（アクロポリス）を中心にアゴラと呼ばれる広場を持っていました。それは人々が直接お互いの顔を見て、話し、聞き、語り合う民主制の空間でした。実は、これは議会のような張り詰めた場で、多くの政治的決定もなされました。

　ネットでコミュニケーションできる情報化された知識経済社会で

世界各地にイノベーションの場ができている（ロンドン・デザイン・ミュージアム）

は、場の持つ意味は、さらに大きなものとなっていきます。

それは、ガレージのような小さな空間、オフィスの一角、フューチャーセンターのような場、オフィス内のオープンスペース、コ・ワーキングスペースなど、人が多く集まる多様な場がイノベーションを生み出す場として連携することでもあります。

しかし、こういった場への意識や活用がイノベーションを引き起こすことは、これまであまり理解されてきませんでした。しかし、多くのイノベーション企業、イノベーションを志向する企業では、場への投資が重視されているのです。

17 実験主義の組織を創る

イノベーションとは、模索と実践です。ホンダ第3代社長の久米是志は、「宝を探しにいく」旅（テーマ、技術、アイディアの探索）と、「宝物を運ぶ」旅（技術をカタチにする、製品化する）を分けよ、と説いていました。イノベーションはまず前者の仕事です。

そのためには、組織がこういった実験やリスクテイクを織り込んだ経営が必要になります。よく新しいアイディアに対して、それが成功するという証拠を見せろ、という問いが発せられますが、その問いの背後にあるのはリスクを恐れる恐怖感にほかなりません。

成功するかどうか、予測というのはほぼ不可能でしょう。そこで実験的（実証実験ではありません）なアプローチによって、リスクを軽減していくことが重要になります。

実験主義の組織に変革することで、再生に成功した企業に米国の財務ソフトウェア会社のインテュイットがあります。同社は業界内では老舗でしたが、業績が頭打ちとなり、成長のカベにぶつかっていました。当然、同社はリーダー企業らしく顧客の観察を行い、製品の改善に努めましたが、顧客の評価はあまり上がりません。

インテュイット社の実験主義モデル

Design
デザインする

Analyze
分析する

Execute
実行する

出所：Intuit Quickbooks Engineering Blogs（Sep. 17, 2018）.

その背後には、技術や顧客ニーズの不確実性の高まりがあったのです。従来の方法では限界があると意識した同社は、デザイン思考のアプローチを採用することとしました。顧客との協業、実験の組織文化を生み出そうとしたのです。

同社の創業者スコット・クックは、「事業の実験を繰り返し、その結果を企業の意思決定に生かすことが重要だ」と語っています。実験主義の利点は、ユーザーの反応に基づく経営判断、実験での予期しない結果（失敗も含めて）がイノベーションにつながること、などを挙げています。これらは財務的な成果に表れ、再び大きな成長の波に乗ることができるようになりました。

実際、インテュイットのある部門では2006年には1回しか顧客との実験をしなかったのに、2012年には600回以上、2013年には2500回ほどの実験を行うようになったといいます。行動が変わらなければ、イノベーションは起きないのです。

他にもこうした実験主義の組織には、グーグルがあります。同社では1年間に3000〜5000回の実験を実施している、といわれています。

「場」を起点としたイノベーションには、社会や顧客の現場、生活の場（オイコス）を観察したり、実践に向けて思いや目的を共有するための方法論が不可欠です。

たとえば、フィールドワークなどは、その1つです。しかし、フィールドワークの結果を共有しようとするときに必ず出る質問は、「いくつサンプルを取ったのか（何人に聞いたのか）？」です。多くの場合、定量調査に慣れているので、数を問われるのです。

定量分析的な方法では表層的で本質に迫れないので、フィールドワークという定性的方法をとったわけですが、顧客の観察からニーズや意味を見出せたといっても、定性的調査では往々にして、調査が個別的で「狭く」なってしまうのも事実です。これらは矛盾しています。

本来、新たな洞察や概念の発見には、サンプル数は問題ではないのです。本当に次の市場を形成する最初のユーザーが誰かがわかれば、1つのサンプルでもよいのです。

そこで、質的な視点から出発して、意味や理論を発見・創造する科学的・理論的な「第3の道」が求められます。それが質的研究方法論です。

質的研究とは、量的には捉えられない人間の生の現実を調査・研究するための方法論で、デザイン思考などの技法として企業のイノベーション活動に導入されるようになっています。基本的には「帰納法」、つまり、経験的データから要素を抽出し、それを方程式のように関係づけて理解する、さらにそこから新しい組合せを考える、という方法です。

いろいろな手法がありますが、以下が代表的なものです。いずれも観察、カテゴリー化、モデル化、実践という、知識創造のプロセスと

出所：紺野（2010）p.142。

呼応したプロセスが背景にあります。これらを組み合わせて観察から
実践に進むのです。

(1) エスノグラフィー……文化人類学的な観察、フィールドワークの
方法。その役割は、ユーザーの現実の生活や行動の現場に分け入
り、暗黙知、あるいは五感を通じて課題や問題、仮説の発見を行
う、フィールド・データからの仮説づくりの方法論

(2) グラウンデッド・セオリー・アプローチ（GTA）……まさに現場
（グラウンド）に密着して、得られたフィールドデータを突き合
わせながら、帰納的に個々の具体的事例から一般原理・法則を導
き出す考え方。データをまとめていき、独自の現場に密着した理
論（モデル）の構築を行う方法論

(3) ナラティブ・ベース・メディシン……文字どおり、医師と患者と
の関係の中での「語り（物語り＝ナラティブ）に基づく医療（癒
し）」の方法論。これを対話的プロセスによる問題解決の方法論
として応用する

こうした社会学や人文学的な知の方法論がビジネスに求められる背景には、モノづくりの時代から人間中心的な価値の提供の時代への変化があります。なかでも文化人類学にルーツを持つエスノグラフィーは重要でしょう。それは人間の生きる現実としてのフィールドの状況からの観察に重きを置いて、生きる場のあり方を見ようとするものだからです。

19　外に出てイノベーションのタネを集めよ

　顧客や社会の現実の場やフィールドからしかイノベーションは生まれません。ただし、それはいわゆる「現場主義」（現場における問題対応や処理に重きを置く経営の考え方）ではありません。現場主義は、往々にして従来の業務の中での過去の経験的知識重視を意味します。これがときとして新たなアイディアや試みの足を引っ張る可能性もあります。

　日本は「現場が要」などとも評されますが、実はトップ層から距離があり、疲弊している現場も少なくないのではないでしょうか。新たな知が流れる現場が求められます。会社から一歩も出ることなく、研究所でプロジェクトチームが朝から晩まで議論しても、イノベーションは起きません。オフィスの外に出ることなく開発された商品や事業は、顧客の顔が見えず、誰にも欲しがられない、あるいは、必要とされない商品となって失敗するケースが多いのではないでしょうか。市場に出て初めてわかることはたくさんあります。

　そうしたアイディアのタネ（技術シーズでない）から顧客価値を洞察・発見し、「顧客開発」をしていくには、プロジェクトチームが顧客と対面し、また、仮説をもとにつくり上げたプロトタイプを通じて試行錯誤できる「場」が必要です。

　誤解のないように言うと、それは真面目な遊びのような感覚でもあ

ります。肩肘張った観察や対話ではありません。イノベーションを起こせといわれても、毎日のデスクワークと会議の日常の中ではおそらく不可能に近いといってよいでしょう。

それは協力の場である必要があります。顧客コミュニティなども同様です。したがって、イノベーションのための協力の場は（真剣な）遊びの場に近いと思います。といっても、本当の遊び場ではありません。

オランダの歴史家ヨハン・ホイジンガ（1872-1945）は、大作『中世の秋』で14〜15世紀のブルゴーニュ公国の文化を考察しました。そこで、「ホモ・ルーデンス」というコンセプトを「遊び」に見出したのです。人間の本質はホモ・サピエンス（人類、知恵の人）やホモ・ファーベル（つくる人）である前に、「ホモ・ルーデンス（遊ぶ人）」だと考えたのです。

ホイジンガは、「遊びの面白さは、どんな分析も、どんな論理的解釈も受けつけない」、そして遊びの本質は、緊張、歓び、面白さだと、また遊びは文化より古い、と説きました。

ホイジンガの遊びは、一般通念とは違うのです。人間の行為はすべて遊びだと捉え、遊びの中に、①自由な行為、②実生活にはない虚構性、③物質的な利益や効用と無関係、④限定された時間と空間、⑤一定のルールに従って秩序正しく行われるもの、といった特徴を見出しました。

彼の時代には、オランダの黄金期はとうに終わっています。しかし、現代のオランダ

シンガポールにある創造的実験の場
「コミュニティラボ」

に通ずる社会的システムの特徴をホイジンガはつかんでいるように見えます。

> 「私たちの出発点は、ほとんど子どもっぽい遊びの感覚でなければならない。真面目だったり冗談だったり、さまざまな遊びの感覚の形があるが、すべて儀式や生産などの文化に根づいていて、リズム感、調和、変化、改造、比較や頂点を極めることなど、人間の本来的要求を豊かにしていくものなのだ」
>
> ヨハン・ホイジンガ『ホモ・ルーデンス』[06]

第 **7** 章

Creating the World

未来を生み出すナラティブ（物語る）の力（デンマーク・オーフス美術館）

"

"

01 「世界を創る」術

　イノベーションは、これまで聞いたことのない物語りという面も持っています。これをナラティブあるいはストーリーメーキング、ストーリーテリングなどとも呼びます。

　ただし、既存の成功事例を物語（ストーリー）として分析し、当てはめるのではありません。すでにあるストーリーの主人公は、あなたではありません。これに対して物語り（ナラティブ）行為とは、あなた自らが世界を創る（語っていく）ことでもあります。

　現状を認識しながら、自分自身のいる場でなすべきことを考え、問題や課題に挑戦し、試行錯誤を繰り返しつつ、変化を生み出す。自らが主人公となって、その変化について語り、周囲の人々と実践を通じて現状を変えていく。

　このような実践の只中での物語り的行為がイノベーションにとって重要であることはいうまでもありません。個人・チーム・組織のレベルでの物語りを共に創ることです。

　下記はスティーブ・ジョブズが、アップルに復帰する以前（1995年）に、あるインタビューで答えたものです。既存の常識にとらわれずに世界を創ること、そのことがどれほど重要なことかを物語っています。

> 　「だから、こういうことなんだ……。僕らは成長するにつれ、周囲から、世界は与えられたもので、その中で自分の人生をうまく生きていくんだといわれるようになる。あまり周囲の壁にぶつ

からないようにして、素敵な家族を
持って、楽しんで、多少金を貯める
んだと。

　しかし、人生というのは……そ
れはとても限られた人生なんだ。人
生でははるかに広いことができる。
……いったん、1つの単純な事実を発見
したら。つまり、それは僕らを取り囲んでいる世の中は、あなた
よりも賢いわけでもない人々によって構成されてきたものだとい
うことを。

　そして、僕らは変えることができ、影響を与え、他の人が使え
る独自のものを構築することができる。

　そして、世の中を突っつくと、別の何かが反対側から飛び出し
てくる、こういったことを理解した瞬間、僕らは世界を変化さ
せ、形作ることができる。

　おそらくそれが最も重要なことなんだ。つまり、人生は与えら
れていて、そこでただ生きるという、この誤った概念を振り払っ
て、変化を受け入れ、改善し、自分の印をつけること。

　僕はこれが非常に重要だと思う。一度それを学んでしまった
ら、人生を変え、より良くしたくなる。なぜなら、世の中はどっ
ちにせよ、支離滅裂だからだ。

　それを学んでしまったら、もう以前の自分には戻らないだろ
う」[01]

　イノベーションは本質的に発見、洞察、試行錯誤を伴うプロセス
です。最初からPDCA（Plan→Do→Check→Actionを繰り返すことに
よる継続的改善）のように計画された手順で進める仕事ではありませ
ん。何を計画するかを発見し、かつ手順は都度で異なるかもしれない
のです。

しかし、まったくのランダムウォーク（でたらめな動き）ではなく、目的をにらみつつ、現場状況や変化を知り、巧みに目的と手段を掛け合わせて実践していく創造的プロセスでもあります。

　それは始めがあり、その道行きがあり、到達点があるような、一連の物語りを創る行為でもあるのです。それは、目的に基づくイノベーションの実践に不可欠な智慧だといえます。

　優れたイノベーターは、必ず実践の過程で物語りを語ります。なぜなら、それは進む先が未知だからです。1932年に松下電器（現パナソニック）の創業者、松下幸之助が描いた「松下電器250年計画」（人生に幸福をもたらすために建設時代10年、活動時代10年、社会への貢献時代5年、合わせて25年間を1節とし、これを10節繰り返すという壮大な物語り）も、ジョージ・ルーカスの「スター・ウォーズ」プロジェクトも、アポロ計画も、みな物語りです。

　私たちに身近なところでは、現在の日本の高速鉄道事業を生んだ東海道新幹線プロジェクトも物語りでした。よく新幹線は「日本の技術革新」とか「宝物」などと賞賛されますが、1958年当時、国会に最初の構想が提示されたときには猛烈な反対に遭いました。「モータリゼーションの時代に今さら鉄道ではないだろう」という当時の狭隘なマインドがあったのです。その紆余曲折は、いまだに批判がありますが、結果的に新幹線は重要な日本の資産になりました。

　物語りの本質は、すでに出来上がった過去の事例を後づけ（ストーリー）で語ることにではなく、実践の最中で物語り、統合していくところにあります。語るという行為の時間的推移に沿って、主人公は最終的に何らかの結末（構造的変容）に至るのです。

　アリストテレスによれば、物語りは「はじめ－半ば－おわり」からなっています。私たちは何か新しいことをしようというときに、あまり意識しないのに、物語りを創造しています。

　たとえば、現場・現状はどうなのか、どんな障害があるのか、どう乗り越えるのか、どのような「事件」やターニングポイントあるいは

エポックが起きれば、私たちはそこへ到達できるのか、そして結果として何が得られるのか、といった議論を通じて、私たちは未知の世界に足を踏み入れていくのです。

また、物語りは個々のプロジェクトのレベルだけでなく、いかに私たちが新しい観点でイノベーションを実践するか、ということにもかかわります。

たとえば、従来型の事業計画のステップ（計画的パラダイム）でなく、リーン・スタートアップなどの試行錯誤的なパラダイムでイノベーションを起こそうと目論む、という場合は企業にとっては、従来の制約を破っていく、新しい物語りとなります。

なぜ物語りが大切なのかの、もう1つの理由として、物語りには説得の機能、つまり周囲を鼓舞し、巻き込む力があるからです。人は話に乗ってくれることで協力し合って実践します。私たちは決して分析されたロジックや計画どおりに命令に従って動くわけではありません。物語りを共有し、また、その一部として生きることが期待されるから動くのです。

02 物語（ストーリー）と物語り（ナラティブ）

テスラ社（電気自動車と電力システム企業）を立ち上げ、その後スペースXを起業して火星探索をめざすイーロン・マスクなどの経営者は、常に物語りを語っています。

なぜ火星なんかに行こうと言うのでしょうか？　2つの理由があると語っています。

1つは、「もし人類が1つの惑星だけでなく、複数の惑星に棲む生物となれば、もっと人類は栄えるし、もし地球がダメになっても地球文明は続く」というもの、つまり「保険」と同じというのです。もう1つの真の目的は、それがかつてない冒険だから、「本当にエキサイ

ティングな旅だから」だといいます。そし
て、もし火星が「ボロ屋の惑星」だったと
しても、地球のような惑星に変えることが
できる可能性がある、というのです。

　物語りは、目的を達成するための目的実
現の三段論法ともいうべき道筋を示してく
れます。ただし、その物語りは後づけや借
り物でなく、主体となるイノベーターが周
囲との関係によって、試行錯誤しながら自
ら創り上げていくものなのです。イノベー
ションは探究の物語りであり、物語りは新
しい現実を生成する方法だともいえるので
す。

　「物語り」と「物語」は、実は異なるも
のです。物語（ストーリー）は、個別の主

イーロン・マスクは南アフリカ
出身の起業家、投資家で、ペイ
パルの前身となる企業はじめ、
テスラ、スペースXなどの設立
者である。21世紀前半の最も
影響力ある人物。電気自動車も
ロケットも、その眼差しは太陽
系を意識した事業だといえる

人公と状況を含めた、「はじめ－半ば－おわり」という構造を持った
すでに出来上がったテキストです。物語りとは、その物語を生む行
為、あるいは行為のためのシナリオです。

　たとえばフェイスブックには、その多くのユーザーが描いた何百万
ものストーリーがあります。

　他方、物語り（ナラティブ）は、ストーリーよりも大きく、世界を
いかに見て構想するかという、知的能力です。出来上がったストー
リーを分析しても、それは過去の情報にしかすぎませんが、物語りは
未知の複雑な環境の中での構想を生み出す行為だともいえるのです。

　それは、ある状況から意味を生み出していくことで、自身と周囲を
実践に向けて巻き込んでいく力を持っているといえます。すでに出来
上がった、あるいは既存の事例をストーリーで語ってみても、そこで
実践は起きません。

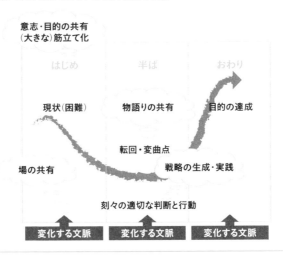

ナラティブはストーリーを生み出しつつ実践する行為

- 主人公、登場人物
- 彼らの置かれている状態、ジレンマなど
- 主たる価値観や信条
- 行動へのきっかけ、動機
- 周囲から何が求められているのか、情勢や世論

意志・目的の共有
（大きな）筋立て化

はじめ　　　半ば　　　おわり

現状（困難）　　物語りの共有　　目的の達成

転回・変曲点

場の共有　　　　　　戦略の生成・実践

刻々の適切な判断と行動

変化する文脈　　変化する文脈　　変化する文脈

03 21世紀は「長い物語り」で考える

　21世紀のイノベーションは20世紀のイノベーションとは異なり、環境や社会の変化を強く意識したものになっています。そこでは、企業もイノベーションを考える時間軸を変えなければなりません。

　かつてはイノベーションといえば、新製品開発を意味していたこともありました。かつては、せいぜい数年の時間軸で、そのマーケティング戦略などが語られていました。

　しかし現在は、エネルギーや環境、都市、ヘルスケアなど社会性を

帯びることで、イノベーションの時間軸はきわめて長いものになって
いきます。たとえば、地球環境に目を向ければ、「企業（寿命）30年
説」を信じる企業にエネルギービジネスを任せておけるでしょうか？

　極端な例を挙げれば、核廃棄物の半減期は長いもので1万年です。

　しかし、一方で変化の激しいデジタル関連やファストファッション
などの分野は、数週間単位でコトが進みます。しかし、その産業構想
はより大きく長いもののはずです。長いスパンの下で、多層的な時間
軸が同時に並列するのが21世紀のイノベーションなのです。

　ビジネスの時間軸は1～10年、事業となれば10年、しかし、都市
や経営となれば300年のスパンが求められる時代になったのです。さ
らに背後には1000年単位での文化、1万年単位での環境の時間軸があ
り、これらを重層的に理解できる企業が求められているのです。

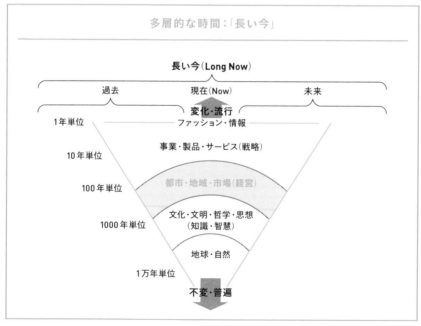

出所：Long Now Foundationおよびブローデル（2004）より作成。

スチュアート・ブランドという人物をご存じでしょうか？　彼はスティーブ・ジョブズの有名なスタンフォード大学でのスピーチの最後の言葉、「ハングリーでいよう、馬鹿者でいよう（Stay hungry, Stay foolish）」という言葉を生み出した伝説的な雑誌『ホールアース・カタログ』の編集者です。

　そのブランドは現在、「ロングナウ（長い今）」という財団を立ち上げています。そして1万年時計などを実際につくっています。その意図は、今、私たちは「長い今」を生きる時代に入っているということ。企業も目先の判断だけでなく1万年の視座を持ってイノベーションを考える、ということのメッセージでもあります。

04 1万年のナラティビティ

　物語りの力はパワフルです。

　ハンガリー生まれの米国の記号論・言語学者、トマス・シービオク（1920-2001）は1980年代初頭、米国放射性廃棄物管理局の要請によって、「1万年を結ぶコミュニケーション手段について」という報告書を提出しました。

【問い】

　米国放射性廃棄物管理局の依頼は、私たちの子孫が地中に埋めた核廃棄物を（たとえば古代遺跡として）掘り出した際に、それを危険だと知らせる方法を考えて欲しい、というものでした。核廃棄物は、長ければ1万年の半減期を持つものです。しかし、1万年も持続した言語は人類の歴史上ありません。今も残っている最も長命な言語も、せいぜい5000年前の古代エジプト語（ヒエログリフ）

などです。

　では、どうやってそれを知らせたらよいでしょう？

　それがシービオク博士への問いでした。

【答え】

　シービオク博士は未来の市民が原発や核兵器の放射性廃棄物を埋設した汚染地域に踏み込んで被曝する危険性を指摘し、1万年後の人々へのコミュニケーションのために何世代にもわたる「民間伝承リレーシステム」を提言しました。それは「原子の聖職者」を任命し、彼らの子孫が適時続く世代にコミュニケーションを行うという内容のものでした。

　1万年持続した言語はない——。そこで、特定のシンボルを用いながらも、1万年を約300年ごとに約30世代（自分から曾々々孫）に区切り、各世代がそれらを補完するメタメッセージを構想（ナラティブ）する、という仕組みが論じられたのです。

05　シナリオプランニング再訪

　ここでシナリオプランニングについて触れておきます。その心は、固定的なマインドセットからの脱却と、「ありえそうな未来の物語り」の創出の方法論だから、です。

　私たちが目的に向かって何かをなそうというときには、さまざまなバイアスや既存のメンタルモデルが邪魔をして、イノベーションへの道が閉ざされてしまうことが多い。このような状況について繰り返し述べてきましたが、シナリオ的なアプローチ（シナリオプランニング）の役割は、「物語り」をともに創り、それを用いることによって、マイナスの状況を変えたり、意識を広げることができるという点にあります。それは次のような考えに基づくものです。

- 企業は通常、明示化されたあるいは暗黙のオフィシャル（フォーマル）シナリオによって運営されている
- いったんその前提が崩れれば、オフィシャルシナリオは脆弱化、陳腐化、システムが崩壊する
- 新たな技術や人々の意識・価値観の変化によってそれらは引き起こされるであろう
- 一方、変化の先取りができれば新たな需要を創造できる

　シナリオプランニングの歴史は、第2次世界大戦中の米軍の軍事戦略策定のための未来予想実験にルーツがあり、その後1970年代に企業の手法として採用されるなど、それなりに長いわけですが、21世紀に入ってからその意味や役割は変わってきました。

　シナリオプランニングの方法論は、1970年代の、当時世界第7位の石油メジャーであったロイヤル・ダッチ・シェルから始まって、実際の数々のプロジェクトを通じて構築されてきたものです（シェルは一連のシナリオプランニングによって、世界第2位のメジャーとなる）。これが世界的に広がっていきました。

　従来（ここ20年くらい）は、シナリオとは、将来の危機的な状況を想定して、コンティンジェンシー、つまり、不測事態や危機への「備え」をしようというのが主眼でした。そして、それを戦略計画に活かそうとしました。

　しかしこのアプローチは、一部の先達の企業を除いては、十分な成果を生み出したとは見なされていないと批判されています。また、新たな事業を考えるうえで、将来の絵を描く、という方法としても使われていきましたが、実際の企業の現実と連続性がない、絵に描いた餅になってしまうという批判もありました。

　シナリオは、あくまでその主体（企業などの組織）の意思決定や判断に役立たなければなりません。したがって、現在の分析が基本とな

ります。しかしそのうえで、その「現在」の前提が転換してしまうような状況をシナリオとして描くことが重要です。

　現代のビジネスは、過去には考えられなかったようなスピードで変化しています。まさかの時の備えでも、実現されない「絵」でもない、現状を逸脱する、イノベーションのためのホワイトスペース（新たな市場／戦略空間）の発見、あるいは既存のシステムに対して将来ありえそうな世界を描くこと（メンタルモデルの革新）などの活用のナラティブな領域が考えられます。

　同時に企業には、長期的あるいは歴史的視座が求められています。そのためのナビゲーター、かつ現実を変容させる対話のツールがシナリオプランニングです。目先の変化に注視しつつ、大きな目的のもとに、マクロでディープな環境変化要因を意識して実践するための考え方として、シナリオを活用することが求められています。

　現代は、大きな潮流の変化とともに、偶然性が加わって、飛躍的な変化や劇的な変革が生ずる世界です。そこで、いかに生きるかの指針

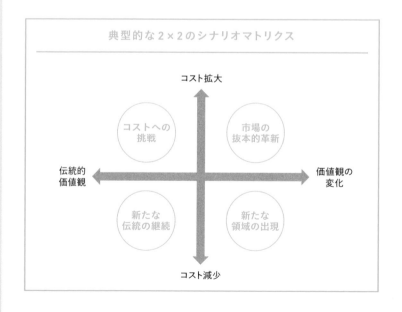

典型的な２×２のシナリオマトリクス

コスト拡大

コストへの
挑戦

市場の
抜本的革新

伝統的
価値観

価値観の
変化

新たな
伝統の継続

新たな
領域の出現

コスト減少

を得るか、ということがシナリオプランニングの役割です。経営者は現時点の目くるめく変化に集中して適応すべきですが、変化の背景には深い流れがあり、しかも、それらが長期的に変動する要因であることも常に視野に入れていなければなりません。同時にちょうど激流でカヤックを操っているときのように、その流れに敏感でないと死を免れない。両者とも正しいのです。

単に「〇〇〇の未来を考えよう！」というのは、この不確実で複雑な環境では意味がありません。そうではなく、長期的な変化に鋭敏になり、その大きな目的の下で俊敏に現時点の変化に対応することが重要なのです。長期的構想があるゆえに、微細なレベルでの変化を生みだすことができるのです。

シナリオプランニングは、単に未来のアイディアを考えるツールではなくて、こういった実践的思考のためのものだといえるでしょう。

06 「シナリオ的思考」のエッセンス

シナリオプランニングは、大きく捉えれば、歴史の方法の活用で「歴史的構想力」と呼ぶべきものです。その思考の方法としての特性には、次のようなものがあると考えられます。

①非決定論的・発散思考……シナリオプランニングは、従来の分析的思考法とは逆の考え方をします。マイケル・ポーターの競争戦略論に代表されるような、外的環境を分析していくと最終的に1つの答え（ポジショニング）にたどり着ける、と考える決定論的な思考ではなく、多様な可能性を発見していくような、非決定論的な考え方です。

②物語り・プロット思考……また、単にたくさんのアイディアが生まれて可能性が広がった、どんどん未来を思い描きましょう！と

いうだけなら、ブレーンストーミングと何ら変わりがありません。重要なのはそれからです。いかに洞察に富んだシナリオ群によって実践の道筋を見出し、最善の戦略的、政策的判断ができるか、ということです。

③ポジティブ思考……一方、シナリオプランニングでよく登場する危機的シナリオは、実際に聞いたり経験したりするのは辛い話ですが、実は描き出すのは比較的容易です。なぜなら、私たち人間にとって、ネガティブな思考（たとえば批判など）はすぐに思い浮かぶからです。他方、現状の制約を乗り越えていけるようなポジティブ思考のシナリオは、実は描き出すのが大変です。それはより深い知的作業を伴うために難しいのです。ありふれたハッピーストーリーをただ当てはめるだけでは、ポジティブなシナリオとはいえません。特にイノベーションのためにシナリオプランニングを用いようとするならば、いかにポジティブな未来を構想できるかという創造的思考がとても大事です。

④対話のための思考……当事者との対話から新たな目的と手段の関係性を生み出すのが、本来的なシナリオプランニングの役割といえます。

⑤臨機応変思考……最もポピュラーなシナリオプランニング技法では2×2マトリクスが用いられます。簡易で便利です。ただし、矛盾するようですが、2×2に固執しない、ということも大事です。シナリオの表現・形成には、実はいろいろなパターンがあります。状況に応じて使い分けないといけません。いつでも2×2づくりのワークショップだけを行うのでなく、じっくり話す、さまざまなプロットを考える、といった臨機応変思考が重要です。

07 シナリオの演繹的なアプローチと 帰納的なアプローチ

　シナリオプランニングの策定の方法論あるいはシナリオプランニングには、大きく分けると、演繹的なアプローチと帰納的なアプローチがあります。

　前者は、いくつかのステップに沿って、シナリオを描くもので、たとえば、

①焦点を設定（何のためのシナリオか）
②それにまつわる変化要因をスキャンニング
③不確実で重要な要因群の抽出
④主要な軸の設定（おおむね2軸）
⑤2×2のフレームワークでシナリオマトリクス生成
⑥複数のシナリオ展開
⑦シナリオから得られる示唆、焦点への解決策、可能な戦略的オプ

FCAJのワークアウトのスナップショット

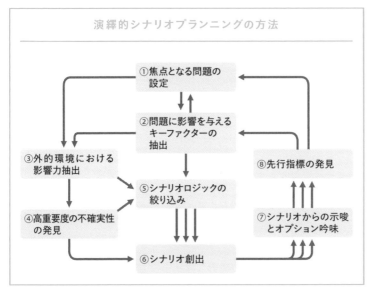

図　演繹的シナリオプランニングの方法

①焦点となる問題の
　設定

②問題に影響を与える
　キーファクターの
　抽出

③外的環境における
　影響力抽出

④高重要度の不確実性
　の発見

⑤シナリオロジックの
　絞り込み

⑥シナリオ創出

⑦シナリオからの示唆
　とオプション吟味

⑧先行指標の発見

出所：オグルビー・紺野・野中（2005）。

　ションの考察
　⑧現実世界での兆候の確認

　といった手順でシナリオプロジェクトを進めていくものですが、前提
は、現在の経営のシステムやビジネスモデルの理解の下で、それらが
想定外の変化や技術によって劇的なインパクトをこうむった際にはど
のような世界が描かれ、そこで企業や組織がどのような対応を取るべき
きかを考える点にあります。
　また、後者（帰納的アプローチ）は、構造化されない形式でのシナ
リオプランニングです。企業や組織を成立させている現状のシステム
を理解したうえで、想定される変化の原動力と傾向の詳細な調査を行
います。次にグループディスカッションなどから創発する多様なシナ
リオを形成し、合意に達するまで、ありえる代替的な状況を考えてい
きます。

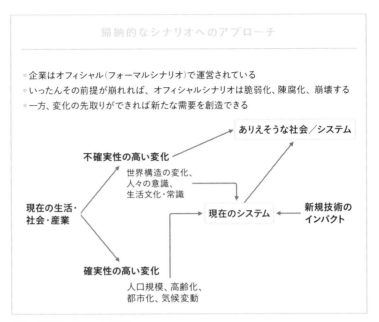

帰納的なシナリオへのアプローチ

- 企業はオフィシャル（フォーマルシナリオ）で運営されている
- いったんその前提が崩れれば、オフィシャルシナリオは脆弱化、陳腐化、崩壊する
- 一方、変化の先取りができれば新たな需要を創造できる

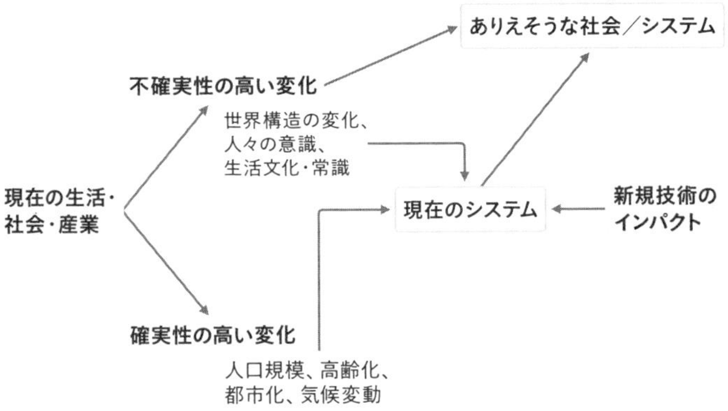

ありえそうな社会／システム
不確実性の高い変化
世界構造の変化、
人々の意識、
生活文化・常識
現在の生活・
社会・産業
現在のシステム
新規技術の
インパクト
確実性の高い変化
人口規模、高齢化、
都市化、気候変動

出所：角和（2005）をもとに作成。

さらに、シナリオ自体の活用、位置づけも多様で、以下のように単純にシナリオを描くだけでない、多様なアプローチがありえます。

①グローバルシナリオと個別シナリオ
　（例）全体の長期にわたるシナリオと、それに基づく個別事業のシナリオ
②判断のためのシナリオと世論形成のためのシナリオ
　（例）投資判断のための代替案、視点の提供のためのシナリオ
③発見・探索のシナリオと世論形成のシナリオ

シナリオプランニングは、未来に向かう物語りを生み出す過程です。

既存のシナリオプランニングの普及に大きく貢献したGBN社の創

プロットに基づくナラティブ（語り）が スクリプト（脚本）として描かれる		
敗者と勝者	● 一般的な筋書き ● 一人勝ち ● 勝者と敗者の協力
挑戦と抵抗	● 冒険：勇者が次々と困難にさいなまれる ● 次々に新たな挑戦者が現れる ● 環境問題、社会問題がビジネスに与える影響
進化	● 成長的進化あるいは衰退 ● 有機的な変化 ● ゆっくり始まり、熟し、爆発する ● ゆっくりな変化は最初は見えない ● 技術が与えるインパクトが広範に影響を与える ● 突然の変化で風景が一変する ● 特定の地域の出来事が政治的な革命となって影響を与える

業者の1人ピーター・シュワルツは、シナリオは個別制作（カスタム
メイド）だが、プロット（筋書き）には、上の表のようないくつかの
基本パターンがあり、これらを用いつつシナリオを描くこと（物語
り）を示唆しています。[02]

08 対話の場で変化を生み出せ

　市場調査やビッグデータを通じて顧客について理解するのでなく、
直接「場」を共有していくような探索的アプローチは、イノベーショ
ンにおいて不可欠です。
　ビッグデータも、過去のパターンからわかること以上のことを伝え
てはくれません。イノベーションの過程では、当事者である私たちが
顧客とともに変化を生み出し、自分自身の行動そのものが状況や環境
を変えていくのですから、過去の「客観的なデータ」の意味は薄れま

す。

　求められるのは、過去のデータの理解より、未来を共創するための対話です。「対話型」の場の意味がここにあります。

　かつてシナリオプランニングは、戦略計画のツールとして、シナリオを未来に備え、構えることでリスクを回避する（コンティンジェンシー）、といった活用が多かったのですが、そこでは、社内の戦略計画部門（問題の当事者）が中心になって、探索・分析・意思決定のために用いられたのです。しかし、それではせっかく集めた知を仕舞い込んでおくようなものです。

　1990年代初頭、南アフリカでアパルトヘイト解消のシナリオプロジェクトを率いたアダム・カヘンは、同じシナリオプランニングの方法を使いながら、目的が全く異なる活用のあり方を呈示しています。

　彼は、独自の活用の仕方について、「環境適応・構え／備えのシナリオ」から「状況変革・創造、変容のシナリオ」へのシフトとして説明しています。

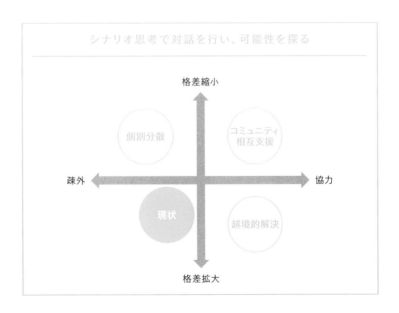

シナリオ思考で対話を行い、可能性を探る

格差縮小

個別分散

コミュニティ
相互支援

疎外　　　　　　　　　　　　協力

現状

越境的解決

格差拡大

「環境適応・構え／備えのシナリオ」から
「状況変革・創造、変容のシナリオ」へ

　それは、問題の当事者の輪を広げ、顧客やパートナー、（社会的な
課題であれば）コミュニティやNPOなどのメンバーも含め、フィー
ルドでの対話を進め、解決・変革・和解のためのツールとする、ある
いは、観察・発見・創造といった、イノベーション実践のためのツー
ルとして用いることです。

　つまり、シナリオプランニングを現実の「場」で行うということで
す。そこでは相互に目的を追求しつつ、状況を変革していく物語りを
共につくり、実践していくのがその主眼です。そういうナラティブな
方法が重要な時代になったといえます。

09 人間の協業がつくる新しい経済

　今、私たちを取り巻く環境は、新たな現象とそれらを表すさまざま
なキーワードにあふれています。その本質は創造経済、あるいは社会
が価値創造に向けて協業するような経済の到来です。

これまでの生産者の時代、消費者の時代を経て創造者の時代に入っ
たと見ることができます。ユートピア的に聞こえるかもしれません
が、すでに生産者が何かをつくって消費者に買わせる（make people
buy）、あるいは消費者と協調するという時代は去っています。

　その契機の1つは、2008年のリーマンショックでした。借金をして
（させて）までモノを買う（わせる）、そのことの前提にあった信用の
破綻が起きたのです。

　その後に生まれたいくつかの運動、たとえばデジタル機器とコン
ピュータ・ネットワークを活用して個人がものづくりを行うメーカー
ズ運動などは、製造と消費の壁を取り払い、大企業に属さなくとも個
人が自分のアイディアを形にして社会を変革する可能性を手にしたと
いう意味で、創造経済の兆候でした。

　UberやAirbnb、あるいはフェイスブックなどのビジネスにも見ら
れるように、ユーザーがオーナーとなったり、コンテンツの制作者、
提供者となったりしているのです。

- 生産者の時代（1920〜60年代）……工業社会には工場を持つ企
  業、つまり生産者がモノを作ってユーザーに提供した。
- 消費者の時代（1970〜90年代）……情報社会にはマーケティン
  グが発達し、ユーザーが力を持ち、生産者とユーザーはともに価
  値を作り出した。
- 創造者の時代（2000年代〜）……未来学者のアルビン・トフラー
  は、かつて「プロシューマー」（生産する消費者）という概念を
  打ち出したが、知識社会には、情報や技術という面で大きな力を
  得たユーザーと生産者との境目がなくなり、メーカーズ運動のよ
  うに、昨日まで生産したことのなかったユーザーがメーカーにな
  る。そして協業・協力によって新たな価値が生み出される。

　今、シェアリング・エコノミーという言葉も広がっています。その

意味はモノやサービスを個別に所有するのでなく、共有することで、根底にあるのは信頼や情報に基づく協力・協業です。したがって、「シェア」の本質は、アナリストのジェレミア・オーヤンが提唱する、協業経済だといえます。

こうした時代には、もはや企業は自らを主語にして経営を考えられなくなってきたといえます。個人と組織との関係は、かつてのあり方から大きく変わりつつあります。その変化の中で、協力し合う共通感覚、共通の社会的な目的（究極には共通善を追求する）の再認識が求められているのです。

しかし、世の中にはそんな「社会的目的なんか要らない」という意見だってあるでしょう。日本を代表する智者、生態学者、民族学者、情報学者、未来学者、日本の文化人類学のパイオニアともいわれる梅棹忠夫は、1960年代の高度成長期のある講演会で「もう目的の時代ではない」と言って参加者を沸かせました。

ただし、当時の目的とは、戦前から続く国家目的や企業の経済目的を指していたようです。つまり、もう日本はそういった時代を超えていこうとしている、と。[03] 今ここでいう目的は、「個」に基づいて共有され、綜合される目的です。トップダウンの目的ではありません。だから、共通善につながるというわけです。

しかし、梅棹はこんなことも言っています。「これからは目的のないことに人々が関心を持つ時代だ」と。それは、ボランティアや社会のための何かだというのです。この「何か」とは、今の感覚でいうと、社会的・個人的な目的にほかなりません。つまり、私たちの時代は、企業が個人や社会の要求に応え、利他的目的を持って協業するような成熟社会になったということなのです。

協業経済の本質（ヴァージョン1.0）

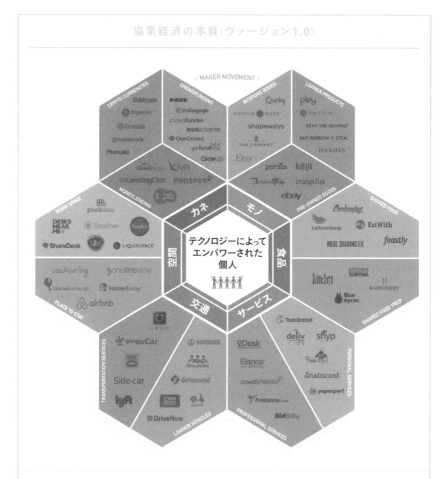

シェアエコノミーの本質は、単に「所有から使用へ」ではなく、テクノロジーによってエンパワーされた個人がもとになって個人対個人のサービスとしての財の共有を行うことである

出所：ジェレミア・オーヤン氏の資料。

　グローバリゼーションの波は、ますます大きくなりつつあるのではないでしょうか。

　ただし、それは1980年代から続いたそれとは質的に異なるものです。2017年のトランプ政権登場や英国の欧州連合離脱（ブレグジット）意思の通告などの事象を目の当たりにして、「これからはグローバリゼーションからローカリゼーションだ！」といったメッセージも一瞬聞かれましたが、むしろ、地球環境問題をはじめグローバルでしか解決できない問題が実はさらに切迫感を持って浮き彫りになってきているのではないでしょうか。SDGsなどへの関心はその1つです。

　ローカルに社会や経済を（あるいは情報を）閉じてしまうのは、一種楽なことでもあります。しかし、それでは木を見て森を見ず、の状態に陥ってしまうでしょう。

　グローバリゼーションといっても、その様相は時代とともに変化してきました。1980年代から続いた先進諸国主導のグローバリゼーションから、当時の発展途上国が台頭するグローバリゼーションへと、そこには質的な変容が見られます。1980～90年代の先進諸国が主役のイノベーションから、新興国中心へと量的・質的に変化しているのです。

　同時に、経済の勝ちパターンも、品質の良いモノづくりから、社会や人間中心のイノベーションに大きく変わっています。それには次のような背景があります。振り返ってみましょう。

　1970年代の企業は、どの国でも、その地場の市場に対して製品を供給しようと主に国民を労働力として活用しました。先進国では、それを今度は輸出に展開し、競争力を高めようとしますが、そこでは労働者の力が増しました。当時の経営者の最大の頭痛のタネは、労働組合問題だったといえます。その中で抜きん出て力を持っていたのが、

比較的安価で優秀な労働者を活用できた日本企業でした。

しかし、こうした問題から、欧米諸国は1980年代になると移民を労働力として活用するようになっていきます。1980〜90年代は、そうやって先進諸国がそれらの地域での市場を広げることによっても、経済成長をしていきました。

しかし同時に、移民問題などが起こり、今度はオフショアリングなどによって、海外の労働力を活用するようになります。また、この時期、日本企業の海外への工場移転も進みました。

それは結果的に知識・ノウハウのグローバルな広がりとなりました。彼らの次の世代では、世界中で同じような情報、教育を受けられるようになり、グローバルな市場をにらんでビジネスが行われるようになっていきました。

そして今、こうした先進国中心のパワーバランスが崩れ、また、世界中のどこでもイノベーションが起きる状況にあります。ここでいうイノベーションとは、技術も重要ですが、いかに社会課題やその背後にある仕組みを変えるか、にポイントがあります。

それぞれの地域でのイノベーションがグローバルにつながっていく時代に変わっているのです。そして、それをリードするのが、若い世代であることはいうまでもありません。

11 Z世代の台頭

1980年代中頃、米国で「ヤッピー」という言葉が流行しました。ヤッピー（yuppie, YUP）は、「young urban professionals」の略で、20代後半から30代後半でMBA（経営修士号）を持ち、都会に住み、金融業などの専門職、弁護士や医師などの層でした。高収入でスーツやクルマ、住居にお金をかけ、日常的に高級レストランで飲食をするなど派手な生活をする。メディアは彼らを性格は自己中心的、表面的と

いうイメージで扱いました。

　しかし、1980年代中頃の米国の人口構成を見ると、最も多いのがベビーブーマーと呼ばれる20代と30代でした。当時、実際にはこうした条件を満たしたのはこの層の7人に1人だったにもかかわらず、半数以上が自分をヤッピーだと感じていたのです。

　この頃から、マーケティングの世界では、世代や性差などデモグラフィックな消費者の分類は役に立たなくなり、消費者がどんな意識を持っているか、という点で「サイコグラフィック（心理学的属性）」な分類を重視していきました。こうした、大きな数を占める層がどんな意識を持つか、それは今後の消費だけでなく、政治や社会のあり方を決めていくものとなったのです。

　特に大きなボリュームを占める層の変化が、社会における意識改革につながり、それがビジネスを大きく変えるというわけで、これを理解できない、あるいは、その波に乗れない企業が不利になるのは確実です。

　日本では今後、高齢化に拍車のかかる団塊の世代（1947〜49年生まれ）が注視されるところです。内閣府の調査「団塊の世代の意識に関する調査」では、現在の自分の生活や住居を守る保守的な傾向が強く出ていたように見えます。

　しかし、世界の人口構成を考えると、今その意味で注目されるのはZ世代です。米国では、1960〜70年代に生まれた世代をジェネレーションX、1980〜90年代に生まれた世代をジェネレーションYと呼んでいます。ジェネレーションYに続いたのがミレニアル世代と呼ばれる1990年代生まれの世代で、ミレニアル世代と少し重複する1990年代後半から2000年代に生まれた世代がジェネレーションZです。

　1995〜2010年の間に生まれた世代は、2018年現在で8〜23歳。代表的なのはテニスの大坂なおみ選手です。2019年に世界の全人口77億人の32%を占め、1つ前のミレニアルY世代の31.5%を超える今後の世界で最も多い層になるとされています。

ジェネレーションZの生まれ始めた1990年代後半はインターネットの黎明期で、この世代の多くは、幼少期からすでにコンピュータをはじめとするデジタルデバイスに囲まれて成長しました。ITに親しんで育ったデジタルネイティブと呼ばれる世代とも重なります。

　若年層の多いインドでは、2019年にはこのZ世代が全人口の36％を占めています。米国では25％を占めており（2018年）、政治的にも地域によって他の世代とは異なる傾向を持つことや、SNSよりYouTubeを好み、「銀行よりデジタルソリューションのほうが信頼できる」と考える傾向を持っています。前の世代からは理解が難しいと思われているようですが、彼らが大きなインパクトを生み出していくのは確実です。[04]

　このジェネレーションZが、これからの地球規模のイノベーションを担う世代と考えられます。

　ところが実は、日本では15％しかZ世代がいません。総務省の年齢各歳別の人口統計をもとに8歳から23歳までの人口を計算すると、日本のジェネレーションZは1860万人ほどで、総人口の約15％を占めます。世界平均の半分です。これは当然、少子高齢化によるもので、どうも日本は世界の変化に対して鈍感になる可能性を持っているといえそうです。

　若い世代には活力があります。筆者らの調査でも高齢層（60代）よりも10代のほうが未来に対して能動的な傾向があります。[05] Z世代の意識の変化を重視し、ビジネスや政治に活かす努力を意図的に行わなければ、日本は世界の流れに置き去りにされるかもしれません。

12 「個」が活かされる社会

　いわゆる「豊かさ」ランキングで先進国間のイノベーション要素の比較をすると、日本は経済や健康、安全などの面での社会的資本の指

標では高いが、個人の自由という点では劣っているのが見えます。

いくつかの調査指標でも同様の傾向があります。平均すると日本は決して社会的に豊かでないのです。これは多くの人が実感しているのではないでしょうか。成長一辺倒から成熟時代のシナリオを描けるかどうかです。

また、これに呼応するように、日本は世界の「幸福度」ランキングでも高い位置を占めていません。2019年度版では58位と徐々に下がってもいます。

日本は個人の自由や自律性を打ち出していけるのでしょうか？

日本人の個々人が創造的でない、という意味ではありません。社会が個人の自律性を抑制するように出来上がっているのです。ただし、これは決して未来永劫不変のものではないでしょう。社会の保守性という意味では欧州のほうがよほど強く、何でも諸外国から吸収してしまう日本のほうが柔軟な部分もあります。

しかし、日本の場合、伝統的な意識や見えない社会制度にずいぶんと縛られているようです。社会が男性的で変化を嫌う（むしろ安心安全主義）傾向が強いため、かえって変化に対して脆弱になり、逆に安心安全を脅かされていく、という兆候も見え始めています。

逆に北欧諸国やオランダでは、社会的資本の中でも個人の自由などの指標が高い。これは、大学などの環境整備（ちなみに、多くの大学は無料）、イノベーションなど、新たな試みへの社会的受容性を高める政策、イノベーションで経済をめざそうという目的を持つなど、国家的政策も関与しているものと考えられます。日本にもイノベーションのための社会資本の再構築が求められています。

自由意志が日本の未来を決める

IMFやスタンダードチャータード銀行などのレポートによると、2010年に比べて20年後の世界経済は、大きく変わるかもしれません。

世界のGDPに占める割合で見ると、最大の経済圏であるEUと米国に代わって中国が台頭します。より大きな変化として、インドのGDPが2%から10%へ増大、逆に日本は9%から3%へと縮小するのです。

実際にこうなるかは、誰にもわかりません（誰が20年前に中国の台頭を確信できたでしょうか）。しかし、このような状況を反転させるには、ある条件があります。

フランスの経済学者で、思想家・作家でもあるジャック・アタリは、今から10年ほど前に次のようなシナリオを記しています。[06]

> 「日本は世界でも有数の経済力を維持し続けるが、人口の高齢化に歯止めがかからず、国の相対的価値は低下し続ける。1000万人以上の移民を受け入れるか、出生率を再び上昇させなければ、すでに減少しつつある人口は、さらに減少し続ける。
>
> 日本がロボットやナノテクノロジーをはじめとする将来的なテクノロジーに関して抜きん出ているとしても、個人の自由を日本の主要な価値観にすることはできないだろう。また、日本を取り巻く状況は、ますます複雑化する。たとえば、北朝鮮の軍事問題、韓国製品の台頭、中国の直接投資の拡大などである。
>
> こうした状況に対し、日本はさらに自衛的・保護主義的路線をとり、核兵器を含めた軍備を増強させながら、必ず軍事的な解決手段に頼るようになる。こうした戦略は、経済的に多大なコストがかかる。2025年、日本の経済力は、世界第5位ですらないかもしれない」

ネガティブなシナリオをポジティブなシナリオに転換するには、個の自律性、創造性がカギとなることはいうまでもありません。言われたことに服従する、すでに決められた道を進むだけの教育や社会からは、イノベーションは生まれにくいのです。

しかし、アタリの指摘にもあるように、日本はそうした傾向を持っ

ていますし、中国も同様の問題を内包しています。自立した、自律的な個の創造性に基づく経済や社会が、イノベーションの大きな課題になるのです。

　はたして私たちは、「服従しない」子どもたちを育てることができるでしょうか。新たな試みもあります。プロジェクトや現実の活動を通じた学習の場などです。

　東京大学先端科学技術研究センターと日本財団が進める「生意気」な子どもをつくろうという「異才発掘プロジェクトROCKET」（ROCKET: Room Of Children with Kokorozashi and Extraordinary Talents）です。

　異才があっても既存の学校教育になじめない不登校の小・中学生を、世界をリードする人材に育てようということから始まりました。オールマイティで協調性のある人からは、イノベーションは生まれにくい。そこでそんな教育が始まっているのです。

13 若者の活きる場所をつくろう

　ジェンダー（性差）や人種などのダイバーシティは重要ですが、とりわけ、若い世代の持つ才能や可能性を引き出さなければ、従来の発想や仕組みを超える未来志向のイノベーションはできません。

　もちろん、高齢者でも創造性は失われないといわれますが、それは若者のそれとは本質的に違う、現実的創造性でしょう。常識を破るような新奇性は若者の（あるいは、若者らしさを失わない人々の）特権でしょう。

　日本では高齢者比率が2060年になると4割を超え、若年人口比率が1割を切るという人口構成です。きわめてアンバランスで、このような状態は、イノベーションが生まれてくる可能性をかなり低下させるでしょう。

私たちがなすべきことが3つあります。

①若者の活きる場を生み出すこと
②彼らのアイディアを支援すること
③彼らに学ぶこと

　米国の例では、若い世代の多くが大企業で働きたくないと考えているといわれます。こうした傾向は日本でも見られますが、これは大企業の終焉を意味しているのではありません。大企業がその組織文化、つまり場のあり方をイノベーションすべきことを意味しています。

　そこで、高齢者が若者に学ぶ、すなわち若者による高齢者のメンタリング、つまりリバースメンタリング、逆メンター制度が生まれています。もちろん、従来のメンターシップも重要ですが、相互に学べる新たな徒弟制が有効ではないでしょうか。

　これまでの「企業社会」では、特に大企業で企業の組織と「個」は対立するような関係にありました。ですから、組織に合わない個は去っていく、ということになります。

　一方、オープン化された知識社会では、こういった理念に基づく組織は生きられなくなるでしょう。自律的な「個」を基盤にした組織であること、つまり、対立的な構図ではない関係を生み出していく必要があるのです。

14　20代の構想が世界を創ってきた

　「私は23歳のときにこれを経験しました。鮮明なビジョンが夢に出てきて、バッと飛び起きました。『もしもウェブのすべてをダウンロードできたとしたら……？』と、すぐにペンをとり、頭に浮かんだアイディアを夢中で書き殴りました。すぐにそのアイ

ディアを大学の教授に話しました。そのとき教授は、私の計画が莫大な時間を必要とすることを知っていたはずですが、何も言わずに好きなようにやらせてくれました。若者の『絶対にできる！』と信じる力は、時にものすごいことにつながります」

　これは、グーグル創業者のラリー・ペイジの言葉です。次に挙げるように、イノベーションは20代の若者たちが力を発揮することが肝となります。

- ヨーゼフ・シュンペーターが『経済発展の理論』を執筆　29歳
- アポロ計画のエンジニアの平均年齢　26歳（1969年当時）
- スティーブ・ジョブズが「マッキントッシュ」を発売　29歳
- 竹鶴政孝が国産ウィスキー醸造に成功　29歳
- 稲盛和夫が京セラを創業　27歳
- 湯川秀樹が中間子理論を構想　27歳
- マイケル・デルがデルを上場　24歳
- アラン・チューリングがエニグマ解読機を開発　27歳
- ビル・ゲイツがマイクロソフトを設立　22歳
- イーロン・マスクがZip2を起業　24歳

　「もう自分は20代をとっくに過ぎている！」ですって？　そういうことではないのです。私たちがみんな持つ、子どもから大人になる過程での直観。自分が20代のときに考えていたアイディアや構想を思い出してください。上に示した彼らは、それを一歩先に実現しましたが、その後も、その構想を追い求めていきました。30代以上の読者の皆さんは、それを実現しようとするか、周りの20代の手助けをしてください。

10代の地球起業家

　オーシャン・クリーンアップの創設者のボイヤン・スラットは1994年生まれのオランダ人。世界初かつ史上最長の浮遊型海洋ゴミ除去設備によって海に漂うプラスティックゴミを収集除去しようというプロジェクトを推進しています。

　開始当時のスラットは、19歳でした。彼らのコンセプトは、海流と風の動きをコンピュータでシミュレーションして、その力を利用してゴミを収集するというものです。

　年間で約800万トンが海に廃棄され、525兆個ほどの破片が漂流しているというプラスティックゴミは海洋生態系に被害をもたらし、海洋国であるオランダや日本にとって深刻な問題です。このプロジェクトがオランダ政府をはじめ世界中で関心を呼び日本でも紹介され、対馬沖で導入が検討されました。

　インターネットなどを通じて資金を集めつつ、2020年から大がかりな清掃の旅を構想しています。セールスフォース・ドットコムのマーク・ベニオフ、ペイパル創業者のピーター・ティールなどの著名な起業家も資金を提供。その第一歩として、2015年8月、ホノルルから30隻ほどの移動除去船がデータ収集と実態調査のために出発しました。

　しかし、2018年9月になって、最初の試みは暗礁に乗り上げます。太平洋へと向かっていった全長600メートルの海洋清掃設備がゴミを集めることなく壊れてしまったのです。

　現在は、修理と改良が進められているようですが、そうなるとメディアも

オーシャン・クリーンアップの海上での試行錯誤の一シーン。持続的な取組みが行われている

急に批判に回ります。そもそも海に漂うゴミを集めるよりも、地上で
ゴミを出さないようにするべきだったのではないか、と。元も子もな
いような批判です。学者たちの意見も、もともと計画に批判的だった
というのです。これからどうなるか、それは誰にもわかりません。

　もう1人ご紹介します。スウェーデンの少女、グレタ・トゥーンベ
リは、2018年の夏にスウェーデン議会前にたった1人で座り込んで
「登校拒否」を続け、有効な地球温暖化対策をとらない大人に抗議し
たのです。彼女を子ども扱いする批判も少なくありません。

　現在「グレタの怒り」は、「グレタ・エフェクト」と呼ばれて、世
界で最も影響力があるとされています。今、世界の子どもたちだけで
なく、大人たちにも広がり続けています。

　こうした若い世代のアイディアや行動が、大きな損失や失望ととも
に終わった例は少なくありません。しかしその一
方で、当初多くの批判を浴びたプロジェクトが何
らかの成功や大きな意識の変革をもたらすことも
あるのです。

　たとえばイーロン・マスクのスペースXプロ
ジェクトは、「民間ベンチャーが宇宙開発など無
理だ」という猛烈な批判にさらされながらも、一
歩ずつ進んでいるように見えます。そのうち時代
が変化し、地球周辺の宇宙開発は民間商業ベース
の世界に入っていくでしょう。

　今後、21世紀には社会課題を解決しようとい
う試みからイノベーションが生まれ、技術が開発
され、有用な製品が生まれていくだろうと考えら
れます。また、こうした必ずしも新製品を開発し
ない（そもそも大量生産がゴミを生み出すのです
から）イノベーション、つまり持続させるための
イノベーション（改善型イノベーションとは異な

2018年8月、トゥーンベリは
中学校を休んでスウェーデン議
会の前で「気候のための学校ス
トライキ」を始めた。今の大人
たちが彼女たち未来の世代のた
めに根本的対策を取っていない
と糾弾した。この活動に周囲の
学生、最終的には世界各都市の
若者が参加し大きなムーブメン
トとなっている。これを単なる
子どものイベントだとする体制
側との対立がある

りexx) がますます重視されてくるものと思います。

このような事業は、多くの経済的価値・社会的価値・人類的価値を持っていますが、それが従来の企業収益モデルでは機能しないことが多く、NPOなどが立ち上がることになります。失敗も当然あるでしょう。しかし、①誰も望まないものでない限り（共感）、②試行錯誤を続け（場）、③次のチャレンジへの可能性（目的）を生み出すのは若い世代の特権です。これをサポートできるかが、私たちの社会の課題なのです。

16 エシカルインダストリーの出現

今後世界が経験する「精神の時代」の社会や経済において、イノベーションにかかわる大変重要なコンセプトが「倫理」です。

倫理は今、科学やイノベーションの世界でホットトピックになりつつあります。次の世代のことを考えたとき、従来のそれとは異なる倫理のあり方は世界の構想にかかわるものともなります。

科学史・文明史家である伊東俊太郎の著書『変容の時代』によれば、医療倫理、企業倫理、カウンセリング倫理、情報倫理、環境倫理などと並んで「科学倫理」の重要性が指摘されています。[07]

たとえば生命科学や脳科学、人工知能、ブロックチェーンなどの革新的技術が眼前に提示されたとき、企業や社会はそれをどのように判断するのか？

その背後には当然、倫理が求められます。技術そのものは目的を持っていませんから、それを判断するのは人間です。その目的を考える前提が倫理によって支えられることはいうまでもありません。

典型的な倫理の議論は、「列車の運転士がトンネル内で5人が工事で働いているのを発見した。線路を切り替えれば5人は救えるが、切り替えた先には1人の子どもが遊んでいる。あなたならどうする

か？」という問いです。

　5人を救うべしとするのは功利主義的倫理観、それに対して本来死ぬべきでなかった子どもを救うべしとするのが「人倫」観です。このような問いは、実は私たちの今後のビジネスやイノベーションに深くかかわります。しかし、倫理はこうしたものに限りません。

　倫理は知的財産のあり方にもかかわります。たとえば、製薬業にとって、新薬の知財は重要ですが一部の地域や対象層だけのものでよいのか、あるいは発展途上国や貧困地域にも広く提供すべきなのか？といった問いは、ビジネスと倫理が巴となって企業の社会的責任や存在意義を問う議論へとつながっていきます。

　それは働き方改革などの背後にある労働倫理や、ブロックチェーンの普及による社会の背後にある信頼と信用などの問題、より広くは環境倫理、そして人間だけでない生命倫理、などにも広がっていく、まさに未来を考えるうえでのテーマです。

　倫理の対象は、もはや人間だけではなく、広く生命や生命圏（生圏倫理）などに広がっています。それは今後の産業のあり方を左右するでしょう。世界を見る世界観、新しい意識、社会を基礎づける智慧として重要になると考えられるのです。産業社会と倫理がこのように強く結びついていく21世紀、エシカルインダストリー、「倫理社会産業」というキーワードが重要な視点として浮かび上がってきます。

　ユヴァル・ノア・ハラリは、英国の『エコノミスト』誌で、「世界は新しい秩序を求めている」と主張しています。[08]

　長年続いたグローバリズムが今、危機に瀕していて、それぞれ自国の利益を追求する国家からなる世界に向かっているように見える。今はそれぞれのカベの内側では安定を求められるかもしれない。

　しかし、それでも、地球的問題、テロリズムよりも大きな影響をもたらす環境問題、核の脅威、破壊的な科学技術の問題は、それぞれの「カベの内側」では解決できない。そこで新たな秩序が必要というわけですが、それはすなわち、私たちがどのような共通感覚や価値を持

ちえるかにつながり、根底において倫理を問うことになるのです。

　倫理は欧米の哲学の問題だけでなく、東洋思想においても重要なテーマです。たとえば儒教（孔子、孟子）の教えは、社会技術としての倫理という面で着目すべきでしょう。古代中国では「礼」といった作法で社会秩序を保つような実践からの倫理、「仁」のような他者への思いやりは社会的な倫理の基礎となるのです。最近の中国では、儒教の復興現象が広まっているともいわれます。

　本書では、「目的」「共感」「場所」という3つのイノベーション実践の要素を挙げています。これらと倫理はどのようにかかわるのでしょうか。これらが倫理をいかに基礎づけるか、それぞれにルーツを持つイノベーションの倫理とはどのようなものでしょうか？

1. 目的によって基礎づけられる倫理……形式的な正しさや義務の概念ではなく、ある行為が人間にとって望ましいこと（善）に導くものかどうかを重視する倫理の考え方。これはアリストテレスの幸福倫理学にも通じるものといえます。その目的によって判断を行う見方です。

2. 共感によって基礎づけられる倫理……温かい心、思いやりに基づく倫理。これは人間主義的なイマヌエル・カントの倫理学や、儒家思想にも通じるもので、その共感によって判断を行う見方です。

3. 場所によって基礎づけられる倫理……「場所の論理」を展開した西田幾多郎は、他者と自己の同一の場を説きましたが、それは現象学のエトムント・フッサールの相互主観性にもつながる考えです。こうした「自己－他者」の関係の上に成り立つ倫理は、共通感覚による行為の判断を行う見方だといえます。

　もちろん、これらは独立したものではなく、統合されることで、産業、社会、環境の変化の中での智慧、人間らしさ、生きる倫理につな

がるものと思います。

イノベーションの方法としての
「変化の法則」

イノベーションが起きない原因は、ツールや手法の問題でなく、個人や組織の見えない障壁（カベ）にあります。そこで単にワークショップを行うのでなく、イノベーション経営の体制や文化まで含めた組織のイノベーションを考える必要があります。

そこでは、変化をどう起こしていくか、という「変化の法則」に目を向ける必要があるでしょう。変化を生み出すには、本書でも紹介したように「目的と手段」の調整、綜合といったプロセスを通じて行っていくわけです。

目的と手段（現実への作用）、法則と結果との実践的関係の創造はイノベーションの基本プロセス――小さな実践がもたらす結果が、より大きい影響をもたらすようなスパイラルを考える

NPO活動などで用いられる「セオリー・オブ・チェンジ（変化のための理論）」も、大きな目的のために、自分のサービスや製品（手段）が、どんな変化やインパクトを生み出すのかをデザインしていきます。またシステム思考でも、要素間の因果関係から変化が生み出す結果を予想するような考え方がとられます。

それと同時に、組織や社会の変化が起きるには、いくつかの「潜在的」あるいは「歴史的」パターンがあると考えられています。これらに逆らえば変化は起きにくいし、うまく活用できればよいでしょう。以下はいくつかの「法則」例です。

　文化人類学者の山口昌男（1931-2013）は、すべての社会や政治的な宇宙は「中心」と「周縁」で成り立っているという「中心／周縁」概念を打ち出し、注目されました。「革命は辺境から起きる」（毛沢東）といったように、それまで否定、排除されてきた周縁に力が蓄えられ、そこから中心が変わっていく、という現象です。

　たとえば、海外経験の長かったトップやいったん引退していた経営者、冷や飯を食っていた異端の人材が中央に登用されて変革を起こす、という例が当てはまるのではないかと思います。「周縁」に目を配り、それらをうまく活用する、というのが、変化を生み出す際の第1法則です。

変化は常に周縁から起きる

　フランス・ヨハンソンの『メディチ・インパクト』は、フィレンツェのメディチ家が異分野の芸術家や学者・文化人、詩人、哲学者、建築家、実業家などを保護し、彼らがいわばコラボレーションすることでルネサンスが起きた、と述べています。[09]

　アレクサンダー大王の切り開いたヘレニズムもまた、こうした異分野融合、多元主義的な文化運動となり、それがアレクサンドリア図書館に結晶したのです。

　年齢差、性差、人種差を超えるダイバーシティへの取組みもまた、こういった効用をもたらします。いかにプロジェクトメンバーやパー

トナーに多様性や異文化融合をもたらすかが第2の法則です。

境界融合が知を解放し、新しい知が生まれる

③「作用と反作用」(弁証法)の法則

変化には、必ず作用と反作用の法則が働きます。何か新しいことをしようとすれば、それに反対する人や、それまではなかった人々の反対感情が生じます。プロジェクトがうまくいきそうなのに、「失速」の兆候が見えることもあります。

多くの試みが、この「自然の法則」によって挫折頓挫しているように見えます。また、回り回って自分の行為が自分に返ってくる「因果応報」のような場合もあるでしょう。

このような力から抜け出すには、①本来の大目的に立ち返りながら、人々の意識を変えるような「ショック」を与える(柔よく剛を制す。たとえば、弱さを強みに活かす)、②反作用に対するさらなる作用を見通して、反作用力をうまく使う(たとえば、物事が起きなかったときのシミュレーションを提示する)、あるいは、19世紀ドイツの思想家フリードリヒ・エンゲルスのいう③弁証法、つまり、作用と反作用の拮抗を超える「第3」の方向性を提案して、当初の試みを包含するように展開する、などの手を打つ必要があるでしょう。

エンゲルスの『自然弁証法』の3原則──「量質転化」「対立の相互浸透」「否定の否定」

おわりに

イノベーションのトポス

　現代のビジネスは、企業という境界を越える、社会的でオープンなものになっています。たとえば社会を包括するエコシステム（生態系）やプラットフォームに基づく産業創造のアプローチは不可欠です。そのために求められるのは、未来的な構想・コンセプト（ビッグピクチャー）です。

　本書も人間の脳の話から地球環境まで、あるいは個人の意識の問題から社会・経済の問題まで、ある意味、カタログのようにトピックが並び、ビジネス書らしくない感じを持たれた読者もいるかもしれません。しかし、それは構想・コンセプトを生み出すためのタネであり、温床だといえます。

　また、知識や智慧は、場所と切っても切り離せないものです。トピックというのは、語源をさかのぼるとギリシャ語の「トポス（topos）」から派生した語です。トポスは「場所」を表す言葉ですが、アリストテレスによって議論や論証の基礎といった意味としても使われていました。[01]

　そこから、話題や論題を表すトピック（topic）という言葉につながっていきました。トピックには、弁証法のような議論の際の土台を

ちなみに筆者は、「トポス会議」と呼ばれる会議を長年企画している。2012年に始まった、日本発で世界の知をネットワークする試みで、おそらく「シンギュラリティ」などのトピックを取り上げた日本で最初のコンファレンスだった。参加者は講演者の話を聞くだけでなく、「ムードメーター」などのツールで、トピックに関与することで場を形成する

考えていくときにその方向をどちらにも進められる分岐点といった意味合いが込められています。

　本書も、イノベーションという試行錯誤の実践において、私たちが突き当たるカベや行き詰まる隘路がどこにあるのか、また、それらを突き破りあるいは迂回し、イノベーションをさらに前に進めるにはどうしたらよいか、その起点や分岐点となるトポスを問いのような形で、フィールドノートのように描き出してみたものです。

　1つ1つのトポスが、知識や情報を動かす論点の場所であると同時に、行動の土台となっていけば幸いです。どの場所にもビュリダンのロバがいます。そこで思考停止して動けず餓死してしまうか、自由意志を発動してしかるべき知識や情報をつかみ取り、噛みこなしてエネルギーに変え、地面を勢いよく蹴って進むか、それは1人1人の視点

と意識にかかっています。

　今、イノベーションを常態として次々に起こして、社会をより良い世界へと変革している多くの企業や組織、あるいは個人たちは、共通してこれらのトポス（場所）の意味を深く理解し活用しているのだと思います。しかし、それでも、21世紀に私たちがはまり込んだ深刻なアポリア（哲学的行き詰まり）から抜け出すには、とうていイノベーションへの挑戦が足りません。

　本書では、それぞれのイノベーションのトポス（場所）に、カベを乗り越えるためのロープや梯子、避けて通るための迂回路や抜け道を示すガイド、視点や思考を転換するためのヒントや知識、情報を仕込んであります。それらさまざまな道具や手段の使い方や手順など、レシピもできるだけ具体的に提示したつもりです。

社会・経済の森羅万象を 知識で切ろうという試み

　ただし、それぞれのトピックは、単独で存在しているのではありません。それら全体を包括的に綜合する大きな「トピック＝トポス」を示しておきたいと思います。それは「　　　　　　」（knowledge ecology）と呼べるものです。

　知識生態学は筆者の造語ではなく、草の根的に使われてきた言葉です。決まった定義や、相当する学会などがあるわけではありません。これまではナレッジマネジメントの専門家が知識の振る舞いをこの言葉で表そうとしたり、社会問題に関心を持つ人々が使ってきました（1970年代に環境問題で注目された社会活動家、ラルフ・ネーダーのNPO法人がナレッジ・エコロジーの名前を冠しています）。たとえば、ピーター・ドラッカーも自分自身を「社会生態学者」と呼んでいたのでした。

　筆者は、知識生態学を社会や経済の中での知識がどのように生ま

れ、共有され、活用されるか、それを個人（人間）、集団、組織の相互関係、それらを含むエコシステム（生態系）で捉えていく「智慧」として捉えています。これが今、改めて重要になっていると思います。それは「知識」という視点に基づいて、企業経営だけでなく、社会や環境の問題まで広く扱うものだからです。

エコロジーとエコシステム

　生態学（エコロジー）とは簡単にいうと、生物（人間や動植物）と非生物（水やエネルギー、物質）が相互に関係し合っている「家」（オイコス、エコの語源）としての環境や生きる場のあり方の研究です。これが「生物：非生物→人間：環境→組織：社会→人類：ロボット・情報」とその適用の範囲は広がっています。

　これらを総合的なシステム（系）として見たときにエコシステム（生態系）と呼びます。エコシステムはエネルギーや情報の流れでその動態（ダイナミクス）を説明しますが、さらに、社会や経済、市場などのエコシステムを知識の創造・伝承・共有・活用などで見るのが「知識生態学」だといえます。

　経営やビジネスにおける無形資産としての「知識」の重要性についての認識は1990年代から沸き起こりました。21世紀に入ると、多くの企業の経営者も、そうした考えに同調するようになりました。

　さらにさかのぼって、1950年代にドラッカーは知識ワーカーが価値を生む知識産業社会を予見しています。2000年代の日本企業の製造業の経営者の多くも、知識を主体とするネットワーク型の（製造業を超える）企業をめざそうとするビジョンを持っていました。これが最近内閣府が提唱している「Society 5.0」（経済発展と社会的課題の解決を両立する、人間中心の社会、1人1人の人間が中心となる社会）の雛形であることはいうまでもありません。

知識経営の生みの親とされる日本の経営学者、野中郁次郎が『知力経営』（紺野との共著）、『知識創造企業』（竹内弘高との共著）を出版したのが1995年でした。『知識創造企業』は、「知識」をキーワードに暗黙知を基盤とする日本企業の強みを普遍化する目的で書かれた初期の知識創造理論のバイブルともいうべき文献です。

　しかし、そのような理論が生み出されたこの日本で、日本企業はこうして世界の経営学に向け提示した問題提起に答えられないままなのではないでしょうか。知識創造プロセスはモノづくり、製造業だけに限られたものではありません。しかし、現実にはその実践は、十分には果たされなかったようにも見えます。

　経済同友会代表幹事の小林喜光氏は2019年4月の退任にあたって30年の平成時代は「敗北と挫折の30年」だったことを認識すべきだとインタビューに答えています。[02]

　それは日本企業や経済が変われなかったことへの警鐘ですが、せっかく良いアイディアやコンセプト、理論が生まれたのに、それが既存の組織や経営では実践できなかった、ともいえます。それは1社だけの戦略論や組織論の限界だったともいえるかもしれません。

　日本企業はアップルやグーグルの誕生に力を貸したりしていたのに、今いわゆるGAFAの時代になって、相対的に地位が低下したことは否めません。なぜ、そうなったのか？　諸説ありますが、筆者は次のように考えます。

　日本企業にはやりたいことがあった（日本はデジタルやソフト分野への移行という方向は、部分的にわかっていた）にもかかわらず、それまでの強みであったモノづくりにこだわっていた。これは一種の常識なのですが、ゲームのルールが変わったにもかかわらず、それまでの強みにこだわっていた。それでは今まで以上の優位性は築けないのではないでしょうか。

　一方で同時期、1990年代から2000年代にかけて、韓国や中国企業は日本に追いつけ追い越せでハードビジネスにがむしゃらに集中し

た。他方で米国は、1980年代に日本企業に徹底的に打ちのめされており、1990年代に入ると脱20世紀型製造業に転換していった。それがインターネットの台頭と結びついた。

その頃の日本は、グーグルなどはモノづくりとは遠い「ウェブ」の世界のことだ、と頭だけで理解してしまった。本当は新たな時代の製造業（知識製造業）⁰³⁾を考えるべきだった。つまり、日本企業は既存事業のモメンタムにとらわれ、新たなチャレンジ（知識ベースの経営）について中途半端だった（機会を逸した）のだといえます。まさに「ビュリダンのロバ」だったのかもしれません。

今、私たちの周囲を見回すと、オープン・イノベーション、エコシステム、プラットフォームなど、企業の外部との関係性についての概念。あるいはスタートアップ、ティール組織など、そこで働く人々や組織の概念。AI、ロボット、ブロックチェーンなどのテクノロジー、バイオサイエンスや宇宙空間などの新たな産業領域。そしてSDGsなど、社会や環境についてなど、いろいろな概念やキーワードが百花繚乱です。企業や組織のこれまでのあり方が大きく変わることは必至です。10年前と同じような組織が今後も持続するとは限らない、というより持続するほうが不思議です。

確かに百花繚乱ですが、これらはすべて、社会や企業組織の中での知識の問題だといえます。したがって、知識生態学のような古くて新しい智慧が必要になってくるのです。

今までの経営やビジネスのための考え方や手法が陳腐化していくことが指摘されています。論理分析への過剰な傾斜、「競争戦略」という概念の現実とのズレ、組織の「管理」といった考え方の変化、などです。これらは従来のように「戦略の専門家」「組織や人事の専門家」「技術の専門家」といった「縦割り」の考え方では乗り越えられないでしょう。

こうした知識生態学を、単に諸々のテーマや課題を並べてみるだけでなく、知識創造理論を要に生態系として基礎づけていきたいと考え

ています。

人間の意識と知識に目を向ける

　そして今、中心になっているのが脳科学の進展や、その背後にある
人間の意識や価値観の大転換といった「人間のイノベーション」の知
識の生態学です。それは、人間の幸福や倫理のあり方を直接問うもの
です。そこでは次のようなトピックが考えられるでしょう。

　私たちは、地球人口の爆発的増加、劇的環境変化、AIやロボットと
の共存、新たな宇宙探索など、多くの変曲点を経験しています。そ
こでいうまでもなく、イノベーションや知の創造にかかわる知的方法
論、知識創造のメカニズムなど人間の知のあり方が問われます。とり
わけ、倫理の再考、知識創造と脳科学の関連性、人工知能と人間の間
の意味生成（センスメーキング）、美学・アートの可能性、構想力の
方法論（デザイン思考、シナリオ思考、システム思考）などがかかわ
ります。これらは、今までの機械論的世界観を超えるものとして、人
間の感情や目的の問題につながります。

　知識には形式知、暗黙知という2つの面があります。暗黙知は身体
的な、あるいは習慣や文化に根づいた知でもあり、場や場所にかか
わります（第6章参照）。企業や社会組織にとって、場は、人々の交
流の場という表層と、生命的な根源的なシステムとしての場の間にあ
る、物理的空間、仮想空間、人間的関係などを含む複合的な資産で
す。知識創造が起きやすい場には、どのような特徴があるのでしょう
か。賢い場（フューチャーセンター、リビングラボ）のあり方、ある

いは、今後は教育産業と経営の融合などがトピックとなるでしょう。

③知識の組織的・社会的綜合、知識資産（知的資本）など「経営の知の生態学」

　インターネットが普及し、誰もが情報にアクセスできるようになった反面、人間間の分断や阻害、排除が大きな問題になっています。他方では、今ほど多数の知を綜合しなければならない状況もありません。たとえば、オープン・イノベーションなどが具体化すれば、従来の組織や経営学の境界内でのナレッジマネジメントでは限界があるでしょう。知識が組織的・社会的にどのような生態を呈するかを理解する必要があるのです。これはイノベーション経営、知識ベース組織、ナレッジマネジメント、目的工学などの基礎になるものです。

④知識の社会的・経済的生態系（エコシステム）、「都市＝知識経済社会の生態学」

　知識生態学は、いうまでもなく、知識経済、大きな社会的・経済的生態系（メタシステム）、都市空間のデジタル化（スマートシティ）など、社会や都市の生態、デザインにかかわるテーマです。物理的なインフラとしての都市だけでなく、プラットフォームやサービスのエコシステムなどが融合した都市×社会×経済のあり方を捉えるものだといえます。

知識イノベーションが経済を動かす

　2018年のノーベル経済学賞は「内生的経済成長理論」と呼ばれる理論を確立した世界的経済学者の1人、ポール・ローマーに授与されました。ローマーの理論は「知識イノベーション」による長期的成長の理論だと考えられます。アダム・スミスの頃から技術革新が経済成

長に大きな影響を与えることは認識されていました。にもかかわらず、新古典派のマクロ経済研究では、新技術の創造をモデル化できませんでした。

そこで、技術的変化を成長要因として考慮に入れて1980年代に登場してきた理論が内生的理論でした。企業内の個人や組織が生んだアイディアや革新的技術が社会的資本として共有され、他の企業にも伝搬する。企業と人々の意欲的な知識創造による年間数パーセントの経済成長が何十年にもわたって知識資産（知的資本）として蓄積されれば、長期的成長の原動力として機能し、人々の生活が変化する、ということを明らかにしたのです。

同年の経済学賞は共同受賞だったのですが、もう1人のウィリアム・ノードハウスも実践家で、「炭素税の提唱者」としての受賞でした。つまり、国家や企業にとって「イノベーション」と「環境」が経済的成長のカギになるという、心すべきメッセージなのです。

こういった時代背景の中、世界は大きく変動しています。イノベーションを経営の中核に据える「イノベーション経営」ですが、これはもはや経営者や、リーダーだけが主導するものではありません。「リーダーとフォロワー」という関係自体、問い直されなければならないでしょう。意識を持った個人（トップも含めて）が組織内外のエコシステムにつながり、大きな構想や目的に沿って社会・経済的価値を生む、というのが暫定的な知識生態学のテーマなのです。

変革期には、変化させようとする力と現状を維持する力が拮抗し、コンフリクトが生じます。マキアヴェッリが説いたように、変革において必ずつきまとう困難は、旧制度の恩恵を受ける人々からの強い、あるいは目に見えない抵抗です。

今、世界では、こうした力の二極化が起きていますが、それを超えるオルタナティブな道を対話によって探るしか未来はありません。環境革命の時代の知識イノベーションがそのカギを握っています。

読者へのメッセージ

　実は、本書の執筆には5年越しの作業を要しました。イノベーション実践のためのフィールドガイドとして、古今東西から素材を集めて、方法論を整理したものの、世界の目まぐるしい変化をできるだけ盛り込むために、何度も書き直すこととなりました。

　図表や写真を数多く配置した、今の形のエディトリアル・デザインにも、試行錯誤がありました。その間、編集を担当された東洋経済新報社の佐藤敬さんには、ずっと付き合っていただきました。随所に工夫を凝らしたデザインを担当していただいた米谷豪さんとともに、改めて感謝申し上げます。

　イノベーションというテーマは、厄介です。確かに継続的革新が経営に求められる時代で、企業はイノベーションについて理解し、実践しなければならない。これは正論です。ですから本来「ジャスト・ドゥ・イット」なのですが、なかなか実践に至りません、という企業が多いようです。どうも頭でっかちになって、理論先行になっているのではないかと思います。

　共通した質問の1つは、「いったい何ができたら、イノベーションだといえるのですか？」（言ってくれたらやります？）というものです。単に頭に理論を詰め込んで議論しても、イノベーションとはいえません。

　イノベーションについては、世間では多くのことが語られています。たとえば、「社内のハッカソンで新しいアイディアが生まれたら？」とか「アクセラレータ・プログラムで新たな事業が生まれたら？」。こうした新たな試みの成功をイノベーションということもできるでしょう。

　しかし、「本業」の資産のリフレーミングによるイノベーションも重要です（特に大企業にとっては）。要は新たな観点を持って、持続

的にイノベーションを行える経営や組織に転換することが最も重要ではないかと思います。もちろん、経営理論は重要ですが、何をすべきか、いかにすべきかを実践する前に考えすぎれば麻痺状態になるのは必然です。カギになるのは、社会や組織における人間の存在です。

　ある欧州の産業用素材産業の企業は、ホームページで次のようなことを語っています。

　　　「私たちは本業の持続性を維持するとともに、不確実な環境の
　　　中で新たな価値を生み出すためにイノベーションを経営の中核に
　　　置いています。そして×××（金額）の投資を行い、社外のエコシ
　　　ステムによって多くのスタートアップと協業し、社員の8％近く
　　　がイノベーションに貢献しています」

　規模の大小を問わず、こうしたイノベーションの目的と実践を日常的に行えるように、経営を転換していくことが求められると思います。
　そこでは理論と実践の双方が重要ですが、真に重要なのは、既存の経営理論を応用して実践するのではなく、実践を行うための理論に基づく実践ではないでしょうか（実践論的理論）。これは先に筆者が野中郁次郎教授と2012年に上梓した『知識創造経営のプリンシプル』でも述べたことです。
　そこで、本書では実践のためのガイド（カタログ）、というコンセプトを重視しました。読者が「イノベーションとは何か」を経営学的に理解することもさることながら、人間として、組織として、第一歩を踏み出す行為が求められます。

　「ビジネスモデル・キャンバス」を考案したアレックス・オスターワルダー先生とイヴ・ピニュール先生には、私が2012年に彼らの最初の著書『ビジネスモデル・ジェネレーション』の日本語版の導入に

かかわって巻末に解説を記したことを契機に、親しい友人として、マスタークラスなどの活動を行っています。彼らが最後に推薦の言葉を寄せてくれました。

　そして、次の方々に示唆、ご協力いただいたことを記しておきたいと思います。直接の対話を通じて多くを学ばせていただき、本書の軸となった、野中郁次郎、伊東俊太郎、レイフ・エドビンソン、ヤン・スタマン、デビッド・メイスター、クレイトン・クリステンセン、ヘンリー・ミンツバーグの各先生、そしてテキストを磨いていただいた田中順子さん。

　2019年はウィーンのグローバル・ドラッカー・フォーラム、モスクワ経営大学などでの講演機会を通じて、世界のビジネス、イノベーションの動向を肌身で感じる機会を得たのですが、これまでの日本企業や日本的経営が相対的に力を失っていることを改めて実感しました。

　しかし、だからといって、単に「世界では」こうなっているから、と再びキャッチアップ思考で考えるのでなく、いかに創造的な一手を打ち出せるかを真剣に考えることが肝要ではないかと思われました。そこでは過去と未来をつなぐ「歴史的構想力」が求められると考えています。

　本書が、読者の実践への一歩を踏み出すヒントになれば望外の幸せです。

2019年12月
出張中のヘルシンキでのメモより

　イノベーションは、多くの実在する企業、特に大きく古い企業にとって、きわめて大きな課題となっています。日本においてさえ、そうなのです。ほとんどの場合、日本企業は製品やプロセス、組織の改善については優れています。しかし、新たなビジネスの創出、新たなビジネスモデルの創造、新たな事業の導入は、大きな難題となっています。

　現実に企業がイノベーションを広め、経営し、熟達するうえで、実践のための刺激的なガイドブックの著者としては、紺野登氏の他はいないでしょう。それは、彼がイノベーション理論の研究者で、かつ建築家のバックグラウンドを持っており、デザイン思考のメリットを提示し、実践的経験を広めてきたからなのです。本書ではその考えを、創意に富んだ仕方で紹介し、読者の興味を高めてくれるでしょう。そして、イノベーションの理論と実践の間のギャップを埋め、イノベーション、創発、実験のための場を生み出すのに役立つに違いありません。

　人間の心（知性）と魂（感情）と身体という、とても示唆的なアナロジーに基づいて、紺野氏は3つの要素——目的、共感、場所からなるトライポッドあるいはテトラヘドロン（正四面体）を提言しています。

　イノベーションには、経済、社会、環境に対しての大きな影響を生み出すために、はっきりした、志に基づいた、健全な「目的」が必要

です。

　これらのインパクトは、人や社会に対する「共感」によって成り立ちます。デザイン思考は、この共感の開発のためのカギとなる資源なのです。

　目的を達成し、共感を育み、新たな試みを実践するうえで不可欠な要素として紺野氏が提言するのが、「場所」を設けることです。デザインし、プロトタイピングし、実験し、検証する。そして、ときには免疫力がつくような失敗もする、そういった場所です。

　本書のすべての章は魅力的で、理論に基づくアイディアや事例を通じて、読者はイノベーションのアプローチ、ビジョン、実現について構造的に共有することができるでしょう。

　親愛なる読者の皆さん、このフィールドガイドをぜひ楽しみ、味わってください。本書の思考、イマジネーション、コンセプトに触れながら、きっと皆さん自身のイノベーションの「心と魂と身体」を発見したくなるはずです。

『ビジネスモデル・ジェネレーション』著者
アレックス・オスターワルダー（ストラテジャイザー創業者兼CEO）
イヴ・ピニュール（ローザンヌ大学教授）

イノベーションのための世界共通言語となった「ビジネスモデル・キャンバス」の生みの親。世界のビジネス思考家を選出する「Thinkers 50（世界の50人の思考家）」で、2019年には第4位に選ばれている。紺野登は、彼らの著書の日本語版2冊に解説を加えている

注

はじめに

01) フェルプス（2016）。

02) Drucker (1993a).

03) The World Happiness Report 2018（https://worldhappiness.report/ed/2018/）.

04) Japan Knowledge.

序章

01) スピノザ（2017）p.164。

02) 『デジタル大辞泉』。

03) 「15歳がつくる『学校』、知の退化、はね返せ——考える葦、未来の原点」『日本経済新聞』2019年1月8日。

04) ハラリ（2018）下、p.104。

05) ハラリ（2018）下、p.210。

06) 「『自由意志』は存在する（ただし、ほんの0.2秒間だけ）：研究結果」Wired、2016年6月13日（https://wired.jp/2016/06/13/free-will-research/）。

07) Polanyi (1969).

第1章

01) ベルクソン（2010）p.140。

02) Wikipedia。

03) 小学館『日本大百科全書（ニッポニカ）』。

04) レヴィ＝ストロース（1976）p.281。

05) "When Forecasters Get It Wrong: Always." New York Times, Dec. 30, 2017（https://www.nytimes.com/2017/12/30/opinion/sunday/when-forecasters-get-it-wrong-always.html).

06) 伊東（2013）と筆者による講演録より。

07) Gilder (2018).

08) Lanier (2013).

09) 『日立評論』日立製作所研究開発部門創立100周年記念号でのジョン・ヘネシー「特別寄稿」(http://www.hitachihyoron.com/jp/100th/innovators/contribution/index.html)。

10) フェルプス（2016）。

11) 紺野・野中（2018）。

12) Henry Mintzberg Blog (mintzberg.org/blog).

13) ラルー（2018）。

14) ミンツバーグ（2006）。

15) フェファー（2018）。

16) 2019 Edelman Trust Balometer.

第2章

01) パーカー（2006）。

02) 表校注・訳（2011）pp.301-302。

03) 古東（2005）p.43。

04) レヴィ＝ストロース（2006）pp.12-13。

05) レヴィ＝ストロース（2009）p.41。

06) レヴィ＝ストロース（2014）pp.37-38。

07) レヴィ＝ストロース（2005）pp.34-35。

08) "Innovation Hub: Is America Becoming the Next Japan?" *Xconomy*, June 27, 2014
    (https://xconomy.com/boston/2014/06/27/innovation-hub-is-america-becoming-
    the-next-japan/).

09) Chunka Mui, "How Kodak Failed," *Forbes*, Jan 18, 2012 (https://www.forbes.
    com/sites/chunkamui/2012/01/18/how-kodak-failed/#4105149a6f27).

10) 野中・紺野（2012）。

11) 平凡社『世界大百科事典』内（「シュンペーター＝ガルブレース仮説」）。

第3章

01) ケリー／ケリー（2014）。

02) フェファー（2018）。

03) マキアヴェリ（2004）p.148。

04) 同上、p.147。

05) 同上、p.133。

06) 同上、pp.131-132。

07) 同上、p.131。

08) セーガン（1978）。

09) ディーコン（1999）。

10) ダンバー（2011）。

11) マクルーハン（1987）。

第4章

01) IMFのデータより。

02) 東京商工リサーチのデータより。

03) Stanford Social Innovation Review (https://ssir.org/articles/entry/time_to_align).

04) "Life Advice from Utah Native, Harvard Business Professor Clayton Christensen an Online Hit." *Deseret News*, Aug. 12, 2012 (https://www.deseretnews.com/article/700055955/Life-advice-from-Utah-native-Harvard-business-professor-Clayton-Christensen-an-online-hit.html).

05) "Silicon Valley Is Not a Force for Good." Atlantic, July/Aug, 2015 (https://www.theatlantic.com/magazine/archive/2015/07/silicon-valley-shrinking-vision/395309/).

06) Malone (2015).

07) たとえば、『DIAMONDハーバード・ビジネス・レビュー』2019年3月号。

08) "Why Starbucks CEO Howard Schultz is Looking beyond Profits to a Purpose-led Strategy." *Financial Post*, June 5, 2015.

09) Bill George Blog (https://www.billgeorge.org).

10) Birkinshaw et al. (2014).

11) Kenny (2014).

12) ジェフ・マクドナルド（ユニリーバ前HR副社長）によるスピーチより（https://learnpatch.com/2014/09/purpose-drives-innovation-says-former-unliver-hr-chief/）。

13) Craig, Nick and Scott A. Snook, "From Purpose to Impact." Harvard Business Review Online, May 2014 Issue (https://hbr.org/2014/05/from-purpose-to-impact).

14) "What I Learned about Purpose at Google HQ." Dr John Izzo, 17 Oct.(https://drjohnizzo.com/purpose-blog/learned-purpose-google-hq/).

15) 斎藤隆夫衆議院議員の反軍演説（http://royallibrary.sakura.ne.jp/ww2/text/hangun_2.html）。

第5章

01) 紺野（2004）。

02) Nielsoin（2004）p.14-18.

03) 生活価値創造研究会編（1996）。

04) 紺野（1992）pp.56-57。

05) Moggridge（2006）.

06) Design for Extreme Affordability (http://extreme.stanford.edu).

07) Embrace Innovations (https://www.embraceinnovations.com/#home)

08) オスターワルダー／ピニュール（2012）より紺野登の解説。

09) 第4回知謝塾での伊東俊太郎氏『湯川秀樹の自然観』（2012年）レポートより（http://blog.livedoor.jp/chishajuku/archives/cat_1107578.html）。

10) 紺野（2008）。

11) Co-design Research Cluster (School of Design, Royal Danish Academy of Fine

Arts).

12) Merriam-Webster.

13) 宇沢（2000）p.121。

第6章

01) 今福（2003）p.15。

02) 中村（1979）。

03) 西田（1987-89）。

04) CBRE「コワーキングオフィス――新たな働き方のプラットフォーム」。

05) "Where do Millennials Want to Work? Not at Corporations." CNN Money, May 12, 2015 (https://money.cnn.com/2015/05/12/pf/millennials-work/index.html).

06) Huizinga (1971) Chapter 3.

第7章

01) スティーブ・ジョブズが登場するYouTubeの動画をもとに著者が訳出。

02) Schwartz (1991).

03) 梅棹（1985）。

04) 安井明彦「アメリカ『Z世代』社会への底知れない影響力」東洋経済オンライン、2018年8月21日（https://toyokeizai.net/articles/-/234154?page=3）。

05) FCAJ調査。

06) アタリ（2008）p.146。

07) 伊東（2013）。

08) "We Need a Post-Liberal Order Now." *Economist*, 26 Spr., 2018.

09) ヨハンソン（2005）。

おわりに

01) アリストテレス（2007）。

02) 「同友会代表幹事・小林氏『挫折の30年、まず認めよう』」日経ビジネスオンライン、2019年3月29日（https://business.nikkei.com/atcl/NBD/19/00119/00012/）。

03) 紺野（1998）。

参考文献

- アタリ，ジャック（2008）『21世紀の歴史——未来の人類から見た世界』林昌宏訳，作品社．
- アリストテレス（1992）『弁論術』戸塚七郎訳，岩波文庫．
- ───（2007）『トピカ』池田康男訳，京都大学学術出版会．
- アレグザンダー，クリストファーほか（1984）『パタン・ランゲージ——環境設計の手引』平田翰那訳，鹿島出版会．
- 一般社団法人 FCAJ（2017）『WisePlace　官民フューチャーセンター——社会共創の方法論』．
- 伊東俊太郎（2013）『変容の時代——科学・自然・倫理・公共』麗澤大学出版会．
- 今福龍太（2003）『クレオール主義』ちくま学芸文庫．
- 今道友信（1990）『エコエティカ——生圏倫理学入門』講談社学術文庫．
- 宇沢弘文（2000）『社会的共通資本』岩波新書．
- 梅棹忠夫（1985）『わたしの生きがい論——人生に目的があるか』講談社文庫．
- 表章校注・訳（2001）「花鏡」『新編 日本古典文学全集88——連歌論集 能楽論集 俳論集』小学館．
- オグルビー，J／紺野登／野中郁次郎（2005）「知識創造としてのシナリオ（PART 1）——シナリオ・プランニングのベーシックス」『Think！』13: 107-112．
- オスターワルダー，アレックス／イヴ・ピニュール（2012）『ビジネスモデル・ジェネレーション——ビジネスモデル設計書』小山龍介訳，紺野登解説，翔泳社．
- ───／───ほか（2015）『バリュー・プロポジション・デザイン——顧客が欲しがる製品やサービスを創る』関美和訳，紺野登解説，翔泳社．
- 角和昌浩（2005）「シナリオプランニングの実践と理論」『IEEJ』4月号．
- グラットン，リンダ（2012）『ワーク・シフト——孤独と貧困から自由になる働き方の未来図〈2025〉』池村千秋訳，プレジデント社．
- クリステンセン，クレイトン（2001）『増補改訂版 イノベーションのジレンマ——技術革新が巨大企業を滅ぼすとき』玉田俊平太監修，伊豆原弓訳，翔泳社．
- ───／マイケル・レイナー（2003）『イノベーションへの解——利益ある成長に向けて』玉田俊平太監修，櫻井祐子訳，翔泳社．

- ───／ジェフリー・ダイアー／ハル・グレガーセン（2012）『イノベーションのDNA──破壊的イノベータの5つのスキル』櫻井祐子訳，翔泳社．
- ───／ジェームズ・アルワース／カレン・ディロン（2012）『イノベーション・オブ・ライフ──ハーバード・ビジネススクールを巣立つ君たちへ』櫻井祐子訳，翔泳社．
- グレイザー，バーニー・G／アンセルム・L・ストラウス（1996）『データ対話型理論の発見──調査からいかに理論をうみだすか』後藤隆・水野節夫・大出春江訳，新曜社．
- ケリー，デイヴィッド／トム・ケリー（2014）『クリエイティブ・マインドセット──想像力・好奇心・勇気が目覚める驚異の思考法』千葉敏生訳，日経BP社．
- 古東哲明（2005）『他界からのまなざし──臨生の思想』講談社選書メチエ．
- 今和次郎（1987）『考現学入門』藤森照信編，ちくま文庫．
- 紺野登（1992）『デザインマネジメント──経営のためのデザイン』日本工業新聞社．
- ───（1998）『知識資産の経営──企業を変える第5の資源』日本経済新聞社．
- ───（2004）『創造経営の戦略──知識イノベーションとデザイン』ちくま新書．
- ───（2008a）『知識デザイン企業』日本経済新聞出版社．
- ───（2008b）『儲かるオフィス──社員が幸せに働ける「場」の創り方』日経BP社．
- ───（2010）『ビジネスのためのデザイン思考』東洋経済新報社．
- ───（2012a）『幸せな小国オランダの智慧──災害にも負けないイノベーション社会』PHP新書．
- ───（2012b）「デザインの経済的効果」「デザイナーと組織」仙田満・若山滋編著『産業とデザイン』放送大学教育振興会．
- ───・一般社団法人FCAJ・目的工学研究所（2018）『WISEPLACE INNOVATION──目的工学によるイノベーション実践手法』翔泳社．
- ───・野中郁次郎（2018）『構想力の方法論──ビッグピクチャーを描け』日経BP社．
- ───・目的工学研究所（2013）『利益や売上げばかり考える人は，なぜ失敗してしまうのか』ダイヤモンド社．
- シャーマー，C・オットー（2010）『U理論──過去や偏見にとらわれず，本当に必要な「変化」を生み出す技術』中土井僚・由佐美加子訳，英治出版．
- スピノザ（2017）『エティカ』工藤喜作・斎藤博訳，中公クラシックス．
- 世阿弥（1958）『風姿花伝』岩波文庫．

- 生活価値創造研究会編 (1996)『脱・常識のモノづくり』通産資料調査会.
- セーガン，カール (1978)『エデンの恐竜——知能の源流をたずねて』長野敬訳，秀潤社.
- ダンバー，ロビン (2011)『友達の数は何人？——ダンバー数とつながりの進化心理学』藤井留美訳，インターシフト.
- デイヴィス，ウィリアム・H (1990)『パースの認識論』赤木昭夫訳，産業図書.
- ディーコン，テレンス・W (1999)『ヒトはいかにして人となったか——言語と脳の共進化』金子隆芳訳，新曜社.
- ドラッカー，ピーター・F (1969)『断絶の時代——来たるべき知識社会の構想』林雄二郎訳，ダイヤモンド社.
- 中村雄二郎 (1979)『共通感覚論——知の組みかえのために』岩波現代選書.
- 西口尚宏・紺野登 (2018)『イノベーターになる——人と組織を「革新者」にする方法』日本経済新聞出版社.
- 西田幾多郎 (1987-89)『西田幾多郎哲学論集 1〜3』上田閑照編，岩波文庫.
- 根井雅弘 (2001)『シュンペーター——企業者精神・新結合・創造的破壊とは何か』講談社.
- 野中郁次郎・紺野登 (1997)「ダイナミックな組織知に向けて——場の動態と知識創造」『ビジネスレビュー』45 (2)：1-13.
- ————・———— (2003)『知識創造の方法論——ナレッジワーカーの作法』東洋経済新報社.
- ————・———— (2012)『知識創造経営のプリンシプル——賢慮資本主義の実践論』東洋経済新報社.
- ハイエク，F・A (1986)『市場・知識・自由——自由主義の経済思想』田中真晴・田中秀夫編訳，ミネルヴァ書房.
- パーカー，アンドリュー (2006)『眼の誕生——カンブリア紀大進化の謎を解く』渡辺政隆・今西康子訳，草思社.
- ハラリ，ユヴァル・ノア (2018)『ホモ・デウス——テクノロジーとサピエンスの未来 (上・下)』柴田裕之訳，河出書房新社.
- フェファー，ジェフリー (2018)『悪いヤツほど出世する』村井章子訳，日経ビジネス人文庫.
- フェルプス，エドマンド・S (2016)『なぜ近代は繁栄したのか——草の根が生みだすイノベーション』小坂恵理訳，みすず書房.
- ブランク，スティーブン・G (2009)『アントレプレナーの教科書——新規事業を成功させる4つのステップ』堤孝志・渡邊哲訳，翔泳社.
- フリック，ウヴェ (2002)『質的研究入門——〈人間の科学〉のための方法論』小田博志・山本則子・春日常・宮地尚子訳，春秋社.
- フローデル，フェルメン (2004)『地中海〈普及版〉I〜V』浜名優美訳，藤

原書店.

ベルクソン，アンリ（2010）『創造的進化』合田正人・松井久訳，ちくま学芸文庫.

マキアヴェッリ，ニッコロ（2018）『君主論』池田廉訳，中公文庫.

マクルーハン，マーシャル（1987）『メディア論——人間の拡張の諸相』栗原裕・河本仲聖訳，みすず書房.

ミンツバーグ，ヘンリー（2006）『MBAが会社を滅ぼす——マネジャーの正しい育て方』池村千秋訳，日経BP社.

―――――／ブルース・アルストランド／ジョセフ・ランペル（2012）『戦略サファリ 第2版——戦略マネジメント・コンプリートガイドブック』齋藤嘉則監訳，東洋経済新報社.

メイスター，デービッド（2009）『脱「でぶスモーカー」の仕事術——なぜ"わかっていてもできない"のか』加賀山卓朗訳，紺野登解説，日本経済新聞出版社.

ヨハンソン，フランス（2005）『メディチ・インパクト——世界を変える発明・創造性・イノベーションは，ここから生まれる！』幾島幸子訳，ランダムハウス講談社.

ラルー，フレデリック（2018）『ティール組織——マネジメントの常識を覆す次世代型組織の出現』嘉村賢州解説，鈴木立哉訳，英治出版.

リース，エリック（2012）『リーン・スタートアップ——ムダのない起業プロセスでイノベーションを生みだす』井口耕二訳，伊藤穣一解説，日経BP社.

レヴィ＝ストロース，クロード（1976）『野生の思考』大橋保夫訳，みすず書房.

―――――（2005）『レヴィ＝ストロース講義——現代世界と人類学』川田順造・渡辺公三訳，平凡社ライブラリー.

―――――（2006）『はるかなる視線〈1〉新装版』三保元訳，みすず書房.

―――――（2009）『パロール・ドネ』中沢新一訳，講談社.

―――――（2014）『月の裏側——日本文化への視角』川田順造訳，中央公論新社.

ロゲルギスト（2009）『物理の散歩道 新装版』岩波書店.

Birkinshaw, Julian et al. (2014) "Combining Purpose With Profits." *MIT Sloan Management Review* 55(3): 49-56.

Chesbrough, Henry (2003) *Open Innovation: The New Imperative for Creating and Profiting from Technology*. Harvard Business School Press（大前恵一朗訳『OPEN INNOVATION——ハーバード流イノベーション戦略のすべて』産能大学出版部，2004年）.

Craig, Nick et al. (2015) *The Discover Your True North Fieldbook: A Personal Guide to Finding Your Authentic Leadership*. Wiley.

▹ Drucker, Peter (1993a) *Innovation and Entrepreneurship: Practice and Principles*. Harper Collins（上田惇生訳『イノベーションと企業家精神（ドラッカー名著集5）』ダイヤモンド社，2007年）.

▹ ——— (1993b) "The Rise of the Knowledge Society." *The Wilson Quarterly* 17(2): 52-71.

▹ Dunbar, R. I. M. (1992) "Neocortex Size as a Constraint on Group Size in Primates." *Journal of Human Evolution* 22(6): 469-493.

▹ Gilder, George (2018) *Life After Google: The Fall of Big Data and the Rise of the Blockchain Economy*. Gateway Editions（武田玲子訳『グーグルが消える日』SBクリエイティブ，2019年）.

▹ Huizinga, Johan (1971) *Homo Ludens: A Study of the Play-Element in Culture*. Beacon Press（里見元一郎訳『ホモ・ルーデンス──文化のもつ遊びの要素についてのある定義づけの試み』講談社学術文庫，2018年）.

▹ Kenny, Graham (2014) "Your Company's Purpose Is Not Its Vision, Mission, or Values." *Harvard Business Review* Sep.

▹ Konno, Noboru, Ikujiro Nonaka, and Jay Ogilvy (2014) "Scenario Planning: The Basics." *World Futures* 70(1): 28-43.

▹ Lanier, Jaron (2013) *Who Owns the Future?* Simon & Schuster.

▹ Lehtola, Ville V., and Pirjo Ståhle (2014) "Societal Innovation at the Interface of the State and Civil Society." *Innovation: The European Journal of Social Science Research* 27(2): 152-174.

▹ Mackey, John, and Rajendra Sisodia (2014) *Conscious Capitalism, With a New Preface by the Authors: Liberating the Heroic Spirit of Business*. Harvard Business Review Press（鈴木立哉訳，野田稔解説『世界でいちばん大切にしたい会社──コンシャス・カンパニー』翔泳社，2014年）.

▹ Malone, Michael S. (2015) "The Purpose of Silicon Valley." *MIT Technology Review* March/April.

▹ Mintzberg, Henry (2015) "Time for the Plural Sector." *Stanford Social Innovation Review* 13(3): 28-33.

▹ Moggridge, Bill (2006) *Designing Interactions*. The MIT Press.

▹ Nielson, Donald L. (2004) *A Heritage of Innovation: SRI's First Half Century*. SRI International.

▹ Polanyi, Michael (1969) "The Creative Imagination." *Psychological Issues* 6: 59-91.

▹ Rowe, Peter G. (1991) *Design Thinking*. The MIT Press（奥山健二訳『デザインの思考過程』鹿島出版会，1990年）.

▹ Schwartz, Peter (1991) *The Art of Long View*. Doubleday Business.

▹ Vanhaverbeke, Wim (2017) *Managing Open Innovation in SMEs*. Cambridge University Press.

索引

画像出所

紺野登 [004・029・060・069・125・130・136・167・174・194・219・222・231・238・251・
257・259・273・300]　Edition-Ogininale.com [007]　123RF.COM [015・017・022・030・034・
040・045・056・071・072・078・081・084・099・107・112・117・145・169・189・192・
201・203・213・216・239・278]　坂重輝 [048]　Wikipedia [054・071・078・084・108・189・
211・292]　Atlas Obscura [058]　USDA [075]　今井康一 [097]　ホンダエアクラフトカンパニー
[151]　テルモ [185]　Embrace Innovations [191]　The Ocean Cleanup [291]　Strategyzer [312]

【著者紹介】
紺野　登（こんの　のぼる）
多摩大学大学院教授、慶應義塾大学大学院システムデザイン・マネジメント研究科特別招聘教授、エコシスラボ株式会社代表。1954年東京都生まれ。1978年早稲田大学理工学部建築学科卒業。株式会社博報堂勤務などを経て現職。博士（経営情報学）。イノベーション経営を推進する一般社団法人Future Center Alliance Japan代表理事、一般社団法人Japan Innovation NetworkのChairperson、株式会社日建設計顧問などを兼務。約30年前からデザインと経営の融合を研究、知識生態学の視点からリーダー教育、組織変革、研究所の場のデザインなどの実務にかかわる。
主な著書に、『ビジネスのためのデザイン思考』（東洋経済新報社）、『知識デザイン企業』（日本経済新聞出版社）、『デザイン・マネジメント』（日本工業新聞社）、『幸せな小国オランダの智慧』（PHP新書）、野中郁次郎氏との共著に、『知力経営』（日本経済新聞社、FT最優秀マネジメント・ブック賞）、『知識創造の方法論』『知識創造経営のプリンシプル』（ともに東洋経済新報社）、『構想力の方法論』（日経BP社）、『賢者たちのダイアローグ』（千倉書房）、『美徳の経営』（NTT出版）などがある。

イノベーション全書

2020年2月13日発行

著　者──紺野　登
発行者──駒橋憲一
発行所──東洋経済新報社
　　　　　〒103-8345　東京都中央区日本橋本石町1-2-1
　　　　　電話＝東洋経済コールセンター　03(6386)1040
　　　　　https://toyokeizai.net/

ブックデザイン・DTP……米谷　豪(orange_noiz)
人物イラスト…………日野浦　剛
アイコンデザイン……小林祐司
印　　刷………………東港出版印刷
製　　本………………積信堂
編集担当………………佐藤　敬

©2020 Konno Noboru　　　Printed in Japan　　ISBN 978-4-492-52225-7